LINGDAOLI

领导力

贾东荣 ⊙ 著

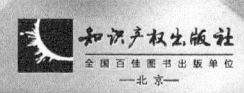

知识产权出版社
全国百佳图书出版单位
—北京—

图书在版编目（CIP）数据

领导力／贾东荣著．—北京：知识产权出版社，2020.8（2021.1 重印）

ISBN 978-7-5130-7087-4

Ⅰ.①领… Ⅱ.①贾… Ⅲ.①领导学 Ⅳ.①C933

中国版本图书馆 CIP 数据核字（2020）第 139872 号

责任编辑：彭小华　　　　　　　　责任校对：潘凤越
封面设计：刘　伟　　　　　　　　责任印制：孙婷婷

领导力

贾东荣　著

出版发行：知识产权出版社 有限责任公司	网　　址：http://www.ipph.cn
社　　址：北京市海淀区气象路 50 号院	邮　　编：100081
责编电话：010-82000860 转 8115	责编邮箱：huapxh@sina.com
发行电话：010-82000860 转 8101/8102	发行传真：010-82000893/82005070/82000270
印　　刷：北京九州迅驰传媒文化有限公司	经　　销：各大网上书店、新华书店及相关专业书店
开　　本：720mm×1000mm　1/16	印　　张：15.75
版　　次：2020 年 8 月第 1 版	印　　次：2021 年 1 月第 2 次印刷
字　　数：300 千字	定　　价：68.00 元
ISBN 978-7-5130-7087-4	

出版权专有　侵权必究

如有印装质量问题，本社负责调换。

从帝王术到平民技能

——对领导力的冷思考

当前的中国,"领导力培训"可能是最热的培训项目,上至最高学府的北大、清华,下至街道、居委会和各种社会组织,无不开设各种形式的"领导力培训班",各类普通学校也面向教师和学生开拓这类培训。"领导力培训"可谓当前最靓的"网红"。

(一)

中华大地近年来是流行风的热土,流行风一波接一波,层出不穷,且流行的速度越来越快。在笔者的记忆中,此前已经流行过两波大的"领导热"。

第一波是20世纪八九十年代,风行的是领导科学以及领导人的奇闻逸事。其时,国门初开,人们开始沐浴西风美雨,对西方的一切都感到好奇,感到新鲜。新鲜中还带有一丝神秘和崇拜。对领导科学的崇拜不仅受到时代的影响,还有对刚刚过去的历史的反思。即对社会主义探索阶段出现的各种不正常现象的反思。人们企图通过对"外来和尚"的解读来理解这些不正常现象,尤其是对特定历史阶段领导人的行为和心理作出解读。其时,人们不仅忙着阅读各种版本的"领导科学",更热衷于阅读各种版本的领导人的奇闻逸事,以满足自己的好奇心。不仅列宁、斯大林、毛泽东、周恩来这些昔日的领导人的日常生活点滴引起了人们的关注,曾经毁誉参半的陈独秀、托洛茨基等人,甚至曾经的反面人物蒋介石、希特勒、东条英机等人,都被某些别有用心的人翻了出来,给予重新评价。时人以能够学习和掌握领导科学为荣,以掌握领导人的奇闻逸事为时尚。其实多数人读的是外国学者的译作,有的并非学术著作。西方的领导学著作,多使用心理学和数理统计,晦涩难懂,不是每个人都能读懂的,也不是读几本"领导科学"就能够掌握的。倒是对领导人的街谈巷议深入民间,成为领导学流行的副产品。

第二波是与"领导科学"同时兴起且自2000年以来愈演愈烈的"领导艺术"热。相对于"领导科学",国人似乎更热衷于探究和谈论"领导艺术",就此发表了大量的文章,出版了部分著作,但这些文章著作多以解读今古名人的领导艺术为主,其间夹杂了众多的猜测和演绎,学术性不足。虽然不乏真正的学术著作,但就其总体而言,多数类似真正的小说家言,起码不是科学的学术著作。这波"领导艺术热"和本次"领导力热"相衔接,让人难以截然分开。

"领导学"在我国的流行自 20 世纪 80 年代起一直延续至今,虽然前后关注的主题不同。但人们对领导行为和领导能力追崇的热度不减。

(二)

社会对领导力的追捧,实际是对卓越领导人的追求。进入 21 世纪以来,我国跨越了西方数百年的发展历程,成为"世界工厂",世界第二大经济体,国民收入快速增加,进入"中等收入陷阱"区,但区域差异和城乡差异依然明显,仍有上千万绝对贫困者,部分生产力过剩与部分领域的生产不足并存,高新技术突破与低端技术并行,部分城市徒具现代化的外表,人心与思维百年未有大的明显变化。成就与问题并存。人们在深思、在追问,我们有卓越的领导人,我们有先进的社会制度,开始形成与时俱变的文化,为什么还有那么多的问题存在?

曾经,所谓的历史告诉我们:帝王将相是天生圣人,是上天的星宿下凡。他们之所以能成为帝王将相,是上天的安排,他们的责任是天生的。每位开国之君诞生时都会伴随各种灵异现象,如刘邦母亲与龙野合而生刘邦,姜原践巨人脚印而生后稷,姬昌生时有圣瑞;晋武帝司马炎发委地、手过膝,天生异象,等等。

围绕治国理政,东西方学者从不同的视角提出了建议。在东方,以韩非子、李斯为代表的法家,孔子、孟子为代表的儒家,孙武、吴起、孙膑为代表的兵家,墨子为代表的墨家等诸子百家,均提出了自己对领导者主要是帝王的认知和建议。其中,韩非子的思想最具代表性,他曾提出"法""术""势"相结合的政治思想,主张"事在四方,要在中央;圣人执要,四方来效",①"万乘之主,千乘之君,所以制天下而征诸侯者,以其威势也"。②"宰相必起于州部,猛将必发于卒伍"。③ 他要求"废先王之教",④ "以法为教"⑤;"法不阿贵""刑过不避大臣,赏善不遗匹夫"。⑥ 他认为民众"恶劳而好逸",因此要用法

---

① 《韩非子·扬榷》。
② 《韩非子·人主》。
③ 《韩非子·显学》。
④ 《韩非子·问田》。
⑤ 《韩非子·五蠹》。
⑥ 《韩非子·有度》。

来约束，才能"禁奸于未萌"。①他认为臣子队伍容易混入五种蠹虫，产生八种奸邪行为。"五蠹"是指学者（指儒家）、言谈者（指纵横家）、带剑者（指游侠）、患御者（指依附贵族者）、商工之民；②所谓"八奸"包括君主的妻妾、亲信侍从、叔侄兄弟、有意讨好君主的人、私自散发公财取悦民众的人、搜寻说客辩士以制造舆论收买人心的人、豢养亡命之徒以自强的人、结交大国以培植私人势力的人，③他们都有可能威胁国家安全，君主要防范和控制这些人。在西方，意大利的马基雅维利撰写了《君主论》，教育君主如何进行有效的统治。马基雅维利将君主的政治行为和伦理行为分开，主张君主要懂得使用野兽的思维进行统治。他反对君主守信义，主张君主为了达到目的可以不择手段。他还要求君主伪装善人和虔信宗教，做口是心非的伪君子。④因此，在前资本主义社会，领导学多被视为帝王之学，相关知识和技能被称为帝王心术。

近代科学告诉我们：前述的异象瑞征是当时的领导人为了神化自己故意编造的，世界上没有真正的龙，起码刘邦不可能是他母亲与龙野合而生。其他人的所谓异象可能是后来的附会或巧合。当然也有人认为，领导人具有不同于一般人的素质和能力，这种观点被称为领导特质论。早期领导特质论者认为领导人的特质与生俱来，只有天生具有领导特质的人才能成为领导。领导特质论强调领导者自身一定数量的、独特的、能与其他人区别的品质和特质对领导的有效性产生影响。西方学者通过大量的实证研究似乎找到了证据，证明领导者在社交性、坚持性、创造性、协调性等方面超过了普通人。但我们知道，具备这些特质，并不意味着就能成为真正的领导者。成为真正的领导者还需要天时、地利、人和，需要特定的社会环境、特定的组织和特定的被领导者，领导者的某些技能和素质是可以通过后天的培训学习获得的。就此而言，韩非子和马基雅维利的思想有其先进的一面。

在现实中，每个人的时间和精力是有限的，每个人都不可能穷尽世间万物，不可能在所有的事务上都是权威。社会需要领导者，不是万能的唯一领导者，而是各行各业各个层次的领导者。人世间变幻万千，随时随地会出现例外情况，需要随时随地选择方向或把握机会，为自己的伙伴、成员、组织指出方向。社会需要的是领导者群体。而世间众人，只要有心，都可以且可能成为领导者。

随着网络物理系统的出现，世界开始了第四次工业革命。第四次工业革

---

① 《韩非子·心度》。
② 《韩非子·五蠹》。
③ 《韩非子·八奸》。
④ ［意］马基雅维利：《君主论》，潘汉典译，商务印书馆1985年版。

命的核心是利用物联信息系统将生产中的供应、制造、销售信息数据化、智慧化，最后达到快速、有效、个人化的产品供应。第四次工业革命带来的将是产业的融合发展和重新分化，制造业与农业、制造业与服务业、服务业与农业之间的界限逐渐消失，所有的行业将重新融合、组合、分化，我们今天熟知的岗位和技术，在不久的未来会以新的形态呈现在人们面前。平台经济、共享经济、体验经济的发展代表了这种趋势。巨变在即，未来将来，未来是美好的，未来也充满了不确定性，人们在对未来充满期待的同时充满了担心和疑虑，迫切需要更多有能力的领导者出现，为大家指明未来、明确发展方向。

（三）

由于历史的积淀，中国传统强调权威和祖宗之法，强调经验传承。举凡碰到什么事，总喜欢说我祖上怎么怎么样或我爸爸是谁。在人们的日常生活中，则善于崇拜强者或能人，或者喜欢围堆，总想着法不责众。遇事则喜欢观望、随大流，独自行动或奋起的少。网络放大了国人的这种特性。我们经常会见到所谓的"吃瓜群众"，聚集在微信群、微博或QQ内，为某些所谓的强人注水或添砖加瓦。按说在这样的文化环境中，人们对领导者或领导力的追求不应太热、太广泛，因为按照传统的套路，社会已经配置了各种层面的领导者，为人们的未来指明了方向，未来已见，方向已明，人们已经心有所属。但目前对领导力如此热烈的追捧，说明人们仍有疑虑。尤其是位居社会中上层者，他们的心态更能说明问题，更有代表性。如果说鸦片战争使中国遭遇了千年未遇之巨变，祖宗之法已无法应对的话，那么当中国在科技和经济领域追赶西方已届完成，与西方国家共同面对第四次工业革命，不仅要享受革命的成果，还要应对革命的风险时，社会需要更多的领导者，需要活跃在各个层次、各个领域的领导者，需要各个领域的领航者。

（四）

我们的语言有强烈的感情色彩，某些句子、某些词语甚至某些语调，都带有强烈的褒贬或所谓的春秋笔法。久而成俗，语言和行为被泛道德化，社会也因此而分层。似乎坐而论道、形而上者，就是高尚或高人一等，起而行动、形而下者，就是社会的底层。所谓刑不上大夫、礼不下庶人。领导力理论似乎也沾染上了这种东西。有著作借用古人之言将领导者分为英、俊、豪、杰四个层次或庸人、士人、君子、贤者、圣者五个层次。① 在提升领导力方面讨论最多的是悟道。实际上，领导力就是实践中有用的一系列人们能看得到的技巧和能力。严格来说，领导力就是一种行动能力。人的领导力体现在具体的行为上，只能从实际的领导过程出发，具体情况具体分析。只有知行合一者才是真正的领导者，坐而论道无行动力者永远不可能是领导者，最多不过是所谓的精神领袖。

对于领导者来说，最基本的问题是面对快速变化、错综复杂、竞争日趋激烈的客观情势，如何提升自己的判断力和决断力。对组织来说，面对日益复杂的客观形势，如何选择自己的领导者。领导者和组织共同面临的问题是如何以变制变，好梦成真。判断和决断的基础是客观情势及其蕴含的内在规律。更主要的是在决断之后的执行。如果决断无法执行，意味着决断不符合客观实际，领导是无效的。

（五）

领导是一种行为。所有的领导行为都是在领导过程中实现的。

所有的领导者都是在被领导者的认可和接受下成为领导者的，没有无被领导者的领导者，也没有无领导者或无被领导者的领导行为。领导者和被领导者构成组织的主体，这种组织可能是正式的，也可能是非正式的。当领导者的判断或决策被被领导者认可或接受从而影响被领导者行为时，领导行为形成。因此，有人认为领导力就是影响力。同时，领导者也受到被领导者影响。

领导力理论研究的是领导者的领导能力和领导效能，是在特定的环境或面向特定成员作出判断或决策并能将决策执行下去的能力，或者影响别人的能力。领导力理论讨论的中心问题，是领导者如何通过实际行动，把自己的判断或决策，以及由此形成的理念转化为员工的行动，把愿景转换为现实，把障碍转化为革新，把分裂转化为团结，把风险转化为奖赏。② 转化的核心是行动，是影响和影响力。

（六）

多年来，在教授管理学、行政学课程和从事管理实践的过程中，笔者对领导行为产生了兴趣，阅读了大量的领导学著作，尝试着用所学的理论去分析领

---

① 张国庆主编：《公共行政学》，北京大学出版社2015年版，第157页。
② ［美］库泽斯、［美］波斯纳：《领导力》，李丽琳等译，电子工业出版社2009年版。

导行为。

　　笔者发现，成功的领导者都有自己特殊的素质和能力。人可以通过学习提高自己的素质、能力，尤其是决策力和影响力，但具备了相应素质和能力的人不一定是好的领导者，甚至不一定是领导者。

　　不同的领导者有不同的偏好，有的擅长处理人际关系，有的偏重工作，有的擅长判断分析，有的擅长决策决定，有的擅长执行落实，有的擅长资源配置和调整。无论哪种情况，都有成功者，也有失败者。很多时候，起作用的似乎是领导团队，有时候，起作用的似乎又是领导者个人，不一而足。

　　每一项领导行为，都是在特定的社会环境中形成的，都是领导者结合自己的能力，对形势作出判断和决策，进而组织实施和执行的。领导行为是否成功，成功的效能是多少，既取决于领导者对客观形势的把握力、对客观形势的认知力、特定时期的决策力、对现状的批判力，内部外部的协调力，也取决于领导者对被领导者的影响力、处理危机的能力等，这些能力在领导行为中缺一不可，一个不足就可能导致失败。但有时又瑕不掩瑜。在领导行为中，判断效能的关键永远不是你哪个方面做得最好，而是你有哪方面的缺陷以及这个缺陷带给整体的影响。

　　正是基于这样的认识，我们撰写了本书，同时也将这本书献给山东青年政治学院的青年领导力课程班，祝愿我们的课程班越办越好！本书借助刘邦的经历来谈领导力的培养，着力点主要在刘邦的领导力，不涉及对刘邦的历史评价，也不改变主流历史观对刘邦的评价。

　　写下上述文字代序。

目　　录

第一篇　领导与领导力 …………………………………………… 001
 一、领导与领导功能………………………………………… 001
 二、领导的实现机制………………………………………… 006
 三、领导力与领导力开发…………………………………… 012

第二篇　从布衣到皇帝：刘邦的领导过程 …………………… 023
 一、游手好闲，不治产业…………………………………… 024
 二、先入咸阳，推翻秦朝…………………………………… 026
 三、还定三秦，平楚建汉…………………………………… 029
 四、从王到皇帝的转变……………………………………… 034
 五、无为而治………………………………………………… 035
 六、大风歌起，歃血为盟…………………………………… 037
 七、刘邦的领导力与领导艺术……………………………… 038

第三篇　决策的能力与艺术 …………………………………… 040
 一、决策的原则……………………………………………… 040
 二、决策之道………………………………………………… 051

第四篇　用人的能力与艺术 …………………………………… 064
 一、选才的标准……………………………………………… 064
 二、鉴才之道………………………………………………… 072
 三、揽才途径………………………………………………… 084
 四、用人韬略………………………………………………… 092
 五、团队发展与团队建设…………………………………… 106

第五篇　授权的能力与艺术 ... 116
　　一、敢于授权 ... 116
　　二、善于授权 ... 119
　　三、授权之道 ... 121

第六篇　协调的能力与艺术 ... 133
　　一、上行协调的能力和艺术 ... 133
　　二、平级协调的能力与艺术 ... 147
　　三、下行协调的能力与艺术 ... 156

第七篇　激励的能力和艺术 ... 176
　　一、激励原则 ... 176
　　二、激励方式 ... 180

第八篇　思想工作的能力与艺术 ... 192
　　一、鼓唇摇舌，善于游说 ... 192
　　二、以退为进，步步为营 ... 194
　　三、晓之以理，动之以情，导之以行 ... 195
　　四、解决问题，引导思想 ... 197
　　五、恩威并行，远交近攻 ... 198
　　六、思想沟通，政治攻势 ... 200

第九篇　市场经营的能力与艺术 ... 203
　　一、战略谋划 ... 203
　　二、战术指挥 ... 213

结语 ... 230

参考文献 ... 235

后记 ... 241

第一篇　领导与领导力

"领导是人类最永恒、最普遍的职责之一"。古往今来、国内国外，领导一直是组织存续和发展的关键性因素。领导的具体作用体现在领导者身上。不同的领导者，在组织内部发挥作用的路径和方式是不完全一样的，在具体领导过程中体现出的素质和能力也不完全一致。领导者的素质、能力及其表现形式与领导者本人的经历有关，也和领导者所处的社会环境和继承的文化传统有关，具有明显的时代特征和文化特征。

一、领导与领导功能

（一）领导的含义

在管理学中，"领导"被认为是管理的一种职能。

在现实社会中，"领导"是一种复杂的社会现象，有多个观察和分析的视角，如领导过程、领导结构、领导模式、领导行为、领导方法、领导艺术、领导理念、领导品格、领导权力、领导魅力、领导力等。领导是一个内涵丰富、外延宽广的概念，远非管理的一个职能所能概括，它是一个很难确切界定其内涵并取得共识的概念。

《现代汉语词典》对领导的基本释义有两条：率领并引导；担任领导工作的人。前者用作动词，后者用作名词。详细释义有三条：带领并引导朝一定方向前进；担任领导的人；指领导机关。

不同学者在界定领导概念时强调的重点不同，给出的定义不一致。比较有代表性的界定有五类：

（1）突出行为过程的，如泰瑞认为领导是影响人们自动地达成群体目标而努力的一种行为；斯托格迪尔认为领导是对一个组织起来的团体为确立目标和实现目标所进行的活动施加影响的过程；赫姆菲尔认为领导是指挥群体在相互作用的活动中解决共同问题的过程。[1]

---

[1] 刘飞燕、史丽华主编：《管理学原理》，华南理工大学出版社2014年版，第181页。

（2）突出影响力的，如坦南鲍姆认为领导就是在某种情况下经过意见交流过程所实现出来的一种为了达成某种目标的影响力；阿吉里斯认为领导即有效的影响，为施加有效的影响，领导者需要对自己的影响进行实地了解；理查德·达夫特认为领导是在领导者和追随者之间有影响力的一种关系；罗宾斯认为领导就是影响一个群体实现目标的能力。①

（3）突出权力的，如杜平认为领导即行使权威与决定；杨认为领导是一种统治形式，其下属或多或少地愿意接受另一个人的指挥和控制；弗兰奇认为领导是一个人所具有并施加于别人的控制力。②

（4）突出艺术的，如孔兹认为领导是影响人们使之跟随着去完成某一共同目标，是一门促使其部属充满信心，满怀热情来完成他们任务的艺术。③

（5）突出人际关系的，如"领导是一种人与人的关系，是领导者与其追随者之间的关系。无论何时，无论在任何情况下，领导都是一种人际关系……领导都是一种想领导大家的人与选择领导者的人之间的关系"。④"领导者善于促成各种积极事态的发生，而且为了使自己能够有效地促成各种积极事态的发生，他们必须竭力鼓励其他两种人加入自己的队伍中来……领导者的职能就是通过与群众建立同盟关系，通过鼓励和联系群众，完成各种任务。领导是一种高级的沟通。"⑤

上述界定从不同的视角展示了领导的某一个方面，这些不同的界定展示了领导的复杂性。简单地说，领导行为发生在组织中，这个组织可能是正式的，也可能是非正式的。领导者是领导行为的核心，他需要判断、决策和施加影响，需要吸引追随者，并指导或带领被领导者执行已经作出的决策。

（二）领导与管理

领导者与管理者是相对的，在广泛的意义上管理者和领导者是不分的，管理者就是领导者，领导者就是管理者。但在严格意义上，管理者和领导者是相互区分的。

对领导者和管理者进行区分者认为两者在组织中承担的任务不同。"管理

---

① 刘飞燕、史丽华主编：《管理学原理》，华南理工大学出版社2014年版，第181页。
② 刘飞燕、史丽华主编：《管理学原理》，华南理工大学出版社2014年版，第181页。
③ 刘飞燕、史丽华主编：《管理学原理》，华南理工大学出版社2014年版，第182页。
④ [美]詹姆斯·库泽斯、巴里·波斯纳主编：《领导力》，李丽林等译，电子工业出版社2004年版，第9、25页。
⑤ [美]罗伯特·E.斯道布二世：《超越自我》，见[美]肯·谢尔顿主编：《领导是什么——美国各界精英对21世纪领导的卓见》，王伯言译，上海人民出版社2000年版，第304页。

者是必需的；领导者是根本的。"① 领导者带给组织的变化是方向性的或根本性的，管理者带给组织的变化仅仅是组织的状态或情形，两者的差别是战略和战术的差别，是强调"有法"与"无定法"的差异。

（三）领导的功能与作用

对领导的基本功能，学术界有共识，也有分歧。毛泽东认为："领导者的责任，归结起来，主要的是出主意，用干部两件事。"② 史蒂芬·柯维认为："可以把领导活动分解为三个基本功能或活动：寻找路径，协同和授权。"③ 约翰·科特认为领导的主要功能是："1. 确定方向——为未来，通常是遥远的未来规划出愿景，并制定变革所需战略以实现愿景。2. 联合员工——与需要合作的人，就既定的经营方向进行沟通以实现同盟，对愿景达成共识，并致力于该目标的实现。3. 激励和鼓舞——通过唤起人们基本的但又经常未能满足的需要、价值和感情，使人们克服变革中主要的政治、官僚以及资源上的困难，向正确的方向前进。"④

学者们共识性比较集中的认知是，领导的基本功能有三项：确立发展方向和前进目标；聚合追随者；动员和组织群众"使众人行"。这些基本功能来源于领导者必须具备的三个要素：必须有部下或追随者；拥有影响追随者的能力或力量；领导行为具有明确的目的，可以通过影响部下来实现组织的目标。

（1）确立发展方向和前进目标。发展方向指的是组织未来的方向。领导者要善于在纷繁复杂的社会环境中把握事物的本质，厘清事物发展的规律和未来发展趋势，选定组织未来发展的方向和目标。在确立发展方向和前进目标的过程中，体现的是领导者的判断力、对客观形势的认知力、对特定时局的把握力、力排众议的决策力等。

（2）聚合追随者。追随者指那些基于理想、理念和目标认同的志同道合者。这类人一般人数不多，但能坚持信念，心甘情愿为实现组织目标贡献自己的一切。他们构成组织的核心团队。聚合追随者的过程就是通过传播某种思想、

---

① ［美］沃伦·本尼斯：《21世纪的领导》，见［美］肯·谢尔顿主编：《领导是什么——美国各界精英对21世纪领导的卓见》，王伯言译，上海人民出版社2000年版，第5页。
② 毛泽东："中国共产党在民族战争中的地位"，载《毛泽东选集（第2卷）》，人民出版社1991年版，第527页。
③ ［美］史蒂芬·R. 柯维："新型领导者的三个角色"，见刘守英主编：《70位领导学家谈如何成为世界级领导》，中国发展出版社2002年版，第46页。
④ ［美］约翰·P. 科特：《科特论变革》，胡林林译，中国人民大学出版社2005年版，第4—5页。

信念、理想，让部分人经过理性思考，接受既定的价值选择的过程。这些人一经选择，就会无怨无悔地坚持自己的选择，为自己的选择而奋斗。聚合追随者的过程，体现的是领导者对未来发展的前瞻力和认知力、对未来前景的论述力，以及对相关成员的协调力与影响力，尤以后者为核心。

（3）动员和组织群众。其就是把分散的、无序的人或人群，按照一定的价值标准，吸引进特定的组织并让其从属于某一位置，按照一定的分工、规则协调行动和工作的过程。动员和组织群众的过程是传播思想、信念、理想的过程，更是依靠现实利益刺激人和吸引人的过程。动员和组织群众的过程，体现的是领导者对群众未满足需要的调研力和认知力，对群众的激励力，群众利益的协调力和沟通能力，以及控制力等，尤其以协调力、激励力为要。

追随者和群众都是组织的被领导者，他们之间存在中间过渡地段，并不截然分开。追随者在一定条件下会变成普通群众，普通群众在条件合适的情况下也会变成追随者。影响追随者和群众的力量也会发生变化。一般来说，越趋向追随者一端，影响组织成员行为的力量越倾向于理想信念这些软性的力量；反之，影响组织成员行为的力量越倾向于现实的利益选择。在任何情况下，理想信念和现实的利益选择都是结合在一起的。没有无利益的理想信念，也没有单纯的现实利益。

领导者在带领、引导和鼓舞被领导者为实现组织目标而努力的过程中，主要起到指挥、协调和激励三个方面的作用。指挥作用指领导者在组织活动中帮助组织和组织成员认清所处的环境和形势，指明组织活动的目标和实现目标的路径。协调作用指领导者在不确定的环境中协调组织成员之间的关系和活动，使组织成员朝着共同的组织目标前进。激励作用指领导者为组织成员创造能力发展的空间和职业生涯发展的空间。

（四）领导的权力与来源

领导的核心是权力，领导权力通常指影响他人的能力，在组织中指排除各种障碍完成任务、达成组织目标的能力。根据弗伦奇和勒温等人的研究，领导的权力有五种来源：法定性权力、奖赏性权力、惩罚性权力、专长性权力、感召性权力。其中前三种权力属于制度权力，后两种权力属于个人权力。

（1）制度权力。制度权力即与职位有关的权力，是根据组织结构设计和变革的需要而制度性配置的，与特定的职位相关，与任职者个人特质没有关系。某个人拥有某职位，就拥有与职位相关的领导权力，反之，则失去该领导权力。制度权力体现的是领导力的非人格特征。

法定性权力指组织中各职位固有的、法定的、正式的权力。法定性权力表明某个人在组织体系中由于处于某一职位而得到一种与职位相联系的权力。但拥有法定性权力的管理者不一定是真正的领导者,这是需要注意的。中国古代帝王受命于天的思想和欧洲国家中世纪的君权神授是一种特殊形式的法定性权力。

奖赏性权力指领导者拥有某种被领导者看重的资源而对被领导者具有的影响力。被领导者通过获得这种资源可以获得某种利益或满足。奖赏性权力的大小与领导者所掌握的资源的稀缺程度和被领导者对这种资源的期望程度呈正相关关系。也就是说,奖赏性权力是否有效,关键在于领导者是否确切了解被领导者的真实需要。它是一种积极性权力。

惩罚性权力指通过强制性的处罚或剥夺而影响被领导者的能力。其本质是利用人们对惩罚和失去既得利益的恐慌心理而影响和改变被领导者的态度和行为,是一种消极性权力,使用不慎容易影响被领导者的工作积极性,在现实领导过程中要慎用。

(2)个人权力。领导者的个人权力来自领导者个人的某些特殊因素,其与领导者的组织职位无关,而与领导者的人格特质有关。由于这种权力是领导者自身特殊条件带来的,它更容易获得被领导者内心的认同和追随。个人权力体现的是领导力的人格化特征。

专长性权力也称专家权力,指领导者拥有特殊技能或丰富的专业知识而具有的权力。专长性权力的效能往往局限于特定的专业领域,很少越出领域发挥作用。

感召性权力也称魅力权力,指领导者拥有高尚的人格、优良的作风、良好的道德甚至独特的气质等人格特质而使被领导者认同和赞许,并愿意追随和模仿从而影响被领导者行为所具有的影响力。感召性权力和职位无关,但如和职位结合会产生放大效应。[1]

制度权力和个人权力共同构成领导权力,领导者就是凭借这些权力对被领导者施加影响而改变被领导者的态度和行为的。但是,领导者不会自动获得这些权力,而是需要努力和奋斗。在现实社会中,领导者要正确对待权力、慎用权力,做到公正用权、谨慎用权、例外用权,以更好地影响被领导者,避免因滥用权力带来的破坏性影响,甚至出现"水覆舟"的现象。即使是真正有效的领导者,也必须清醒地认识到领导者与追随者、领导者与管理者的正确关系,有效经营内外部关系,使组织成为有序运转、持续发展的组织。

---

[1] 曲延春主编:《管理学》,山东人民出版社2011年版,第229—230页。

二、领导的实现机制

作为管理的基本职能之一，领导早就随着人类社会的产生而产生了。在漫长的人类社会中，为了追求领导的有效性，众多的领导者对领导行为和领导方式进行了不懈的探索，形成丰富多彩的领导思想和理论。

早在先秦时代的商、周，结合社会的运行，我国就出现了朴素的领导思想。春秋战国时代，百家争鸣，部分学派在其著作中直接论述了自己的领导思想，如韩非子强调法治。有的学者间接论述了领导理论，如兵家学派。儒家学派全方位论述修身齐家治国平天下的哲理和思想。儒家学派强调"圣""贤"的作用，其理论的内核是教人如何修炼成圣成贤，从这个意义上讲，儒家学说是关于人修炼成领导人的学说，只不过儒家学者眼里的领导人是寄托其理想的领导人，如孔子曰："其身正，不令而行；其身不正，虽令不从。"①"为政以德，譬如北辰，居其所而众星共之。"② 汉武帝以来，儒家学说在我国占据了主导地位，大多数读书人和统治集团的成员按照儒家学说的要求进行修炼，提升自己，涌现了无数成功的领导者，他们用自己成功的领导行为阐释了中国传统的领导思想。普通读书人中，最成功的是所谓的"三个半圣人"，即孔子、王阳明、诸葛亮和曾国藩，③ 他们都有丰富的领导思想和成功的领导行为。也有的领导者从现实出发，形成独具特色的领导行为，如刘邦、朱元璋。

我国古代的领导思想和领导行为虽然丰富，相关论述浩如烟海，但多是基于经验式的梳理和论述，是对现象的分析、归纳和总结，缺乏对现象之间因果关系的深入分析和探索，算不上真正的科学。对领导和领导行为进行深入科学探索的，是近代以来的西方人。他们运用科学方法对领导和领导行为进行科学分析，形成三大理论：领导特质论、领导行为论、领导情境论。而在近年，随着经济社会的快速发展，领导科学和企业管理理论的演进，为领导和领导行为研究开拓了更为广阔的空间。当代西方各种领导理论的发展建立在更加综合、更加现代的理念之上。当代最有代表性的领导理论是魅力型领导理论和变革型领导理论。我国在改革开放以后，适应经济社会发展的需要，先是从西方引进，进而结合我国的国情进行创新，开始探索具有中国特色的领导理论。这些理论从不同的视角揭示了领导行为实现的机制。

---

① 《孔子·子路篇》。
② 《论语·为政篇》。
③ 关于"三个半圣人"的说法有多个版本，这里采用的是流传最广的说法。

（一）领导特质

部分学者认为领导具有某些不同于常人的特质，这些特质是领导者领导活动成功的基础。他们对领导者的特质进行了总结和分析。

许多学者从历史和现实的领导出发总结了领导者应该具备的特质，主要有：

亨利·法约尔是法国著名管理学家，他认为，所有大企业的高级领导应具备体力、智力、品德、文化、专业知识和经验。具体要求：一是身体健康并且体力好；二是有智慧并且精力充沛；三是道德品质优秀，包括深思熟虑、有坚定的、顽强的决心，积极、有毅力且必要时很勇敢，敢于负责、有责任感并关心集体利益；四是有丰富的一般文化知识；五是有管理才能，包括自己拟订和让别人拟订行动计划的能力，懂得怎样组织怎样建立社会组织，指挥和管理人的艺术，协调调解行动以使力量集中，控制；六是对所有基本职能都能有一般地概念理解；七是在企业特有专业方面有尽可能大的能力。美国普林斯顿大学教授威廉·杰克·鲍莫尔针对美国企业界的实际，总结企业领导者应具备10项条件：（1）富有合作精神；（2）具备决策能力；（3）具有组织能力；（4）乐于授权，精于授权；（5）善于应变，灵活性强；（6）敢于求新，善于创新；（7）勇于负责，从不逃避；（8）敢于承担较高的风险；（9）尊重、体贴他人；（10）品德高尚、作风优良。[1]

皮奥特维斯基和罗克在1963年出版的《经理标尺：一种选择高层管理人员的有效方法》中列举了成功经理应该具备的最重要的个人特性。具体包括：时间观念强，总是能够遵守时间；让下属充分施展才能，并通过良好的恰如其分的管理方法来达到目标；注意提高自身素质，也注意提高上司与下属的素质；抓住关键，先做最重要的事，次要的事宁可不做；深知仓促决定容易出错；尽可能授权他人，以便使自己获得规划组织未来的时间。[2]

心理学家斯托格迪尔1974年出版《领导手册》一书，认为领导者应该具备10项特质：（1）才智；（2）强烈的责任心和完成任务的内驱力；（3）坚持追求目标的性格；（4）大胆主动的独创精神；（5）自信心；（6）合作性；（7）乐于承担决策和行动的后果；（8）能忍受挫折；（9）社交能力和影响别人行为的能力；（10）处理事务的能力。在另外的场合，他认为领导者应该具备身体、智力、个性、社会性、社交、与工作有关六个条件，其中身体条件包括精力充沛、外貌有特色、身高适中、年龄适当、体重适中等；智力条件包括果

---

[1] 于保政：《领导的艺术》，中国物资出版社2005年版，第66页。
[2] 于保政：《领导的艺术》，中国物资出版社2005年版，第66—67页。

断性、说话流利、知识广博、较好的判断分析能力等；个性条件包括适应性、进取心、热心、自信、独立性、外向性格、机警、支配欲望和能力、有主见、急迫性、见解独立、情绪稳定、作风民主、不随波逐流、富有智慧等；社会性条件包括社会地位、经济基础、学历水平等；社交条件包括个人能力、合作意愿、声望声誉、人际关系、老练程度、正直、诚实、对权力的欲望、与人共事的技巧等；与工作有关的条件包括富有责任感、强烈的事业心、有毅力、首创性、坚韧不拔、对人关心等。[1]

美国管理协会在20世纪70年代对在事业上取得成功的1800多名管理人员进行调查，发现成功的管理人员一般具有20种能力：（1）工作效率高；（2）有主动进取精神，总想不断改进工作；（3）逻辑思维能力强，善于分析问题；（4）有概括能力；（5）有很强的判断能力；（6）有自信心；（7）能帮助别人提高工作能力；（8）能以自己的行为影响别人；（9）善于用权；（10）善于调动别人的积极性；（11）善于利用谈心做工作；（12）热情关心别人；（13）能使别人积极而又乐观地工作；（14）能实行集体领导；（15）能自我克制；（16）能自行作出决策；（17）能客观地听取各方面的意见；（18）能正确认识自己，能以他人之长补自己之短；（19）勤俭；（20）具有技术和管理方面的知识。[2]

中国学者对领导者的特质也进行了研究得出基于中国文化环境的认识，如赵国祥认为，中国党政部门的处级领导具备如下特质：责任心、情绪稳定性、社交性、自律性、决断性和创新性六个因素。[3]舒天戈认为卓越领导者具有以下五项特质：一是勇于挑战，以冒险为天性，视挑战为使命；二是能激发共同愿景，使梦想与希望活化起来；三是使他人有能力，明白领导的目的是促进群策群力的共同努力；四是以身作则，以示范的实践力领导组织；五是以激励为常抓不懈的领导信条，善于鼓舞人心。[4]《世界经理人文摘》2002年组织世界经理人网站用户、中国企业领导人和管理专家评选的中国企业领导人的十大特质是：（1）建立远景；（2）信息决策；（3）配置资源；（4）有效沟通；（5）激励他人；（6）人才培养；（7）承担责任；（8）诚实守信；（9）事业导向；（10）快速学习。[5] 任国华和孔克勤认为，中国高校和教育系统领导干部具有如

---

[1] 于保政：《领导的艺术》，中国物资出版社2005年版，第64—65页。
[2] 孙健主编：《领导科学》，南开大学出版社2008年版，第13—14页。
[3] 赵国祥："185名处级领导干部的个性特质的研究"，载《心理科学》2002年第25卷第2期，第231—232页。
[4] 胡礼祥主编：《大学生领导力拓展与训练》，浙江大学出版社2011年版，第15页。
[5] 参见百度百科"领导力"词条。

下人格特质：开拓与组织适应性、宜人与合作性、自信与进取性、责任与条理性、稳重与务实性、身心健康与理智性、自治与成熟性 7 个维度 30 种特质。[1]

对于领导者的特质的来源，学术界有不同的看法，传统认为领导者的特质是天生的，是上天赋予的，随着科学技术的发展，人们逐渐抛弃了这种具有神秘特色的认识。现代领导特质论认为，领导者的特质主要是靠后天的学习和训练培养起来的，和遗传因素关系不大。

领导力培训与开发的实践表明，个体特质与有效领导之间存在较大的关联性，但仅靠行为培养不能实现有效领导。人格特质能够推动或者阻碍领导者影响他人的努力，追随者的特性也会对领导者的人格产生影响。领导是一种动态的过程。成功的领导特质可以在领导实践中习得、形成和发展。这是领导特质理论的价值所在。但习得、形成和发展了领导特质的领导者能否实现有效领导，那就是另外的事了。

（二）领导行为与风格

有学者试图从领导者的行为特点与绩效的关系来寻找最有效的领导风格或领导行为。他们主要是从领导者更关心工作绩效，还是关心群体关系，以及是否让被领导者参与决策三个维度研究领导行为的。其中，美国密歇根大学在李克特教授的主持下，对工作导向型领导行为和员工导向型领导行为进行了实证研究。

研究发现，员工导向型领导的组织，其生产的数量高于工作导向型领导的组织。在员工导向型领导的组织中，员工满意度高，离职率和缺勤率都低。而在工作导向型领导的组织中，员工的满意度低，离职率和缺勤率也高。员工导向型领导者与高群体生产率、高满意度呈正相关，工作导向型领导者与低群体生产率、低满意度呈正相关。[2]

（三）情境领导

情境领导理论被誉为 20 世纪重大领导理论之一。它认为，并不存在具有普遍适用性的领导特性和领导行为，有效的领导者能因自己当时所处情境的不同而改变自己的领导行为和领导方式。所谓"因时而变，因势而变，因境而变"。情境领导理论不只重视领导者行为能力的修炼，还特别强调领导要因人而异，

---

[1] 任国华、孔克勤："高校及教育系统领导干部构念人格特质与岗位胜任性关系"，载《心理科学》2008 年第 1 期，第 26—31 页。

[2] 周三多主编：《管理学原理》，高等教育出版社 2014 年版，第 195 页。

因材施教。情境领导的三大技巧是：诊断、弹性与约定领导形式。诊断是评估被领导者在发展阶段的需求；弹性是能轻松自在地使用不同的领导形式；约定领导形式是与被领导者建立伙伴关系，与被领导者协议所需要的领导形式。

（四）激励

激励是领导职能的重要体现，也是管理工作的重要内容。美国学者贝雷尔森和斯坦纳曾指出"一切内心要争取的条件（希望、愿望、动力等）都构成人的激励……它是人类活动的一种内心状态",[1] 即人的需求构成了激励的前提。"激励指在特定的条件和环境下，影响人们的内在需要，产生行为动机，从而调动人们积极性，强化和引导人们的行为，以满足个人需要和实现组织目标的心理过程"[2]。一般认为，在激励过程中，得不到满足的需要是产生激励的起点。需要产生动机，动机引导目标实现，从而产生行为。需要是由缺失引起的。

马斯洛按时间顺序和重要性，把人的最基本需要分为相互联系的五个层次：生理需要、安全需要、社交需要、尊重需要、自我实现需要。认为，人们一般先满足较低层次的需要（生理需要、安全需要），只有当低层次的需要得到满足时，下一层次的需要才会凸显出来，变得具有激励作用。低层次需要满足的程度越高，对高层次需要的追求就越强烈。在现实中，绝大多数人的需要只有部分得到满足，随着需要层次的升高，满足的难度相对增大，满足的程度逐步缩小。

奥尔德弗对马斯洛的需要层次理论进行了简化和修订，提出了生存、关系和成长的 ERG 理论。其中，生存需要指关系到人的机体存在或生存的基本物质性要求，包括衣食住行、报酬、工作条件及其要求等；关系需要指人们对社会支持、人际关系和他人的认可的渴望，是保持和发展人际关系的需要。成长需要指一种要求得到提高和发展的内在欲望，是个人固有的、内在的与自身发展、竞争、提高能力和创造相关的需要。他认为，当人的较高需要的追求受到挫折时，人们可能会退而求其次。增强对较低层次需要的追求。他认为人并不是在较低层次需要完全满足后才会去追求较高层次的需要，多种层次的需要可能同时并存。这一认识更接近社会现实。

美国心理学家大卫·麦克里兰发现人的某些需要是在个人成长经历中逐渐学习得来的。权力、归属、成就三种需要均属于此类。有成就需要的人数的多少以及这种成就感的强烈程度在很大程度上影响企业乃至整个国家的经济发展

---

[1] 汝信主编：《社会科学新辞典》，重庆出版社 1988 年版，第 381 页。
[2] 李维刚等主编：《管理学原理》，清华大学出版社 2007 年版，第 271 页。

水平和速度；成就需要可以创造出富有创业精神的人物，推动企业和国家的发展。权力、归属、成就需要对成功的管理者来说缺一不可，其中，成就需要尤为重要。可以通过训练培养管理者较强的成就感，使其勇于承担个人责任。①

美国心理学家和管理咨询师弗雷德里克·赫兹伯格将影响人们行为的因素分为两类：保健因素和激励因素。保健因素是那些与人们的不满情绪有关的因素，如公司政策和管理监督方式、人际关系、薪金、地位、工作条件等，这类因素不具备或强度太低，容易导致被领导者不满意，即使充分准备且强度很高，也很难使被领导者感到满意。这类因素不能对员工起激励作用，只能起到保持人的积极性、维持现状的作用。激励因素是指那些与人们的满意情绪有关的因素，如工作的成就感、工作成绩得到认可和赞誉、工作本身的挑战和乐趣、晋升机会等，这类因素处理得当，能够使人产生满意情绪。赫兹伯格认为，满意的对立面不是不满意，而是没有满意；不满意的对立面是没有不满意。他建议领导者先向被领导者提供保健因素，消除员工的不满情绪，然后提供激励因素，增加被领导者对工作的满意度。只有保健因素和激励因素都得到满足时，才会产生真正的激励。②

（五）沟通

沟通与协调是领导者的主要活动。人们从来不会自觉地遵守规章制度，也不会主动地服从别人的领导。沟通是领导关系顺利形成、规章制度得以顺利执行的重要条件。

学术界对于沟通的概念不太一致。共识性比较大的认知有以下三点：沟通是在两个以上的主体之间发生的；沟通需要一定的媒介或媒介系统推进；传递信息是沟通的功能性要素。一般认为，沟通具有如下特点：人与人之间的沟通主要是通过语言或文字进行，包括语音、语调、体态语言等；人与人之间的沟通不仅是信息的交流，也包括情感、情绪的交流；在人际沟通中，心理因素起着重要作用；人际沟通有着强烈的社会性色彩。

沟通的类别和形式繁多，不同的沟通可起到不同的作用。按功能划分，沟通可分为工具式沟通和感情式沟通。按照沟通的方式，可将沟通划分为上行沟通、平行沟通和下行沟通。按组织系统划分，可分为正式沟通和非正式沟通。

工具式沟通是发送者将信息、知识、想法、要求等传递给接受者，意在影响和改变接受者的行为。感情式沟通是沟通者双方表达感情、获得对方的精神

---

① 周三多主编：《管理学原理》，高等教育出版社2014年版，第206页。
② 周三多主编：《管理学原理》，高等教育出版社2014年版，第204—205页。

同情和谅解，意在改善双方的关系。

上行沟通是指自下而上的沟通，是信息从下属向上级传递的过程。下行沟通是指自上而下的沟通，信息的传递由组织的最高层直至最底层，平行沟通是指同一组织层次的人和部门之间的沟通。上行沟通和下行沟通是组织内最正式、最重要的沟通。平行沟通有利于信息快速流动、促进理解，起到协调行动、实现组织目标的作用。无论是上行沟通、下行沟通、还是平行沟通，受各种因素的影响，都会产生失真、梗阻的现象。

在现实生活中，之所以会出现沟通不畅或沟通失真的现象，是因为在沟通中存在如下障碍。一是缺乏信任，缺乏信任往往影响有效沟通。二是利益冲突严重。在重大利益冲突面前，信息沟通往往让位于情绪的发泄与利益的争夺。三是编码有误。四是解码失误。如果解码者的生活经验、文化背景、社会历史背景、技术背景等与编码者有明显差异，会导致解码失误。五是渠道不畅。包括制度性障碍、技术性障碍、心理性障碍。六是噪音干扰。

为了保障沟通的效果，避免或降低沟通障碍的发生，在沟通过程中可坚持如下原则：准确性、沟通链条的完整性、及时性、非正式组织策略性运用。同时，要注意根据沟通的情景，选择合适的沟通方式，还要善于运用沟通的艺术。

三、领导力与领导力开发

有人将领导力简单地界定为领导能力。但严格来看，这一界定并不科学，领导力的内涵相对复杂，要想准确界定并不容易，正如美国领导理论大师沃伦·班尼斯所言"领导力就像美，它难以定义，但当你看到时，你就知道"。不同的人对领导力有不同的认知。

（一）领导力的内涵与界定

领导力在领导系统中是一个根本性、战略性的范畴，是领导者凭借其个人素质的综合作用在一定条件下对特定个人或组织所产生的人格凝聚力和感召力，是保持组织卓越成长和可持续发展的重要驱动力。由于领导力在组织运营中的重要地位和巨大影响力，领导力研究受到了各国研究者的青睐，产生了多种领导力理论，其中包括对领导力的内涵认知和界定。

百度百科认为领导力指在管辖的范围内充分地利用人力和客观条件以最小的成本办成所需的事，提高整个团体的办事效率的能力。

学者们对领导力的内涵界定体现了他们的研究兴趣和研究重点。如斯托格迪尔认为：领导者必须具备十个方面的能力或素质，即成就、韧性、洞察力、主动性、自信心、责任感、协调能力、宽容、影响力和社交能力。诺斯豪斯则在总结多种领导特质研究成果的基础上，归纳了领导力的主要特性：才智、自信、决策力、正直和社交能力。魅力型领导理论的代表人物豪斯认为，魅力型领导力主要包括支配欲、强烈的影响欲、自信心和强烈的道德价值观等。英国领导学学者亚代尔认为领导者在履行职责时需要展现以下品质：群体影响力、指挥行动、冷静、判断力、专注和责任心。美国学者哈维·罗森认为领导者必须具备八项要素，即前瞻性、信任、参与意识、求知精神、多样性、创造性、笃实精神和集体意识。库费在《领导学》中进一步区分了基本领导技能和高级领导技能。基本领导技能主要包括以下内容：从经验中学习，沟通，倾听，果断，提供建设性反馈，对有效的压力管理的指导；构建技术方面的任职能力，与上级构建良好的关系，与同事构建良好的关系，设置目标，惩罚，召开会议。高级领导技能主要包括如下内容：授权，调解冲突，谈判，解决问题，提高创造力，诊断个人、群体及组织层面的绩效问题，工作团队的塑造。排除团队塑造的障碍，高层团队的创造，（领导力）开发计划，可信度，辅导。《领导力》的作者詹姆斯·库泽斯和巴里·波斯纳认为领导力就是动员大家为了共同的愿景一起奋斗的能力。[1] 我国学者认为领导力是指领导者在特定情境中吸引和影响追随者与利益相关者并持续实现群体和组织目标的能力。[2] "所谓领导力，就是建立愿景目标的能力，是使自己与他人承诺于企业长期成功的能力，是激发他人自信心和热情的能力，是确保战略实施的能力"[3]。贺善侃认为无形领导力作为一种文化力，构成领导力的灵魂，决定着决策力和执行力；作为一种影响力，体现领导力的实质；作为一种领导魅力，成为实施领导力的有效通道。[4]

部分领导人基于自己的经验谈了自己对领导力的认识。如艾森豪威尔说：领导力是决定要做什么并且让别人愿意做的能力。蒙哥马利认为：领导力是把人们集结到一个共同目标下的能力和意志力，以及激励人们自信心的品德。美国前国家安全事务助理基辛格认为：领导力就是要让他的人们，从他们现在的地方，带领他们去他们还没有去过的地方。[5] 鲍威尔认为领导力是一门艺术，它会完成更多管理科学认为不可能的东西。

部分从事管理实践的学者也从不同的视角对领导力进行了界定。如彼得·德鲁克认为：领导力是把握组织的使命及动员人们围绕这个使命奋斗的一种能

---

[1] 衡虹等：《平衡人生职业人精细化管理》，中国言实出版社2015年版，第243页。
[2] 苗建明、霍国庆："领导力五力模型研究"，载《领导科学》2006年第9期。
[3] 严正：《四维领导力》，机械工业出版社2007年版。
[4] 贺善侃："无形领导力：对领导力的一种新认可"，载《上海师范大学学报》2008年第4期。
[5] 参见百度百科"领导力"词条。

力；领导能力的基本原则是：领导力是怎样做人的艺术，而不是怎样做事的艺术，最后决定领导者的能力的是个人的品质和个性。领导者是通过其所领导的员工的努力而成功的。领导者的基本任务是建立一个高度自觉的、高产出的工作团队；领导者们要建立沟通之桥。①

凯诗曼从领导能力开发的角度讨论了领导力。他认为，领导是由内向外的，领导不是一个人所做的事情，它源自个体内部的某个地方。一个人可以通过七种路径实现由内至外的领导，这七种路径分别是目标控制、变化控制、人际控制、本质控制、平衡控制、行动控制和个人控制。凯诗曼提出的七条路径也就是领导者必须具备的七种能力。

麦克斯威尔认为领导力有五个层次，分别是职位、认同、生产、立人、巅峰特质。其中职位是指职务上的地位，在规定所担当的工作体系金字塔中的层别。职位是领导力的基础，没有职位的权力影响就没有领导力。任何人赋予职位就会有领导的权力，严格来说职位领导力是管理能力，但又是领导力的入门。认同指认为跟自己有共同之处而有亲切感，领导力中的认同是对领导的认可，服从领导并愿意追随。认同是信任的开始。用工具创造各种生活资料和生产资料谓之生产，领导力中的生产是领导力言行一致的表现，是领导组织不断创造财富与解决问题的活动。领导力中的立人是指对人才的培养与授权的能力。立人是对领导者的更高要求，复制并升华自己的领导模式，使得组织可以健康裂变，在裂变中壮大。领导力的巅峰特质是指一流顶尖的领导者成就一流顶尖的组织，指领导的能力与影响是同时代的楷模或已经超越了同时代。综上所言，领导力不是名词而是动词，是一个动态的过程，是会向上也会向下的活动，其界定与评价来自组织内外的各个方面，因人而异，因时不同。

部分企业从企业自身发展的需要出发，对领导力进行了界定并提出了领导力模型。如宝洁公司认为领导力的要件是五个 E：高瞻远瞩（Envision）、全情投入（Engage）、鼓舞士气（Energize）、授人以渔（Enable）、卓越执行（Execute）。这是一个完善而科学的模型。五个要件之间相互交融又先后有别。②
IBM 公司根据企业发展特点提出的领导能力模型：①致力于成功，对客户的洞察力，突破性思维，不断追求目标的动力；②动员执行，团队领导力，直言不讳，团结协作，决断力和决策能力；③持续动力，发展组织的能力，教练/培养

---

① ［美］彼得·德鲁克："我的导师们的领导艺术教诲"，见［美］海森贝恩·柯恩主编：《领导者的对话》，中国科学技术大学出版社 2002 年版。
② 胡礼祥主编：《大学生领导力拓展与训练》，浙江大学出版社 2011 年版，第 21 页。

人才，个人奉献；④核心，对事业的激情。①

《大学生领导力拓展与训练》一书认为领导力是一种成功的潜质，是一种远见果敢的决策力、相得益彰的影响力、灵活聪慧的沟通力、统筹全局的协调力、刚毅坚定的抗挫力、存乎一心的应变力、出奇制胜的创新力。是现代领导者必修的内功和资格认证条件。②

也有学者认为：现代领导力最大的特点就是它的系统性、体系性和综合性。领导力＝目标力＋环境力＋领导者个人能力＋被领导者的能力＋领导方法与艺术。最直接的体现是领导者的领导力加上被领导者的执行力。领导者和被领导者的多个力构成领导力，形成一个现代领导力系统。这个系统包括以下：预测力、分析力、决策力、用人力、服务力、影响力、亲和力、凝聚力、学习力、应变力、统御力、沟通力、协调力、约束力、激励力、计划力、组织力、整合力、指挥力、管控力、策划力、表演力、表达力、适应力、承受力、担当力、创新力、竞争力、聚合力、策划力、技术力、谈判力、御权力、御人力、处理力、定向力、精细力、模糊力、理论力，等等。③

从上述列举的学者和各方面人士对领导力的界定可以看出，领导力作为一个概念，想要准确界定是非常困难的。需要强调的是，领导力是一种素质，更是一种能力，在一定意义上就是行动能力，就是综合素质，是在领导过程中展现出来的能影响被领导者的综合素质和能力。

（二）领导力的构成与模型

领导力模型及其构建方法一直是领导力研究领域的重中之重。

1. 史蒂芬·柯维的"高效能人士的七个习惯"模型

史蒂芬·柯维采用行为科学的研究方法，通过案例和行为模式分析，总结了成功（高效能）人士的七个习惯。

习惯一：主动积极。即立即采取主动，为自己过去、现在及未来的行为负责，并依据原则及价值观，而非情绪或外在环境来下决定。主动积极位于领导力模型的最底层，是整体领导力中最基础的资质。

习惯二：以终为始。确定方向要求领导者必须有扎实的专业功底，同时也要有足够的观察能力、分析能力和判断能力。"做正确的事"是领导力与一般管理能力的重要区别。

---

① 胡礼祥主编：《大学生领导力拓展与训练》，浙江大学出版社2011年版，第22页。
② 胡礼祥主编：《大学生领导力拓展与训练》，浙江大学出版社2011年版，序言第2页。
③ 曾国平：《追求卓越领导力》，重庆大学出版社2013年版，第15页。

习惯三：要事第一。即实质的创造，是梦想的组织与实践。无论迫切性如何，个人与组织均针对要事而来，重点是把要事放在第一位。计划能力的关键是要安排去做重要的事情而不是紧要的事情。重要的事情对组织的愿景和使命至关重要，也是组织目标的核心部分。

习惯四：双赢思维。双赢思维是针对零和思维而言的。是一种基于互敬、寻求互惠的思考框架与心意，目的是更多的机会、财富及资源。

习惯五：知彼知己。知彼需要仁慈心，解己需要勇气，能平衡两者的人，才能大幅度提升沟通的效率。领导他人或者说影响他人的过程实质就是一个沟通的过程，沟通能力因此是领导者实现团队领导的重要保证。

习惯六：统合综效。创造第三种选择，既不是按照我的方式，也不是按照你的方式，而是第三种远胜过个人之见的办法。优秀的领导者致力于使团队的效能最大化，能不断接受更高的挑战。

习惯七：不断更新。指如何在四个基本社会面向（生理、社会/情感、心智及心灵）中，不断更新。这一习惯带给组织的是愿景、更新及不断地改善，使组织不至于呈现老化及疲态，并迈向新的成长路径。

上述七个习惯是相辅相成的，通过前三个习惯的训练可使人从依赖状态成长为独立状态，获得个人的成功。训练后三个习惯，可增进影响力，成长为与人相互依赖的状态，获得团队的成功。第七个习惯赋予每个人新的生命，督促大家日新月异，持续成长。① 后来，柯维又增加了一条："找到你自己的心声并且激励他人找到属于自己的心声"，即追求卓越的习惯，形成了高效能人士的八个习惯。②

2. 詹姆斯·库泽斯的五种领导力行为十个使命模型

詹姆斯·库泽斯和巴里·波斯纳在他们的合著《领导力》中提炼了五种行为配合十个使命模型。这五种领导行为普遍存在于卓越领导者身上。五种行为分别是：（1）以身作则；（2）共启愿景；（3）挑战现状；（4）使众人行；（5）激励人心。

库泽斯认为，这五种习惯行为与十种使命相关。具体的十种使命为：

其一，明确自己的理念，找到自己的声音；

其二，使行动与共同的理念保持一致，为他人树立榜样；

其三，展望未来，想象令人激动的各种可能；

其四，诉诸共同愿景，感召他人为共同的愿景奋斗；

其五，通过追求变化、成长、发展、革新的道路来猎寻机会；

其六，进行试验和冒险，不断取得小小的成功，从错误中学习；

---

① ［美］史蒂芬·柯维：《高效能人士的七个习惯》，中国青年出版社2018年版。
② ［美］史蒂芬·柯维：《高效能人士的八个习惯》，中国青年出版社2019年版。

其七，通过强调共同目标和建立信任来促进合作；

其八，通过分享权力与自主权来增强他人的实力；

其九，通过表彰个人的卓越表现来认可他人的贡献；

其十，通过创造一种集体主义精神来庆祝价值的实现和胜利。①

库泽斯明确指出：领导是每个人的事。他号召人们采取行动，号召每一个人承担个人的责任，成长为一个领导者。

（三）领导力开发

从上面的分析可以看出，领导者不完全是天生的，在很大程度上是后天成就的，起码就领导力来说，是后天学习开发而成的。领导学大师沃伦·班尼斯有一句名言："最可怕的迷思，就是认为领导人都是自然天成的。"有学者明确指出，"领导力不是天生的，而是后期磨炼而来的。""没有天生的领导者，只有后天的领导力。""领导力并非存在于人类的 23 对染色体中，而是来源于这个世界，来源于领导者对这个世界的感悟。""领导力来源于后天造就，而非与生俱来。""世界上大多数人都可以成为领导者，而且是非常成功的领导者，只要他们个性、心智健全，那么他们就可以维护健全的人际关系，并从中领悟领导技能"。②

与领导力理论相比，领导力的开发和培养是目前世界范围内最丰富多彩的现象。西方国家尤其是美国是领导力开发培训范围最广、最深入的国家。美国多数大学开设有领导力开发课程，各企业或社会组织拥有自己的领导力开发培育课程体系，这些课程体系有面向高层管理人员的，有面向中层管理人员的，有面向基层管理人员的，也有面向普通员工的；有分领域的，分产业的，分行业的，还有分岗位的。改革开放以来，西方国家的领导力理论和领导力开发体系随着外资公司进入我国。进入 21 世纪以来，我国的领导力研究和领导力开发适应国家经济社会发展的需要而发展起来。

领导力是一个综合的系统、是领导者综合素质和能力的体现。领导者首先是通才，然后才是专才。领导力的培育开发也是一个综合的过程。面向不同的人、不同的群体，领导力开发的具体内容、方式、手段和工具不应完全一致。在探讨领导力培育开发问题时，要根据对象进行有针对性的设计。

从领导力的本质来说，所有人都适用的领导力开发方式是学习、悟道和知行合一。这是领导力开发的基础。

---

① 孙健等：《管理哲学读本》，金城出版社 2014 年版，第 138 页。
② 武斌：《领导力》，武汉大学出版社 2014 年版，第 3—4 页。

学习包括各种形式的学习，自然科学知识的学习，人文社会科学知识的学习，专业知识的学习，管理知识的学习，领导科学与艺术的学习，领导技能和技巧的学习，等等。学习的对象包括书本、他人和过去的自己。学习的本质是通过有目的的学习，提升自己的素养，提升自己的能力。学习的主要目的是养就素质和能力，为应用提供基础性支撑。领导者的定位是通才，与专门的应用型人才不同，因此作为领导者的学习，也与一般人不同。从知识的视角上，这里的学习涉及的范围远比应用型人才的学习范围要广，对能力养成的要求更为深远和广博。作为潜在的领导者和现实的领导者，要广泛的学习，要博览群书，要广泛地参与各种实践，以养成自己全方位的素质和能力。从另一个角度来说，学习是养成学习的能力，是养成能学习、会学习的能力，而不单纯是掌握知识。

悟道是在学习的基础上通过自己的思考、反思和总结，不断提升自己的认识。悟道的本质是通过自己的思考和感悟，提升自己的素质和能力。悟道有顿悟和渐悟之分，本质都是对事物现象、本质和规律、趋势的自我认知。悟道的主要目的是提升自己的认知水平和能力。作为潜在的领导者和现实的领导者，不仅要读书和实践，更要善于思考，善于总结，善于反思，解开表面现象，发现规律，形成真知。

学习和悟道是相辅相成的，两者在一定条件下可以相互促进。两者结合的路径是知行合一。领导力是在社会实践中体现的，是在领导团队或组织的过程中通过具体的领导行为体现出来的。因此知行合一，一方面通过学习获得领导力的知识，另一方面通过实践验证所学知识，将所学知识变成实实在在的能力，进而改进学习是培育和开发领导力的最佳途径。要想形成真正的领导力，知行合一是必不可少的途径。知行合一是领导力培育开发的核心，需要模拟的或真实的领导环境。

在学习、悟道、知行合一的基础上，还需要针对不同人、不同人群、不同群体的具体情况，进行有针对性的培训和开发，以提升特定领域的领导技能和在整体上提升领导力。

1. 领导力开发训练的路径

领导力的开发训练是一项系统工程。结合领导力培育和开发主体的区别，可将领导力开发训练分为自我训练、教练训练和组织训练三种路径。

领导者的领导力自我训练是领导者根据组织发展、职业生涯和工作性质等需要设计、培育、开发和提升自我的领导力，自我训练是领导力培育开发的重要途径，也是最基础的培育开发方法。该方法主要依靠自己的意愿和有限的资源进行自我学习、积累和感悟，学习效果受限于学习态度和所获资源。领导力一般难以在短期内大幅提升，但突然的顿悟也可能带来领导力短时间内的大幅提升，顿悟也是需要条件的。

有学者针对领导力的构成提出如下自我训练法：做一个清晰的职业规划，多读或多看积极向上的励志书籍或电影，经常与有志之士探讨人生的价值或奋斗的目标，以形成远大的抱负；经常回顾自己以前成功的事情，经常阅读成功的励志书籍，经常参加使人奋发、磨炼意志的培训或团队活动，以保持强烈的自信心；回顾和模仿其他领导者决断时的方法和流程，经常在组织中进行决断力演练，模仿或实际进行决断，经常与其他人探讨决断的方法和艺术，以形成果敢的决断力；阅读激励书籍，经常与下属进行探讨以了解下属的需要，在团队或组织中进行模仿演练，对其他组织进行考察，让员工或团队多参加有关激励的演讲或技能培训，改变工作方式和激励方法，以形成高超的激励力；多阅读有关沟通的书籍掌握沟通方法，多参加沟通培训掌握技巧，多与上级、平级、下级沟通，在日常生活中进行锻炼，多参加非正式组织活动，多参加演讲活动，以形成有效的沟通力；多阅读有关控制的书籍，对他人控制活动进行系统思考，在组织内部进行仿真模拟演练，多参观和考察其他组织的成功做法，对失败的控制进行反思和总结，提前作出预案，以形成适度的控制力。[①] 归纳上述内容，实际做法不过六条：读书、交流、模仿、感悟、训练、借鉴。本质是学习、悟道和知行合一。

教练训练是将体育教练的理念、方法、技术应用到企业管理实践而产生的一种全新的理论、方法和技术，是一种基于任务或结果的领导力训练技术。它通过改善被练者的心智模式来发挥其潜能和提升效率，从而帮助渴望成长的领导者认识并发现自身存在的价值和潜力。教练训练法针对被训练者有一套完整的训练计划和内容体系，广泛吸收了各种专业的领导知识和领导技能，针对性强，训练性好，能够在短期内使被训练者的领导力有大幅度的提升。目前社会上和企业内部开设的各种领导力开发培训班基本都属于教练训练，是一种典型的任务导向型训练。

领导力的教练训练技术在欧美各国已经得到广泛的应用和推广，实施步骤主要包括：

（1）帮助领导者分析环境，确立正确的目标方向；
（2）帮助领导者明确自己的处境和位置；
（3）帮助领导者改善心态，强化自信和勉励坚持；
（4）帮助领导者在实施目标过程中审时度势。

教练技术在具体应用过程中会广泛地使用九型人格、360度回应工具、文

---

① 罗倩文主编：《组织行为学》，科学出版社2016年版，第155—156页。

化差异等工具帮助领导者提升领导力水平。相对于自我训练,教练训练需要一个基本的前提,那就是了解领导力培育开发的各种方法和技巧,知道用什么方法和路径可以开发和提升领导力。即组织训练的教练在领导力理论和领导力开发实践中有丰富的知识和经验,建立在其前期在领导力领域有丰富积累的基础上。因此,在浅层次的知识和技能方面,实施教练训练的效果较为明显。在深层次的核心能力方面,教练训练的效果有效,关键还得看领导者的自我感悟。

组织训练是组织提供平台或机会进行的领导力训练。领导力组织训练要注意以下几点:组织重视领导力开发,甚至将其上升到战略高度进行审视;组织重视领导力核心要素的开发,甚至将其凝练为企业的核心价值观;在领导力开发过程中构建了完善的领导力梯度开发平台。组织必须立足自身实际,有选择地吸收和借鉴其他组织的成功经验,构建符合自身发展的领导力组织训练体系。[1]

自我训练、教练训练、组织训练三种途径的本质是自我、外力和组织,分别代表的是自我追求、外部要求和具体情境的要求,这三条途径实际涵盖了领导力开发培育的所有方式。其中,自我训练是核心方式,教练训练是外力,外力的主要作用是影响内力,只有内力(自我训练)接受外力的影响并发挥作用,外力才真正有影响力。至于组织提供的平台,是教练训练的形式之一。

2. 领导力的基础培养。

领导力的基础培养是基于人的领导力完全来自后天学习的假设,认为人在接受专门培育开发之前不存在领导力。这种假设在现实中是不存在的,因为人自出生开始,便开始通过周围环境开始学习,开发自己的能力,其中包括领导力。从能力开发的视角,领导力的基础培养是针对没有接受过领导力专门培育开发、领导力水平一般或处于混沌状态的人。

胡礼祥曾面向大学生提出了培养大学生领导力的途径和方法。他的建议是:

一是要善于学习,培养勇于进取的精神。一要兴趣广泛,善疑好学,对事物不断提出新问题;二要独立思考,标新立异,不随声附和,善于独立行事;三是变通处事,灵活流畅,举一反三,触类旁通;四要深邃观察,善于从复杂纷繁的现象中透视出本质所在;五要不怕困难,勇于探索,培养对创新的强烈兴趣。

二是积极实践,培养领导意识与技能。既要争取一切可能使自己成为山中之虎又要脚踏实地做事。只有在实践中特别关注小事细节,并力求做到极致,才能真正体会到深刻的东西,了解做事的真谛,掌握做事的套路;

---

[1] 罗倩文主编:《组织行为学》,科学出版社2016年版,第156页。

三是勤于钻研，掌握丰富的科学知识。首先要掌握专业知识，取得专长权；其次要掌握一定的管理知识和经济领域的知识；最后要善于在实践中积累经验。

在提出上述三条的同时，他还针对领导力的核心要素决策力、影响力、沟通力、协调力、抗挫力、应变力、创新力的培养提出了建议。

他认为，决策力是领导力的核心，提升决策力的根本途径在于多观察、多思考、多实践。

影响力是有效实施领导行为的核心要素之一，非权力性影响力在影响力中起决定作用，可通过加强修养、学会沟通、宽严相济、勇于担当、乐观自信等方式提升非权力性影响力。

所有的领导活动，包括方向指引、动机激发、能力培养、文化凝聚，都需要通过沟通来实现，"沟通"是一门艺术，沟通力只有在反复实践体验中提升。

协调力就是决策与执行过程中的协调指挥才能，可通过找准角色定位、学会处理各种关系、学会与人合作、学会激励下属、学会解决矛盾分歧、学会借权用力、学会克服常见误区等提升协调力。

抗挫力是抗拒挫折的能力，只有在逆境中得到不断磨炼和提升。

应变力可通过培养应变心智、学会灵活处事来提升。

创新是发展的动力之源，具有创新力是领导的最高境界，可通过关注细节、模仿、积累、团队、实践提升创新力。[1]

3. 领导力的提升

领导力的提升是针对具有一定领导力基础的人和人群的，目的是通过相关的训练，提升人的领导力，使其能够适应团队或组织发展的需要。多数领导力开发体系是基于这一考虑设计的。其中最典型的是七层次领导力开发。

七层次领导力开发包括六个模块，分别对应了领导力培育的不同阶段。其中模块一是领导力的准备，介绍了领导力及其培训开发的相关知识与准备；模块二是领导力方向盘，介绍领导力的核心内容和如何开发领导力；模块三是团队领导力的核心，介绍团队领导力的核心内容；模块四是成为六星级领导，分运营力、行动力、现场力、专业力、成长力、驱动力六个方面进行培训开发；模块五是有效的领导力，介绍如何评价和诊断有效的领导力；模块六是领导力发展。每个模块都有明确的定位和具体的课程与实践。[2]

七层次领导力开发体系是一个综合性的领导力开发体系，适用于多数组织的绝大多数人，是一个面向广泛、适用性强的开发体系。但对特定岗位的领导

---

[1] 胡礼祥主编：《大学生领导力拓展与训练》，浙江大学出版社2011年版。
[2] 内容参见百度百科"七层次领导力"词条。

者来说，仅此是不够的，还需要面向特定岗位进行有针对性的培训开发。

　　无论什么样的组织或团队，规模多大，从事什么行业，领导都是关键的。有效的领导，可以带领组织或团队，及时避开风险，抓住机遇，应对挑战，获得稳步持续的发展。无效的领导，可能导致组织或团队的失败，甚至身死业消。决定领导有效性的是领导者，核心是领导者的领导力。领导者是在领导团队中发挥作用的，领导力是在领导行为中体现出来的，领导者的行为不可避免地受到被领导者、组织环境的影响，因此领导力体现在领导行为的各个层面和领域，是一项综合性的素质和能力。在领导过程中，保证领导有效性的不是某一个方面的领导能力的超常发挥，而是确保没有哪个方面出现短板（木桶原理），影响领导力的整体发挥。一度，人们认为领导者具有不同于他人的特质，领导是天生的。后来的研究表明，领导者确实拥有不同于常人的特质，但这些特质主要是后天形成的，是后天经过自主学习和特定训练形成的，人的领导力是后天磨炼的结果。人人都可以学习领导技能，人人都可以培育领导力，人人都可以做领导。于是各种领导和领导力理论应运而生，各种培训、开发、培育如雨后春笋，快速生长。但领导是有条件的，领导行为只有在团队或组织中实施，领导作用需要面向被领导者才能发挥，领导力只有在领导过程中才能展现。现代社会需要领导，需要有卓越领导力的领导者，更需要成熟的被领导者。结合自己的素质和能力开发养成领导力是必要的。领导力的开发培育倾向于通才、复合型，培育开发的路径是学习、悟道和知行合一。与培养专才的应用型职业教育形成巨大的分野，但两者之间并非不可逾越，打破两者之间壁垒的还是学习、悟道和知行合一，是个人的追求和自我锻炼。这就是人人都可以做领导的真谛所在。

第二篇　从布衣到皇帝：刘邦的领导过程

这是农历己亥年（公元前202年）二月甲午日的早晨，和风习习，春光明媚，天空显得格外宁静、高远。历史眷顾了这个不经意的日子。

定陶汜水北岸，筑起了高高的祭坛。坛上摆着太牢，坛下彩旗林立，迎风招展。一阵阵号角声划破了初春稍有的拘谨。在群臣的簇拥下，一位"隆准而龙颜"的相貌迥然者登上高坛。在礼官的呐喊声中，这位长者拜祭了天地。回到行宫大殿，面南而坐，接受群臣的朝拜，并颁诏："本王既承天意民意为帝，今日宣布，大赦天下，以示皇恩。尊先妣刘氏为昭灵夫人，立王后吕氏为皇后，王太子刘盈为皇太子。"① 中国历史上的第一位布衣皇帝君临天下了。这就是"你须身姓刘，你妻须姓吕，把你两家儿根脚从头数。你本身做亭长耽几盏酒，你丈人教村学读几卷书。曾在俺庄东住，也曾与我喂牛切草，拽耙扶锄""强秤了麻三秤""偷量了豆几斛""少我的钱""欠我的粟"的"无赖"刘邦。② 无论是民间散曲的嘲讽，还是文史著述的丑化和议论，都不能掩盖中华民族历史长河中刘邦这颗星辰的光辉。英国历史学家汤因比曾站在世界的广阔时空中这样评论过他："历史上影响最大、最有远见的两个人物是恺撒和刘邦。恺撒未能目睹帝国的建立及文明的兴起，便遇刺身亡。而刘邦则亲手缔造了一个昌盛的时期，因其远见卓识的领导才能，为人类历史开创了新纪元。"

刘邦和朱元璋是中国历史上仅有的出身平民、依靠自己的努力创建统一新王朝的帝王，也是前资本主义时代全球出身低微、依靠自己努力登上最高统治者地位的少数人之一。由于出身寒微，经历过社会基层生活的艰难和各种坎坷，刘邦养成了独有的"无赖"痞性。正是这样一个有着"与生俱来"的"痞"性的草根百姓，在秦末诸多义军将领中脱颖而出，一鸣惊人：用三年时间，经过艰苦卓绝的斗争，推翻了秦王朝；又在四年的楚汉战争中，击败了军事力量比自己强大的项羽，建立起一个规模空前的汉王朝，使中国复归统一。从布衣到皇帝，从社会的最底层到最高统治者，其间的跨越，跳跃性最强，最能体验社会的反差与创业的悸动。让我们透过历史的尘烟，进入刘邦的世界，去体味

---

① 《资治通鉴》卷十一。
② （元）睢景臣：《般涉调·哨遍·高祖还乡》。

他的激情与冷静、智慧与错误、优长与缺点、失败与成功、谋略与权术、性格与品质……循着那段已经凝固的历史风云，去领略那布衣"持三尺剑取天下"的风采，去感受"大风起兮云飞扬，威加海内兮归故乡，安得猛士兮守四方"的悲壮情怀，去品味在那纷繁复杂的社会环境中展露出的不同于常人的决策力、影响力、协调力、感召力、应变力和创新力……

一、游手好闲，不治产业

刘邦于周赧王五十九年十一月二十四日（公元前256年12月28日）出生在沛县丰邑（今江苏沛县东）中阳里一个普通的农民家庭，① 比秦始皇嬴政小四岁（秦始皇于周赧王五十六年即秦昭王四十八年、公元前259年正月生于赵国都城邯郸），两人可以说是同龄人，但家庭背景和早期经历的迥异使两人的性格和奋斗历程截然不同。当时，诸侯国之间的龙争虎斗已进入了白热化阶段。秦国经过改革以后，国力大增，逐步向外扩张。公元前247年，刘邦10岁，14岁的嬴政即秦王位。公元前238年，刘邦18岁，22岁的嬴政亲政。不久嬴政开始了吞并东方六国的活动，用10年的时间灭掉了韩、赵、魏、楚、燕、齐，于公元前221年建立了中国历史上第一个统一的封建王朝，他自称"始皇帝"。这一年，嬴政39岁，刘邦35岁。刘邦在秦灭楚几年后当上亭长。公元前210年，秦始皇50岁，去世；刘邦46岁。公元前209年，陈胜吴广起义，48岁的刘邦在沛县起兵响应。公元前202年，刘邦即帝位，时年55岁。与秦始皇相比，刘邦是典型的大器晚成者。

嬴政完成统一大业后，并没有将这个有利条件用于发展经济，而是大规模地进行征伐，推行残酷的刑罚，整个帝国哀鸿遍野，百姓苦不堪言，人人思乱，四海鼎沸，草泽竞奋。刘邦经历了战国末期诸侯之间的纷争，也看到了秦始皇的大略雄风和好大喜功，更清楚地看到了时代大潮的发展趋势。

刘邦在家中排行老三。大哥刘伯早死，二哥刘仲勤于农耕，"能治产业"。在父亲眼中，刘仲是个有出息的孩子。刘邦相貌堂堂，却终日游手好闲，"不事家人生产作业"。刘父送他到私塾读书，但刘邦对读书兴趣不大，粗通文墨而已，终日在外喝酒闲逛，交朋结友，曾跑去魏国寻访信陵君，到后来的常山王张耳家中做门客，跟随张耳四处游侠，父亲也没有办法。做了皇帝以后，为

---

① 刘邦的家庭出身，其父名太公、母曰刘媪，且其父喜欢治人产业来看，应是普通的自耕农家庭。《汉书》有材料说刘邦的祖父曾任丰公，刘邦家随迁。但从《史记》关于刘邦和卢绾关系的记载看，刘邦应该出生于丰邑中阳里村。《汉书》说刘邦的祖父任丰公应为抬高刘邦出身之笔。

其父做寿,刘邦敬酒时仍问父亲:"始大人常以臣无赖,不能治产业,不如仲力。今某之业所就孰与仲多?"① 自得之意溢于言表。刘邦的经历使我们联想到战国末期的士,特别是其中的游侠之士。他的行为和做派与游侠之士极为相似。

刘邦一边游侠,结交各地豪杰,一边有意识地结识官场里的人。他明白,像自己一介布衣,无人推荐,难入官场。秦王政二十四年(公元前223年),秦灭楚,在刘邦家乡设沛县,萧何等人进入沛县衙门为吏。刘邦因为游侠的经历,在入秦之初受到秦政府的关注,多次面临牢狱之灾,只得与卢绾等人四处躲藏,赖萧何等人帮助才没有入狱。后来,在萧何的举荐下,刘邦出任泗水亭长,成为秦朝地方基层政权的一名小吏。秦制,郡置守、尉、监,分管一郡之政治、军事与监察事务。郡守有制定地方行政命令的权力并对郡内辖县的县令、县长有相当大的管辖权。② 郡下统县,县下分为若干乡,乡由亭、部和里组成,乡、亭、里均非国家设置的行政单位,更接近于地方自治单位。③ "大率十里一亭,亭有长。十亭一乡,乡有三老,有秩,有啬夫,有游徼。"④ "亭长,主亭之吏。""亭长,盖今里长也。民有讼争,吏留平辨,得成其政。"⑤ 亭长实际是个苦差事,需要办理的公务比较繁杂,要经常解送县内一些人去咸阳服劳役。一次刘邦办完公差,在咸阳街上看到了秦始皇出巡时的威风场面,十分敬慕,不禁赞叹道:"嗟乎,大丈夫当如是也!"赞叹中流露出了自己的远大志向和目标。

刘邦生就豪爽大度,为人豁达,不拘小节,以士自居,这为其交结各界朋友,了解各方面的信息,积累自己的从政经验提供了条件。萧何、夏侯婴、曹参、樊哙、周勃等一帮人在他任亭长前后与他建立了密切的关系。虽然差事苦些,刘邦却干得十分卖力,也干得十分出色,逐步建立了自己的关系网。而与名门吕氏的联姻,更提高了他的社会地位。吕氏曾是齐国国姓,吕公是沛县县令的朋友,原居单父,因避仇前来投奔沛县县令。沛县县令为吕公设宴,许多有名望的豪吏都去祝贺。当时规定,贺礼"满千钱"的上坐,不满千钱的坐在堂下。刘邦身无分文,肯定要被拒之门外。刘邦却不动声色,听到萧何念完规定后,迈步上前,诈称"贺钱万"。吕公听后大吃一惊,赶紧出门迎接,待为上宾。吕公善相术,见刘邦仪表堂堂,举止不凡,虽说大话,却也不卑不亢,终非池中之物,将来定有作为,便将女儿吕雉许配给他,这就是后来的吕后。

---

① 《史记·高祖本纪》。
② 周振鹤等:《中国行政区划通史(秦汉卷上)》,复旦大学出版社2017年版,第5页。
③ 周振鹤等:《中国行政区划通史(秦汉卷上)》,复旦大学出版社2017年版,第6页。
④ 《史记·百官公卿表》。
⑤ (唐)张守节:《史记正义》,参见国学网《史记·高祖本纪》。

至此，刘邦算是成家立业了。

此时秦末形势已是江河日下，徭役繁重，人民苦不堪言。秦二世昏庸残暴，"繁刑严诛，吏治深刻"，"刑戮相望于道"。① 秦二世元年（公元前209年），刘邦再次押送服徭役的人夫去骊山营造皇陵。走到途中，人夫纷纷逃跑。刘邦盘算一下，即使到达咸阳，人也逃得差不多了。按照秦律，服役者不能按期到达，就是死罪，何况是逃跑呢。刘邦干脆招呼大家："公等皆去，吾亦从此逝矣！"② 说罢解下人夫的绳子，让大家各自散去。刘邦率领着十几个愿意跟随自己的人逃到芒砀山中去了。不久，陈胜、吴广在大泽乡起义，各地纷纷响应。刘邦的人生转折点到了。从此，他真正与秦王朝决裂，走上了反抗的道路。

这一阶段，刘邦只是秦政权的小吏，没有掌握组织的领导权，不具备正式组织的领导力，但作为管理十里方圆的亭长，他对辖区内的百姓有行政管理和服务的权力，是需要一定的领导能力的，如催派徭役、催缴税收、押送徭役等。另外，他通过自己的修炼如追随张耳、游侠、与人交往等训练了自己的领导力。在朋友圈子这个非正式组织中通过提升自己的威望而具备了领导能力。当然这个领导力是建立在自己的豪爽大度和长者为人的基础上的，是以个人的人性品质和威望为基础的，个人的素质和能力是领导力的基础，但不是直接的领导力。此时刘邦正处于磨炼领导力阶段。当然，这个阶段比较长。

二、先入咸阳，推翻秦朝

陈胜、吴广的起义军攻城略地，声威大震，建立了张楚政权。一时间，"诸郡县苦秦吏者，皆刑其长吏，杀之以应陈涉"。③ 沛县县令感到大事不妙，想率领本县子弟起事，以免杀身之祸。萧何、曹参劝县令说："君为秦吏，今欲背之，帅沛子弟，恐不听。愿君召诸亡在外者，可得数百人，因以劫众，众不敢不听。"④ 县令同意。萧何、曹参二人让樊哙进山去找刘邦，回来共举义旗。但县令又后悔了，恐其有变，不放刘邦入城。刘邦与萧何、曹参商量后，当机立断，写了一封告沛县父老书，绑在箭上射入城中，告谕百姓："天下同苦秦久矣。今父老虽为沛令守，诸侯并起，今屠沛。沛今共诛令，择子弟可立立之，以应诸侯，则家室完。不然，父子俱屠，无为也。"⑤

---

① （汉）贾谊：《过秦论》。
② 《史记·高祖本纪》。
③ 《史记·陈涉世家》。
④ 《史记·高祖本纪》。
⑤ 《史记·高祖本纪》。

刘邦的鼓动起了作用。城内众人联合刘邦部属，里应外合，攻下沛城，刘邦自立为沛公。刘邦与萧何、曹参、樊哙、夏侯婴、雍齿等分头召集沛县子弟，集三千之众，正式成为反秦浪潮中的一支队伍。48岁的刘邦在时代的推动下，走到了历史的前台，开始了他漫长的戎马生涯和真正的领导过程。

刘邦自知力量薄弱，行事十分谨慎。9月起兵，10月攻占胡陵、方与等地，便返回家乡丰邑固守。秦泗川郡①郡监率军围攻丰邑，刘邦将其击退。11月，在薛、戚等地与秦军作战，大胜而归于方与。12月，陈胜被叛徒杀害，原陈胜的部将、魏人周市攻打丰邑。结果，刘邦的部将雍齿见利忘义，投降周市，使刘邦遭受起事后的第一次沉重打击，刘邦只好返回沛县。其时，反秦斗争陷入低潮，这对刘邦是一个严峻的考验。因为他不是旧贵族之后，也不想拥兵自立，恢复分裂局面，更不想止步不前或投降秦朝，他选择了坚持反秦的道路。

秦二世二年（公元前208年）正月，义军将领秦嘉立原楚国贵族景驹为楚王，驻扎在附近的留县。困顿中的刘邦清楚地认识到，自己的力量处于劣势，不如退而求其次，在别人的翅膀下丰满自己的羽毛。于是，前去投靠景驹。途中，刘邦结交到自己事业中第一个真正意义上的谋士——张良。张良带着一批人原本想去投靠景驹，与刘邦相遇，晤谈投机，便归顺了刘邦。

刘邦与秦嘉合兵反秦，拔取砀郡。随后刘邦请兵还攻丰邑，未下。景驹和秦嘉被渡江北上的项梁部队击杀。项梁部其时已有十万兵士，召集各路反秦势力到薛集会，谋划对策。刘邦这时拥兵九千人，他审时度势，决定投靠项梁。经过谋划，起义军共推战国时期楚怀王的孙子芈心为王，仍称楚怀王，定都盱眙（后迁都彭城）。刘邦成为楚王属下，项梁为之益兵增将，合兵共拒秦将。

经过前段反秦斗争的锻炼，刘邦的政治、军事嗅觉和领导能力有了明显的提高。在变幻莫测、鱼龙混杂的局势下，他保持着清醒的头脑和果敢而又审慎的态度。项梁却在连胜秦军后，骄傲轻敌起来，结果被秦将章邯在定陶夜袭，身死魂消。项羽统率了他叔父原来的部下。章邯认为项梁一死，楚地已不足为虑，于是率秦军主力转向河北攻赵。赵王歇和张耳被秦军围困在巨鹿，几次派人到彭城向楚军求救。如此，秦军主力在赵地，关中②成为虚弱之地。如果楚军派兵救赵，有可能把秦军主力牵制甚至消灭在黄河以北，义军可再出奇兵入关，直捣咸阳。于是楚怀王召集文臣武将，商讨灭秦大计。这是一次具有历史意义的会议，它确定了北上救赵、西进关中并行的战略方针。刘邦以"素宽大

---

① 系"四川郡"的误用。
② "关中"概指战国时期函谷关以西包括陇蜀在内的秦国旧地，行政上包括内史和围绕内史的陇西、北地、上郡、巴郡、蜀郡、汉中郡。据周振鹤等：《中国历代行政区划通史（秦汉卷）》。

长者"①为怀王和朝中老将所欣赏，获得了关键的一步棋，领兵进攻关中。极力想入关破秦的项羽则作为次将，率军随宋义前往黄河北救赵。行前，楚怀王令项羽、刘邦二人结为兄弟，约定"先入定关中者王之"。②

受命西行，刘邦向自己的目标迈进了一步，一直依附于人的日子到头了。刘邦独立指挥军队，并有发展武装的权力，刘邦的队伍因此发展得很快。在西进过程中，刘邦采取刚柔相济的方法，稳步推进，步步为营，逐步扩大战果。他击溃城阳、杠里的秦军，兵临陈留。依郦食其之言，收取陈留，缴获了大量兵器、军粮，募兵逾万。随后在白马、曲遇大败秦将杨熊，占颍川，略南阳。听从张良和陈恢建议，收降秦南阳郡守，取宛城，以解后顾之忧。随后引兵向西，一路"无不下者"，八月攻克武关进入关中，刘邦的军队到达了秦都咸阳的最后一道天然屏障——峣关。

峣关，地势险要，易守难攻。张良献计，收买秦将，趁军心涣散之际大败秦军于蓝田南、北。乙未年（公元前207年）冬十月，刘邦在各路反秦义军中第一个到达霸上，威逼咸阳。秦王子婴乘坐白马拉的素车，颈缚丝带，手捧皇帝印玺、符节，在积道旁迎候刘邦。众将要杀掉秦王，刘邦说："始怀王遣我，固以能宽容；且人已服降，杀之不祥。"接受了子婴的投降，封闭秦重宝财物府库，还军霸上，与父老约法三章，辞掉秦人贡献的牛羊酒食。秦人于是大喜，"唯恐沛公不为秦王"。③

刘邦自受命西征起，历时一年零一个月，取陈留，克宛城，破峣关，进咸阳，转战三千余里。不温不火，有勇有谋，或强攻，或智取，或步步为营，或长驱直入，既有当机立断之能，也有集思广益之长。在所部逐渐成长为一支成熟军队的同时，刘邦具备了灵活、高超的军事指挥能力。④10万人的精锐之师，加之不断云集的猛将谋士，在刘邦的带领下即将走上横扫天下的征程。

这一阶段，刘邦经历了独立起义、依附他人、受命独自指挥军队深入敌方重地迫秦投降的过程，他有先进入关中的辉煌业绩，也有雍齿背叛、取丰邑无力的困窘，有一帆风顺的前进，也有暂时的挫折和迂回。他从一支3000人队伍的首领成长为10万部队的领导者。在部属快速扩充的过程中，他的领导能力也在快速提升。他不仅自己决策，还广泛听取亲信将领和谋士的建议，乃至敌对阵营的合理建议，决策能力和执行力均有很大的提高。

---

① 《资治通鉴》卷八。
② 《资治通鉴》卷八。
③ 《资治通鉴》卷八。
④ 《史记·高祖本纪》。

三、还定三秦，平楚建汉

得民心者得天下。刘邦深刻认识到了争取民心的重要性。刘邦进驻咸阳之初，曾一度被胜利冲昏了头脑。在部下的劝阻下，才抵御住了巨大的诱惑，与秦人约法三章：杀人者死，伤人及盗抵罪，废除了秦朝的严刑峻法。这些措施安抚了人心，顺应了民意，深得秦人欢迎和拥护，争持牛羊犒赏三军。

项羽在巨鹿救赵成功，迫章邯投降，立其为雍王，与诸侯众将一起率兵西进。至函谷关，发现该关已由刘邦的军队把守（这其实是刘邦的一大败笔）。项羽十分恼怒，攻下函谷关，于戏下扎营。刘邦的左司马曹无伤派人告诉项羽："沛公欲王关中。使子婴为相，珍宝尽有之。"自楚怀王选派刘邦西进开始，项羽就对刘邦不满，听此言，勃然大怒："旦日飨士卒，为击破沛公军！"①

其时，项羽有兵40万，刘邦只有10万，双方力量悬殊。两军相距仅40里，战争一触即发。双方的力量对比让刘邦再次屈从，亲自到鸿门谢罪："臣与将军戮力攻秦，将军战河北，臣战河南。不自意先入关，能破秦，与将军复相见。今者有小人言，令将军与臣有隙。"② 此前见到项羽的叔父项伯时，刘邦一面与其约为儿女亲家，一面表白自己："吾入关，秋毫无所敢取，籍吏民，封府库，待将军。所以守关者，备他盗也。日夜望将军到，岂敢反邪！"③ 刘邦诚惶诚恐的样子和一席肺腑之言，打动了常有妇人之仁的项羽。在鸿门宴前，项羽的谋士范增建议，刘邦"其志不在小"，应趁他来赴宴之时，设伏兵杀之。但宴席间，项羽优柔寡断，迟迟未动手。范增令项庄入席，佯为舞剑，欲趁机杀死刘邦。因项伯以身体掩护刘邦，未得逞。张良看到情况紧急，让樊哙闯入宴会，把项羽抢白了一顿。项羽露出愧色。刘邦趁上厕所之际，跑回了自己的大营。这就是著名的"鸿门宴"。通过这场较量，刘邦项羽双方的敌对情绪已经心照不宣，而且日趋明朗。项羽没有杀刘邦，进入咸阳后采取了另一套政策："西屠咸阳，杀秦降王子婴，烧秦宫室，火三月不灭，收其货宝妇女而东。"④ 这一举动使他在民心上输给了刘邦。

同时，项羽主持分封。尊楚怀王为义帝，迁都郴县，实际放逐了怀王。自

---

① 《史记·项羽本纪》。
② 《史记·高祖本纪》。
③ 《史记·项羽本纪》。
④ 《史记·项羽本纪》。

封西楚霸王，将富庶的梁、楚九郡①划归己有，定都彭城。封刘邦为汉王，拥有巴、蜀、汉中三郡之地，②定都南郑。将富饶的关中原秦内史和北部、西部的郡一分为三，分给了三名投降的秦将：章邯为雍王，都废丘；司马欣为塞王，都栎阳；董翳为翟王，都高奴。③刘邦原先的希望彻底破灭了。

汉王元年（公元前206年）四月，义军兵罢戏下，诸侯各自就国。项羽的排挤和压制让刘邦非常恼怒。但双方力量对比悬殊，刘邦只得暂时认命，戒急用忍，暂就汉王职位，积蓄力量，以图再起。刘邦是在自我安慰中去的南郑，他的兵力被削减为3万人，部分其他诸侯的官兵慕刘邦之名跟随入汉中。刘邦开始了第二次创业。

入南郑后，刘邦对外烧绝栈道以示无东向之心。对内抓紧安定内部，以图恢复。当时刘邦在内部面临的最大问题是部下思乡心切，军心不稳，逃亡者日多，屡禁不止。刘邦认为军心可用，拜韩信为大将，整军经武。汉王元年八月，刘邦举兵东进，楚汉战争的序幕拉开，刘邦跨出了争夺天下、统一中国的第一步。

刘邦用韩信计，使章邯作出了汉军要从栈道复出的错误判断，自己却与韩信率大军出南郑，渡襃水，在章邯尚未明白真相之前，出其不意地打掉了章邯在陈仓的驻军。同时派军队向东攻占咸阳。随后分一支军队围住章邯藏身的废丘，而以主力攻击塞、翟两王，夺占整个关中。

刘邦出汉中的消息传到彭城，项羽犹豫不决。其时田荣率兵逼走项羽分封之齐王田都，杀胶东王田市，封彭越为将军并令其击杀济北王田安。田荣因此据有三齐之地，彭越据有部分梁地。相对于刘邦，田荣、彭越之乱近在肘腋，对项羽的影响最大。但刘邦的能力和影响是巨大的，项羽不敢掉以轻心。这时张良写信告诉项羽：汉王只是想夺回关中之地，"如约即止，不敢东"。这是稍有头脑的人都能识破的小谎言，项羽竟然相信了，"以故无西意"。④加上张良耸人听闻地把齐、梁两地的反书送给项羽，说"齐欲与赵并灭楚"，焦头烂额的项羽更无心防备刘邦了，把主要精力放在平定齐地上，给刘邦平定关中地区

---

① 项羽所得为秦时故楚地的南阳、淮阳、四川、薛、东海、会稽、鄣7郡和故梁地的东郡、砀郡2郡，合计9郡。

② 周振鹤等人考证，刘邦虽名义上得封巴、蜀、汉中三郡，但其实际所辖地域似不到秦三郡全部。参见周振鹤等：《中国行政区划通史（秦汉卷）》，复旦大学出版社2017年版，第50页。

③ 雍王章邯封地为秦内史西部和陇西、北地两郡；塞王司马欣封地为秦内史东部；翟王董翳封地为秦上郡。刘邦封地名义上属于关中地区，但不是独占，而是与雍、塞、翟三王瓜分，且雍、塞二王拥有关中的核心部分。据周振鹤等：《中国行政区划通史（秦汉卷）》，复旦大学出版社2017年版。

④ 《汉书·高帝纪（上）》。

和东出关东地区提供了条件。

刘邦摆开了两个战场：一个战场由韩信主导，率兵略地三秦，收服周边地区；一个战场由自己亲自率领，东向攻楚。同时，在政治上废除秦社稷，立汉社稷，公开为义帝发丧，把自己摆在了项羽的对立面。后来，刘邦又立刘盈为太子，由萧何守关中，侍太子，为法令约束，立宗庙、社稷、宫室、县邑。"立太子"① 和 "立宗庙、社稷" 是政治宣言，它表达了刘邦的政治决心，从此与项羽势不两立，也给部属以激励和希望。

汉王二年（公元前205年）四月，刘邦率领塞王、翟王、河南王、西魏王、殷王、赵王等诸侯人马56万，浩浩荡荡东进讨伐项羽。此时项羽主力正陷于齐地战场，其后方及都城彭城的防御极其空虚。刘邦没用太大的代价就攻下了彭城。这个胜利的取得并非汉军强大，而是钻了项羽陷于齐地的空子。正当刘邦在彭城纵情声色、放松警惕之时，项羽率领3万精兵杀回彭城。刘邦军队本来就是乌合之众，又无斗志，一时被打得东奔西窜，各自逃命，相互推搡践踏，汉军的尸体把睢水都堵塞了。刘邦在樊哙、周勃、夏侯婴等人的保护下急急向西逃跑。留在彭城的司马欣、董翳等人又投降了项羽。刘邦的父亲、妻子被项军活捉，扣为人质。

彭城之战是楚汉相争的第一大回合，项羽先败后胜，刘邦先胜后败。经过此役，赵、魏等诸侯抛弃了刘邦，再次成为项羽的盟友。刘邦的实力由此大损，元气大伤，处境困难，在相当长的时间内只能在战略上采取守势，在荥阳、成皋一带与项羽对峙。另外，他认识到自己联合的那些诸侯王，只是在形势有利于他们的时候才可以利用，但万万不能过分依赖他们。但形势也有有利于自己的一面：上层领导集团还没有垮，关中根据地在萧何的经营下依然生机勃勃，关中乃至天下百姓对其仍有好感和信心，他在政治谋略、人才储备上要好于项羽。两军进入了战略相持阶段。

刘邦撤到了荥阳城。荥阳是通往关中的咽喉，前有鸿沟，后靠黄河，南有嵩山，北有大粮仓——敖仓，历来为兵家必争之地。刘邦驻兵于此，其战略意义是不言而喻的。同时，采取各种措施恢复元气，抚平失败的创伤：萧何从关中源源不断地输送兵员与粮草；组建了新的骑兵部队，增强军队的反应能力；在敖仓与荥阳间修筑甬道，保证粮草的供给……刘邦从浮躁中脱离出来，抓住与项羽相持的间隙，进行了战略调整。在军事上，张良对刘邦说："汉军将领中，韩信可以任大事，而诸侯中彭越和英布可以急用。"对韩信，刘邦放心使用，授以战略任务，让其率一支军队在侧翼发动攻击，剪除亲近项羽的力量。

---

① 《资治通鉴》卷九。

对彭越，刘邦任命为魏相国，给以"擅将其兵"的特权。彭越配合刘邦，率军活动于项羽后方，大大牵制了项羽的力量。对英布则采取了奉承阿谀的游说策略，将他策反，成为对付项羽的重要力量。

在汉初三将中，韩信的功绩最大。借助刘邦的信任，韩信充分展示了自己的军事才华，匪夷所思的妙计不断把汉军从一个胜利推向另一个胜利。此前明修栈道、暗度陈仓，汉军如神兵天降，攻入关中，其锋芒势不可当。督兵拓地，困杀章邯，将三秦大地收于刘邦手中。收整溃兵，在京、索设伏，败楚之追兵，挫项军锋芒；随后率兵北向，因势利导，声东击西，陈船欲渡临晋城，实则伏兵夏阳，木罂偷渡，突袭魏军，魏王豹措手不及，韩信于是活捉魏王豹定魏地为河东郡；北上击代，血洗阏与，擒代相夏说，阵斩张同；背水一战，易帜惊敌，擒赵王歇，斩杀陈余；陈兵赵地，迫燕束手，东击灭齐；潍水壅沙，夜淹龙且军士二十万。韩信连连得手，为刘邦立下了汗马功劳。至于此后的十面埋伏、垓下围歼楚军和追歼项羽的战斗，更是彪炳史册。司马光曾评价韩信的功绩是："与高祖起汉中，定三秦，遂分兵以北，擒魏，取代，仆赵，胁燕，东击齐而有之，南灭楚垓下，汉之所以得天下者，大抵皆信之功也。"①

但荥阳前线的形势对刘邦越来越不利了。刘邦提出了停战讲和的建议。但项羽谋士范增坚决反对。项羽接受了范增的建议，加紧攻打荥阳。刘邦一方面派陈平行使反间计，利用项羽"意忌信谗""虽有奇士不能用"的弱点，离间范增和项羽的关系，使范增离去，断项羽一臂；另一方面由亲信纪信代替自己，佯装投降，以金蝉脱壳之计，溜出了荥阳。刘邦再受重创，项羽来到刘邦大本营的大门外了。

刘邦逃出荥阳后，驻扎在小修武南，与楚军对峙。把楚军吸引在这里，又运用起开辟敌后战场的老战术，派人带兵配合彭越，骚扰项羽的后方粮道，彭越发威，连下梁地17城。项羽后院起火，只好亲率主力东下追剿彭越，留下大司马曹咎，一再告诫他："谨守成皋。若汉挑战，慎勿与战，无令得东而已。我15日必定梁地，复从将军。"② 但曹咎终究未能按住性子，在汉军的叫骂声中出击。刘邦大破楚军，轻而易举收复了成皋。此战是楚汉战争的又一转折点。刘邦在敌强我弱的形势下，充分发挥自己的长处，调动和利用各种有利于自己的因素，最大限度地抑制对方的长处，攻其弱点，渐渐使形势向有利于自己的方向转化。楚汉的力量对比发生了变化，刘邦已夺回荥阳前线的军事主动权，汉军从战略防守转为战略进攻。楚汉决战在即。

---

① 《资治通鉴》卷十二。
② 《史记·项羽本纪》。

两军对峙，对项羽是不利的。情急之中，项羽将刘邦的父亲推至阵前，想以此要挟刘邦："今不急下，吾烹太公。"谁知刘邦却不为所动，说："吾与羽俱北面受命怀王，约为兄弟，吾翁即若翁，必欲烹而翁，则幸分我一杯羹。"①项羽无奈。刘邦还在阵前历数项羽十大罪状，惹得项羽大怒，射伤了刘邦。但韩信攻占齐地，彭越攻下昌邑周边的20多个城池，刘邦已掌握了战争的主动权。

刘邦借助军事上的优势，再次要求项羽归还父亲和妻子，并提出和谈。已处劣势的项羽已焦头烂额，提出了"中分天下"的方案，此方案以鸿沟为界，"割鸿沟而西者为汉，鸿沟而东者为楚"，作为讲和的条件。和议既成，项羽归还了刘邦的父亲和妻子。尔后，楚军东归。刘邦也准备西归。此时张良、陈平作为谋士的战略眼光再建奇功，劝刘邦说："汉有天下太半，而诸侯皆附；楚兵罢食尽，此天亡之时也。今释弗击，此所谓养虎自遗患也。"② 刘邦接受了建议，乘胜追击。

汉王五年（公元前202年）冬十二月，刘邦、韩信、彭越、英布、刘贾、周殷等军在垓下会师，以30万之众，将项羽包围。项羽及其残部已是穷途末路，筋疲力尽，军粮已尽。一天夜里，项羽听到四面汉军营里传来楚地歌声，大惊："汉皆已得楚乎？是何楚人之多也！"面对虞姬，面对乌骓马，回想自己驰骋沙场的往事，项羽不禁潸然泪下，"力拔山兮气盖世，时不利兮骓不逝。骓不逝兮可奈何，虞兮虞兮乃若何！"③ 左右同泣，莫能仰视。项羽带800名壮士向南方突围。他逃到淮河时，身边仅剩百余人。到东城再被数千汉军围困。项羽冲出重围，逃到乌江边，大声感叹："吾起兵至今八岁矣，身七十余战，所当者破，所击者服，未尝败北，遂霸有天下。然今卒困于此，此天之亡我，非战之罪也。""且籍与江东子弟八千人渡江而西，今无一人还，纵江东父兄怜而王吾，我何面目见之？纵彼不言，籍独不愧于心乎？"④ 最后自刎乌江而死。

楚汉战争历时5年，大小战斗一百一十多次。在5年里，刘邦屡战屡败，身受重伤二十多次，最终由弱变强，由小变大，反败为胜。

刘邦、项羽是秦末战争中涌现出的杰出领袖。论及个人领导力，都属一时翘楚，超越了同时代的人。项羽在反秦斗争中，始终一马当先，攻城陷阵，势

---

① 《汉书·项籍传》。
② 《史记·高祖本纪》。
③ 《史记·项羽本纪》。
④ 《史记·项羽本纪》。

不可当。这与其过人的胆略、气魄和高超的战术指挥能力是分不开的。他杀宋义，率军救赵，一往无前，破釜沉舟，歼灭秦军主力。但他刚愎自用，性情残忍，不善用人，军纪败坏，难得人心。在一系列重大决策中犯下了不可饶恕的错误，如大封诸侯，坑杀 20 万秦降兵，封秦将为王，再加上他在政治领导方面的低能，心智简单粗浅，导致了他的失败。刘邦则始终保持清醒的头脑，采取了正确的策略，不断走向胜利。

四、从王到皇帝的转变

汉王五年（公元前 202 年）二月，天下基本平定。众文臣武将认为"汉王"的位子已经不适合刘邦了，纷纷要求他登基称帝。楚王韩信等诸侯王上书劝刘邦应"上皇帝尊号"。刘邦推辞几番之后，在定陶称帝，定都洛阳（后迁至长安），国号为汉，史称西汉。立吕雉为皇后，立刘盈为太子。这一年刘邦 55 岁。刘邦完成了人生的一次质变，是其领导活动中的一个里程碑。南征北战、统一中国的汉王，开始向如何治理国家、巩固皇权的皇帝转化了。刘邦深深地意识到了这一点，并采取了一些措施。

首先，处理项羽死后的善后事宜。项羽死后，刘邦并没有斩草除根，而是对其家人采取了宽大政策，对他以礼安葬，举哀发丧。没有招致不应有的怨恨和非议。对其部将，忠于项羽者予以宽大处理，不忠者杀之，以示惩戒。

其次，注重对历史经验的总结和吸取。他一度讨厌的儒生和儒家学说又走入了他的视野。陆贾以《新语》12 篇向刘邦阐述了秦王朝灭亡的经验教训，以及如何治理天下的思想。陆贾的建议和主张，基本都被刘邦采纳。叔孙通制定了一整套符合汉朝实情的宫廷礼仪制度，以适应巩固皇权、安定局面、恢复和发展生产的需要。

再次，平定异姓诸侯王。在楚汉战争中，刘邦为打败项羽，联合各种势力，曾册封了 7 个诸侯王：楚王韩信、梁王彭越、淮南王英布、韩王信、赵王张敖（张耳之子）、燕王臧荼、长沙王吴芮，皆是异姓诸侯王。他们大都占有跨州连郡的土地，区域大体是秦统一前六国的国土。这些异姓诸侯王多拥兵自重，雄踞一方，"有震主之威"，是统一的中央集权国家的极大威胁。刘邦为此大伤脑筋。为了维护皇帝的权威，他在位的 7 年间，以各种借口和方式相继消灭了臧荼、韩信、彭越、英布、韩王信、张敖 6 个异姓诸侯王以及后来的燕王卢绾。只有长沙国因地处偏远，势力不强，难以直接威胁中央，一直存在到汉文帝时，因无后人继承而去国。

最后，分封同姓王。在消灭异姓诸侯王的同时，刘邦错误地理解了秦亡的教训，以为秦不分封子弟亲属藩屏中央，以致孤立无援而败。汉初面临的破败局面，让他觉得无力完全控制地方，尤其是边远地区。为此他只能是稳中求胜，从长计议。在消灭异姓诸侯王的同时，开始分封自己的亲属子弟为王。刘邦分封的同姓王国共有九个，从南到北分别是：吴、楚、淮南、淮阳、梁、齐、赵、代、燕。国王分别是自己的侄子刘濞、弟弟刘交、儿子刘长、儿子刘友、儿子刘恢、庶长子刘肥、儿子刘如意、儿子刘恒、儿子刘建。同姓王代替了异姓王，表面上真正是刘姓天下了。但中央直辖地并未扩大，不过 15 个郡，其中还包括不少列侯的食邑和公主汤沐邑。诸侯王国共占有 39 个郡，大的王国跨州连郡，如齐王刘肥拥有 6 郡 73 县，吴王刘濞占有 3 郡 53 县。各诸侯王国的政权机构和官制都以朝廷建制为准设置，除太傅和丞相由中央委派外，御史大夫以下官吏均由诸侯王自行设置。诸侯王在国内征收赋税徭役，自铸货币，自行纪元，保留一定的军权。这种半独立的状态，蕴藏着巨大的隐患。随着他们实力的增强，必将与中央集权发生矛盾和斗争。后来的吴、楚等"七国之乱"证明，同姓王的建制也难以保证天下固若金汤。

五、无为而治

汉承秦末大乱之后，人口锐减，田地荒芜，经济凋敝，民不聊生，物价飞涨，"米至石万钱，马一匹则百金"。① 高贵如皇帝，也备不起一辆由四匹一色的马拉的车，有的将相只能乘坐牛车；新成立的王朝是像秦朝那样推行专制主义，多行暴政，还是另有新气象，全国人民"重足而立，侧目而视"。② 如何安抚百姓成为最大的政治。刘邦君臣出身布衣，又是秦王朝灭亡的直接目击者，深知民间疾苦。刘邦采取了一系列措施，发展生产，安定人心，稳定社会。

无为而治，与民休养生息。刘邦即帝位后，在全国实行"无为""宽舒"之策，并保持政策的连续性。对群众已经习惯了的法令、制度，予以保留，保持政治上的稳定。实行轻徭薄赋，宽刑罚，尽可能不滋事扰民，让劫后余生的人民得以休养生息。刘邦还罢兵归田，下令自卖为奴婢的一律免为庶民，增加了农业劳动人口，调动了农民的积极性。同时推行"抑商"政策，规定商贾及子孙不得做官；商贾不得穿丝，不能骑马和携带兵器，同时要加倍缴纳人口税，这利于农业生产和社会稳定。

赋税方面，刘邦一度实行"十税一"的田租，后减为"十五税一"。人口

---

① 《史记·平准书》。
② 《史记·汲郑列传》。

税有口赋和算赋两种：口赋面向7~14岁的青少年，每人每年纳20钱。算赋面向15~56岁的成年人，每人每年纳120钱。与秦朝相比，赋税的确很轻。同时修订九章律以"御奸"，规范社会秩序。

在政治制度上，刘邦采用的是略有变通的郡国并行制。刘邦在萧何等人的协助下，参考秦制，建立了一套官僚机制。在中央政府，皇帝总揽各方面的大权，收回了曾经分散给萧何、韩信等人拥有的相机行事的权力。皇帝下面设"三公九卿"。"三公"指丞相、太尉和御史大夫。其中丞相辅助皇帝管理一切国事，为"三公"之首；太尉，掌管军事；御史大夫，管符玺、图籍、秘录，监察百官。"九卿"包括：奉常，掌宗庙礼仪；郎中令，掌宫殿掖门户；卫尉，掌皇宫警备；太仆，掌皇帝舆马；廷尉，掌刑狱；典客，掌外交及少数民族事务；宗正，掌皇帝的亲属；治粟内史，掌管国家财政；少府，掌握皇帝私人财产。细致严密的中央行政系统有利于国家机器的正常运转。地方设郡、县、乡、里等机构，置郡守、县令等官职，负责地方管理。诸侯王国的行政建制效仿中央政府，诸侯王受中央节制，又相对独立。汉初，异姓诸侯王有楚、梁、淮南、长沙、赵、燕、韩7王，皆连城数十、地域广阔，① 占据了汉疆域的一半。② 经过数年奋斗，刘邦将异姓诸侯王更为同姓，③ 郡国并行体制没有大的变化。

刘邦加紧国内建设的同时，对外也尽力争取一个和平的环境。秦汉之际，周边少数民族政权以匈奴最为强大，曾乘中原战乱之机越过长城，不断南侵，与汉军相持于今甘肃兰州、宁夏固原、陕西榆林、内蒙古托可托一线。高祖七年（公元前200年）冬，刘邦曾率30万大军讨伐投降匈奴的韩王信，被匈奴围困于平城白登山7天7夜，后来陈平贿赂冒顿单于妻子才得以脱身。最后，刘邦采用了娄敬之策，与匈奴和亲。汉把宗室公主嫁与单于，每年馈赠大量的丝绸、粮食，与其通关市，以缓和匈奴的侵扰。和亲政策的推行，减少了徭役征收，老百姓得到了休养生息，提高了国力，为以后用武力反击匈奴入侵积蓄了力量。

---

① 楚王韩信领有东海、会稽、彭城（四川）、薛、淮阳、郯6郡；梁王彭越领有砀郡；淮南王英布领有九江、庐江、衡山、豫章4郡；长沙王吴芮领有长沙、武陵2郡；赵王张耳领有恒山、河间、邯郸、清河4郡；燕王臧荼领有广阳、上谷、渔阳、右北平、辽东、辽西6郡；韩王信领有颍川郡，合计24郡。

② 汉五年中央政府领有24郡：渭南、河上、中地、陇西、北地、上郡、云中、雁门、代郡、太原、巴郡、蜀郡、汉中、南郡、南阳、河南、河内、河东、上党、东郡、临淄、济北、胶东、琅琊。

③ 汉高祖十二年，楚王刘交有彭城、东海、薛3郡；齐王刘肥有临淄、胶东、胶西、济北、博阳、城阳、琅琊7郡；赵王刘如意有邯郸、恒山、河间、清河4郡；代王刘恒有太原、雁门、定襄、代4郡；梁王刘恢有砀1郡；淮阳王刘友有淮阳1郡；淮南王刘长有九江、衡山、庐江、豫章4郡；吴王刘濞有东海、会稽、郯3郡。燕王刘建有广阳、上谷、渔阳、右北平、辽西、辽东6郡。长沙王吴芮有长沙、武陵2郡。

六、大风歌起,歃血为盟

刘邦在大封同姓诸侯王时,遇到了一个非常棘手的问题——立谁为太子?

刘邦在战时已立他与吕后生的儿子刘盈为太子。但刘盈性格柔弱,刘邦不喜欢,常担心自己死后,这个儿子能不能守住汉室江山。因为吕后杀韩信、彭越暴露出的野心与残忍,让刘邦感到自己死后有可能会大权旁落。刘邦有个爱妾,叫戚姬,也称戚夫人,生子如意,深得刘邦宠爱。刘邦想立如意为太子,但每次提议都遭到大臣如周昌、张良、叔孙通等人的强烈反对。如意只被封为赵王,太子终未更立。对此刘邦常闷闷不乐,一次,刘邦对戚夫人说:"为我楚舞,吾为若楚歌。"刘邦唱道:"鸿鹄高飞,一举千里。羽翮已就,横绝四海。横绝四海,当可奈何?虽有矰缴,尚安所施?"① 一种无可奈何的悲凉情感让人心恸。贵为皇帝也难以左右自己的感情。刘邦死后,其担心变成了现实。

吕后族韩信、诛彭越,导致了英布的谋反(他害怕自己的命运会像韩信、彭越一样)。汉高祖十一年(公元前196年),刘邦御驾亲征,击败英布。汉高祖十二年(公元前195年),刘邦回京,路经故乡沛县,与故旧父老子弟相见。在酒宴上,刘邦边歌边舞:"大风起兮云飞扬,威加海内兮归故乡,安得猛士兮守四方。"② 短短三句大风歌,包含了他一生的艰难经历和浓重的忧虑。就在这一年,刘邦因追击英布为流箭所伤,回到长安后一病不起。病逝前,他考虑最多的依然是如何让刘家江山不变颜色,如何防止以吕后为首的吕氏集团夺权。刘邦召集列侯群臣,杀白马歃血为盟,立下誓言:"非刘氏而王者,若无功上所不置而侯者,天下共诛之。"③ 同时对关键的人事安排做了交代:萧何之后曹参为相,曹参之后王陵为相,周勃是安定刘家天下的人。不久,戎马一生的高祖刘邦与世长辞,年62岁。

刘邦,"以布衣提三尺剑而取天下",由布衣而坐上皇帝的宝座,是开创历史先河的。作为一个玩天下于股掌的政治创业者,由一穷二白的"无赖"之徒到治办天下产业的暴发户,"所以有天下者何?"虽然刘邦有着自己的总结,但只是一个方面。在其爬向统治地位中显示的领导力、领导才能、领导智慧和领导艺术是很重要的一个原因。

---

① 《史记·留侯世家》。
② 《史记·高祖本纪》。
③ 《史记·汉兴以来诸侯王年表》。

七、刘邦的领导力与领导艺术

当我们审视刘邦的戎马生涯和初掌天下的所作所为时,深深地感到刘邦不仅是一个利用形形色色的机构设置、法律规则以及舆论、行政活动和合法的、非法的暴力威胁来塑造汉王朝的统治者,而且是一个不断在当时条件下进行着无止境的"艺术创作"的领导者。德意志帝国首相俾斯麦说:"政治是量力而行的艺术。"刘邦以"艺术"的手法去进行动态的社会造型,以纯熟的领导艺术和领导技巧,将原本属于自己的天时、地利、人和,经过自己的"艺术"手段加工,转化为自己的优势,从而完成了"癞蛤蟆吃天鹅肉"的壮举。在打天下、坐天下的过程中,刘邦展现了卓越的领导力和领导艺术。与同时代的人相比,刘邦表现出的领导力最强。当然,在领导过程中,刘邦也有过失误,也有领导无效的时候,但从整体来看,他在创业中表现出的综合领导力始终最强,且无短板(有时是在谋士帮助下避免了短板),使他在领导组织的过程中笑到最后。

他自信执着,有远大的抱负和志向,有务实精神。"大丈夫当如此矣"的一次感受成为其终生奋斗的目标,若隐若现,从未消失过。他坚信自己岂是池中之鱼,"一遇风雨便化龙"。为了目标,他不夸夸其谈,而是在点滴小事中做着准备,以足够的想象力和创新精神,培养着自己把目标变成现实的能力、条件。他是典型的实用主义者。

他以顽强的意志,忍受着邻里的白眼,官场的倾轧,起事后的挫折和失败,为自己既定的目标,知难而进,百折不挠,一往无前。他表现出的坚韧不拔是他的领导力的有机组成部分。

他顺应了历史潮流,不逆势而行。军功爵制、郡县制和中央集权制是春秋战国以来历史发展的趋势,秦国的发展最具代表性。正是凭借这种打破原来贵族统治的世卿世禄、充分激发一般人的积极性的制度创新,使秦国经过两百余年的努力,扫灭六国,成就一统大业。刘邦认识到了军功爵制、郡县制和中央集权制的优点,果断地采取了这些制度并加以调整,而不是像项羽那样分封诸侯。这种顺势而为的做法是他前瞻力、决策力和执行力的具体体现。

他果断准确地把握了自己时代的大势,果断决策,乘势而起。在以后的发展中,时时控制和掌握着大局及稍纵即逝的历史机遇。从不犹豫,不妥协,迅速作出反应,以冷静的头脑,多谋善断,因势利导,解决问题。他总揽全局,通盘调度,统筹兼顾,表现出高超的协调力、决策力和执行力。

他心思缜密,城府极深。既有狮子般的凶狠,更有狐狸般的狡猾。他刻意表露豪爽的性格、宽广的胸怀,吸引着天下的豪杰才俊投奔到他的帐下;他宽宏大量，有民主作风，从善如流，容忍不同意见；他善解人意，尊重人，待人亲切诚恳，能接纳别人的批评，设身处地考虑下属和基层的需要，让更多的人为之忠贞不贰。他不拘小节，戒急用忍，可以屈膝跪拜项羽，奉献出咸阳；可以笑纳项羽的"汉王"封号；也可以忍得项羽烹其父、质其妻的奇耻大辱，表现出了良好的个人综合素质和团队建设能力。

他深知民心向背的作用，有着丰富的组织动员能力和影响社会舆论的能力，他善于营造和谐的社会氛围，与大众打成一片。他有着满腔的热情，总能以身作则，率先垂范，激励引导部下，为他们创造良好的工作条件。他善用智囊团，广纳善言，为自己的决策提供依据，表现出卓越的协调力、感召力、影响力。

他能利用一切可以利用的条件，去学习、积累自己的经验。他从不墨守成规，机智灵活，随机应变，适时调整自己的行动准则，从不一条道跑到黑。他罗致人才，不拘一格，知人善任，用人所长；他用人不疑，信赖下属，善于授权，精于授权，表现出卓越的学习力、创新力和极强的团队建设能力。

他懂得何时战斗，何时退却，何时严峻，何时妥协，何时造势，何时沉默，拥有坚持力和灵活的变通能力。

领导的艺术在于使人信服。刘邦正是这个原则的忠实执行者。无论是屠夫，还是吹鼓手，刘邦与之结交；无论是民间老者，还是军中士卒，都可以指点江山。他时而果断顽强，时而奸诈诡谲，时而平易近人，时而平庸平凡。正如伏尔泰所言，"造就政治家的，绝不是超凡出众的洞察力，而是他们的性格"。刘邦多重的品质和性格特点，豁达大度的态度，决定了他的领导力，造就了他成功的条件。

举足轻重者不是批评家和嘲弄者，也不是对那些有才干的人如何失足、对创造功绩的人如何做得更好而品头论足的人。光荣和荣誉应归于这样的人：他是一个实干家，脸上沾满尘土、汗水和血迹，依然奋勇前进；他也犯错误，有种种缺点；他有着昂扬的热情和精神；他知道自己会取得最终的胜利，在不利时，也会拼搏一番。也许在历史的流变过程中，刘邦的形象有着众多的勾画、想象和推测。也许刘邦的某一个方面的领导力和素质不是时人中最强的，拿出他的某个方面和某些人比不具备优势，但他的综合能力超越了他的竞争对手，面向竞争的综合领导力是时人中最强的。这就是他成功的主要原因，也是我们选择他作为分析对象的主要考虑。

我们要做的是以他统一天下的功业为背景，用他的细微立志、仗义叛秦、平民思想、用人之道、乡梓之情、品格特征为颜料，以其智慧和领导技巧为线条，去勾勒他多姿多彩的领导风采，刻画他在创业过程中表现出的综合能力，分析他在不同领域展现出的领导力，品味他那在领导过程中表现出的高超、淳厚的领导艺术和领导技巧。

第三篇　决策的能力与艺术

决策是人们对未来目标以及达成目标的方案提出、分析论证、选择判断和贯彻实施的全过程。它是领导的基本职能，有目标性、超前性、过程性和选择性。决策的正确与否是事业兴衰成败的关键因素。决策对了，就决定了整个战争或治国的总的走势，即使在具体执行上有所失误，或遭到暂时的挫折，最终也会取得成功。如果决策错了，不符合形势的发展趋势，即使执行者很有能力，在局部战场或问题上有所斩获或胜利，也很难取得全局的胜利。决策要求领导者应对未来发展趋势、进程、状态及其结果有事先的估计和预测，并找出可行的行动方案，通过对下属组织和人员的指挥、调度、推动、督促，使之付诸实施。尼克松说过："如果要当一个伟大的领袖，就必须集中解决重大决策问题。"领导不仅要认识到这一问题，而且还要懂得解决之道，才能抓住时机，避免犯方向性的错误。

一、决策的原则

1. 关照全局与掌握关节相结合

决策的本质是选择。当对决策目标和行动方案做出选择、判断时，领导必须始终铭记并把握关系和决定全局的战略目标、战略方针、战略方向、战略重点和战略措施，熟悉全局情况并能科学预见未来趋势，合理划分阶段，适时调整，配置人力、物力和财力，处理好事态发展中的阶段连接与转换；同时在谋划全局中，掌握影响全局发展主动权和成败的关键因素。点面结合，互相支持，互相带动，才能形成科学的决策。

农民起义军的局限是只顾眼前利益，心中缺乏远大目标和长远规划，随遇而安、得过且过或苟且偷安是非常普遍的。但刘邦避免了这点，在起义初期就显示出了清醒、沉着、目光远大，谋长远、谋全局的成熟，就保持着"自知之明"的自觉性。但只有远大的目标和理想是不够的，还要有实现目标的能力。如果没有实现目标的能力，远大的目标和理想就是空想。刘邦是如何将理想和能力结合在一起的呢？

刘邦深深感受到，秦王朝当时已是天下公敌，嬴氏大厦早晚要被反秦的烽火烧为灰烬。自己已率军起义，毫无退路可言，无论前途如何艰险，只能勇往直前。但这支没有经过训练、靠亲朋好友联系在一起的乌合之众，连起义的根据地都保不住，能经得起洪流的摔打和冲击吗？从全局来看，秦王朝拥有着强大的军事实力，任何一支起义军单独对秦作战，都不能取得彻底的胜利。只有反秦势力结成坚强的同盟，形成合力，以集团优势才能打败秦军。

刘邦认清了天下大势，即反秦势力将趋于合作，而自己的首要任务是在这股洪流中生存下去，并乘机壮大自己。基于如此清醒的认识，刘邦在起义初期作出了两项明智务实的决策：一是为保存实力，从久攻不下的丰邑撤兵，退回沛县；二是投靠集团势力，寻求庇护与发展。经过反复对比分析，刘邦选择了实力强大、又颇具大局观念的项氏集团。在项氏集团的帮助下，刘邦不仅收回了丰邑，还在政治地位上有了很大的提高。他不再是割据一方的小土豪，而变成了反秦主力武装中的一支。刘邦在初期，于全局中找准了自己的薄弱环节——实力不济，抓住了阻碍自己全局发展的瓶颈——生存。

发展到与秦军全面作战时期，刘邦在关照全局的情况下，再次调整了目标、方向和措施。要想获得项氏集团的信任，必须有实际的战绩，这样才能立得住脚。刘邦与项羽联袂的首次战役——城阳之战，双方并力，打得秦军大败而逃。接着在濮阳、雍丘、定陶等地，对秦军机动进攻，斩杀秦将李由，打败秦将王离，取得一连串的胜利，实现了战略意图，扭转了战场格局，迫使秦军主力由战略进攻变成战略防守。在上述战斗中，刘邦以鲜明的实绩，为自己最终的领袖地位打下了底子，其军事政治地位再次飙升。当然这一切都是在项氏集团的光环罩盖下实现的。刘邦明白，现在没有灭亡的危险，但随着形势的发展，各支势力会在不断取得胜利之后，为地盘、兵源、粮草而展开争夺。自己功勋再卓著，也只能为别人作嫁衣裳。因此刘邦充分利用一切有利条件发展自己的实力。特别是在老将宋义等人的刻意培植下，刘邦很快成长起来，成为一个与项羽平起平坐的同级战友。西风正紧，雄关漫道真如铁。刘邦率军进攻关中，标志着他彻底崛起了。

经过几多磨难，刘邦日渐成熟。不仅对局面保持清醒的认识，还对一些关节点有了更好的把握。他认识到要想有全局的整体推进，就要有关键因素的配合。人才，让刘邦于混沌中见清明，于迷茫中识方向。在郦食其的指点下，刘邦取得西征道路上的第一个关键性胜利，获得了一个大粮仓，补充了消耗。在实践中，实现决策目标的具体措施也为刘邦所看重，机动灵活、退而求其次、不战而屈人之兵等战术皆了然于胸。

楚汉争霸过程中，刘邦不再是躲躲藏藏地行事，而是明确了"东乡（通向）取天下"，与项羽一决雌雄。同时注意调动一切可以调动的力量，为自己的目标服务。一是善用人才如韩信、张良、陈平等，根据他们的特长授权他们或率兵作战，或出谋划策。二是加强根据地建设。刘邦深知开拓前方必须和巩固后方相结合，否则是竹篮打水一场空。夺取关中后，他首先废除秦宗庙，设立汉宗庙，建立政治中心，以稳定军心。其次进行政权建设，设置郡县。同时每乡推举一名有威望的老者协助管理乡内事务，加强了新政权与百姓的沟通，减少了矛盾。再次，授权萧何负责后方根据地建设，确保后方稳定，向前线提供源源不断的人力、物资补充和供应。三是瓦解对手，借用外力，助己成功。公元前205年，楚汉两军相持于成皋、荥阳一线。拥有优势兵力的项羽不断向汉军发动进攻。刘邦一方面防御，另一方面积极展开系列军事和外交活动，争取有利于决战的局面。在左翼，刘邦派韩信率兵出击，攻打归附楚军的魏、赵等诸侯国。同时运用政治手段策反项羽宿将英布，使英布背楚归汉，成为汉军的右翼。利用活动在楚军后方的彭越军队，作为汉军的游兵威胁项羽的心脏地区。刘邦还用陈平之计离间了项羽与谋士范增的关系，让项羽失去了得力助手。为了避免在不利条件下决战，刘邦还一度放弃成皋，以收缩势力，等候战机。经过两年多的对峙，韩信攻下魏、赵、燕、齐等地，将黄河以北完全置于刘邦的统治之下。彭越在项羽后方攻下17座城池，切断了楚军的一切供应联系。刘邦认为时机已到，便积极策划转入反攻，结果大败楚军。此后，双方的力量对比发生了根本变化，刘邦已由劣势变为优势，掌握了战场的主动权。

此外，刘邦对事关全局的事务，不仅能及时决策，而且会坚持不懈，常抓不放。根据地是保证战争胜利的后方基地，决定着战争的最终结果。在中国古代，诸多的起义造反者，如唐朝末年的黄巢、明朝末年的李自成等，都打败了统治者，占领了象征着统治权威的都城，但由于实行流寇主义的作战方式，没有建立稳固的根据地，最后遭到反动势力的反攻，以失败告终。灭秦战争中，群雄蜂起。因秦统一全国的时间还不长，仅有20多年的时间，受传统思想的影响，参加起义的旧贵族和起义将领们还带有传统的割地据城思想。刘邦在起义不久就以沛县为中心，建立自己的势力范围。项梁牺牲后，楚怀王也收缩力量，把项羽、刘邦等人的力量集中起来，以自己的京城为中心，呈三角环形据守。

刘邦进军咸阳过程中，虽然极力想撇开一切牵制，尽快进入咸阳，但也顾及了自己的后路。之所以接受秦朝南阳郡守的投诚，其中就有这个考虑。当时，刘邦打败南阳郡守后，南阳郡守退到宛城，利用坚城防守。刘邦不愿在攻城上耗费工夫，就领兵西去。张良了解他的想法后，劝他说："沛公虽欲急入关，秦兵尚众，距通拒险。今不下宛，宛从后击，强秦在前，此危道也"[1] 张良虽

---

[1] 《史记·高祖本纪》。

然没有直接说出建立根据地的意思，但其潜意识里，是让刘邦消灭他身后的秦军，把身后的土地变成自己的地盘。刘邦听从了张良的意见，回兵围城，迫使南阳郡守投诚。

灭掉秦朝后，项羽依靠自己的强大力量分封诸侯，刘邦被封为汉王，封地为巴蜀和汉中。刘邦和众将认为项羽违背了当初楚怀王确定的先入关中者为王的约定，想举兵攻打项羽，被萧何、周勃、灌婴、樊哙等人劝止。其中萧何指出："虽王汉中之恶，不犹愈于死乎？""今众弗如，百战百败，不死何为？《周书》曰'天予不取，反受其咎'。语曰'天汉'，其称甚美。夫能诎于一人之下，而信于万乘之上者，汤、武是也。臣愿大王王汉中，养其民以致贤人，收用巴、蜀，还定三秦，天下可图也。"① 刘邦听从劝告，率兵入南郑，以萧何为丞相，向各地派遣官吏，安抚百姓，征伐不愿归附者，将巴蜀和汉中建成了稳固的根据地。

还定三秦后，刘邦又把关中作为自己的根据地。以渭河流域为中心的关中地区是周、秦两代的发祥地，西、北、南三面为高原和山地，东面为黄河，是一个易守难攻的四塞之地，且土地肥沃，物产丰饶，在秦汉之际是据以称王、称霸天下的好地方。秦朝灭亡之初，曾有人劝说项羽："关中阻山河四塞，地肥饶，可都以霸。"② 但项羽认为咸阳已经残破，自己是楚国人，灭秦的任务已经完成，天下安定，应该回到自己的家乡去做王，以展示自己的成功，于是答以"富贵不归故乡，如衣绣夜行，谁知之者！"③ 坚决回到了彭城。

项羽没有认识到关中的重要，刘邦却认识到了。汉王二年，他拜韩信为大将，率兵东出陈仓，平定三秦，随之遣将领兵向四外出击，攻占陇西、北地、上郡，占有了原秦国的地盘，在这些地区设立了陇西、北地、上郡、渭南、河上、中地、河南等郡，郡下设县。刘邦授权萧何镇守以关中为中心的上述地区，安抚百姓，把关中变成了自己的坚固根据地。为了取得当地百姓的拥护和支持，刘邦采取了一系列措施：在各县乡择优设置三老，大赦监狱中的罪人，把秦王朝皇家园囿中的良田划分成小块分给农民，等等，安定了内部。

在楚汉战争中，刘邦在中原与项羽作战，多次失败，但每次都得到了萧何从关中送来的粮草和兵力，重新振作起来，再次与项羽周旋，最终打败了项羽。而项羽尽管在大多数战斗中取得了胜利，但因粮草不继和后方不稳而丧失了追击刘邦的机会，往往给刘邦以喘息之机，使刘邦每次都能卷土重来，越战越强。

---

① 《汉书·萧何传》。
② 《史记·项羽本纪》。
③ 《史记·项羽本纪》。

两人在把握全局与关键环节上的差异,某种程度上决定了最后的结局。楚汉战争结束后,刘邦又听从刘敬和张良的劝谏,放弃了将洛阳作为都城的想法,坚决以关中的长安为都城。

2. 运筹与预测而知胜败

能否正确决断,取决于科学的运筹和庙算。凡事预则立,不预则废。在任何决断前,不但要全局运筹,深谋远虑,而且要周密、具体地分析,制定详细可行的计划。有了统筹的计划,还应设想到一切可能的细节和随机、不可控的因素,准备下多种应急、应变的预案,才可能获得主动权。正如古人言:"先作万全之计,然后图彼。得之则大克,不得则自全。"① 当然,"求全"的决策只能是一面旗帜,一种理想,一个口号。在现实社会中,要想获得"全胜"是不可能的,想时刻决策正确也是有难度的,人们只能追求胜势,不可能永远获胜。

以孙子为代表的兵家非常注意战前分析,他们强调每次大规模的战役和战争前,一定要召开高层军事会议,分析、比较敌我双方在政治、经济、军事、外交、士气、人的能动性等关系战争的诸要素的优劣,判断双方胜负的可能性,预知己方有没有必胜的把握,如没有必胜的把握,那么胜算有几成,再据以定下作战的决心,即所谓的"庙算"。这实际是今天的科学决策,只不过在古代,科学技术没有今天发达,无法利用现代技术进行详细的预测和运筹,只能借助于人的心算和筹划。

与张良相识后,刘邦开始重视"庙算"的作用。项羽在咸阳分封诸侯后,刘邦手下众将听说刘邦被封为汉王,封地为巴蜀和汉中,都很气愤,纷纷叫嚷要和项羽拼命,刘邦也非常气愤,想带兵与项羽决一死战。但当刘邦找来群臣和大将们商量时,周勃、灌婴、樊哙都反对与项羽硬拼。萧何以"王汉中之恶""不犹愈于死乎"来劝谏刘邦。刘邦意识到自己和项羽的力量相差太远,现在与之翻脸自己肯定会吃亏,正如萧何所说,现在与项羽对阵肯定是死路一条,到南郑就汉王位虽然比原定的称王关中有较大差别,但总比被消灭好。于是刘邦打消了与项羽厮杀的念头,安排好日程,很快就去巴蜀上任了,从而避免了在敌强我弱的情况下与项羽硬拼。刘邦赐张良"金百,珠二斗",献给项伯,让项伯代为"尽请汉中地",获得了完整的汉中地域。

在楚汉战争和汉帝国初期消灭叛乱的战斗中,刘邦非常重视"庙算",每次大战前,都召集将领和谋士开会,对比双方的实力和优缺点,计算成功的把握,并制定相应的对策。

---

① (北齐)魏收:《魏书·邢峦传》。

准备东进暗度陈仓前，刘邦多次和手下将领商讨还定三秦的可行性，计算胜败得失。韩信高台拜将后，把刘邦与项羽、刘邦与章邯等关中三王做了详细的对比，指出刘邦在用人、封赏、军队战斗力、人心向背等方面都有着绝对的优势，项羽只有匹夫之勇、妇人之仁，已失去天下之心，东出陈仓可一举而定三秦，使刘邦对还定三秦充满了信心。刘邦果断作出东进的决策，并将军队的指挥权授给韩信，由他全权负责训练和制订具体作战计划。后来战事的发展确实像韩信分析的那样，关中百姓对当年初入关时的约法三章记忆犹新，没有像过去那样见到军队来了就逃走，而是留在家里等待汉军。章邯、董翳、司马欣的士兵都想着他们当年把20万秦军送到项羽手中全部被项羽坑杀的旧事，不愿为他们卖命，听说刘邦打回关中，关中士卒多拍手称快，有的胆大的还没开战就偷偷去投了刘邦的军队。董翳、司马欣两人思虑再三，直接投降了刘邦，章邯则以自杀而终。韩信从暗度陈仓到平定三秦，前后仅用了不到两个月的时间。

高祖六年，有人报告楚王韩信阴谋叛乱，早已对韩信不满的刘邦想趁机剥夺韩信的封国，于是召集众将和群臣开会，商议如何对付韩信。那些昔日对韩信唯唯诺诺的将领们对韩信拜将、裂土封王早就满肚子的牢骚，现在得到泄愤的机会了，于是他们一个个摩拳擦掌，叫嚣着要去剿灭韩信。但刘邦知道，满朝文武大臣中，能与韩信相提并论的帅才根本没有，别看这些人咋呼得紧，真正上了阵，这些人根本不是韩信的对手，便没有理睬他们。后来陈平进宫，刘邦请教剪除韩信的计策。陈平知道韩信只是摆排场，并没有谋反，但刘邦这样问，他也无法为其辩白。陈平以反问的口气，询问刘邦的兵将是否敌得过韩信的兵将，刘邦老实地回答说："敌不过。"陈平就此仔细分析："今兵不如楚精而将不及，举兵攻之，是趣之战也，窃为陛下危之。"刘邦说："为之奈何？"陈平出谋划策："古者天子巡狩，会诸侯。陛下第出，伪游云梦，会诸侯于陈。陈，楚之西界，信闻天子以好出游，其势必无事而郊迎谒。谒而陛下因擒之，此特一力士之事耳。"[①] 刘邦深以为然，就采纳了陈平的计策，没费一兵一卒，擒获了韩信，剥夺了他的封国将其改封为淮阴侯，再次避免了一场大的战争。

派兵守函谷关是刘邦决策的败笔。刘邦率先攻入关中地区后，没有进行慎重考虑，轻信人言，没有与谋士们共同分析一下形势，就做了一个非常不明智的决断。一个儒生建议他派兵镇守函谷关，想以此阻断其他诸侯进关，而独享关中这枚桃子。但这只是一厢情愿。他的行为惹怒了项羽和关东诸侯，项羽率大军准备进攻刘邦。刘邦没有计划的结果就是引火上身。面对进驻新丰的诸侯联军，刘邦急得如热锅上的蚂蚁。如何渡过难关？在鸿门宴前和鸿门宴中的一

---

① 《史记·陈丞相世家》。

系列运筹帷幄和策划,让刘邦逐步摆脱了困境,脱离了危险。

"庙算"的实质是召集有关的将领和谋臣,对敌人的情况进行详细的了解和分析,然后提出各种各样的对策建议,主要领导者从这些对策建议中慧眼识真知,采纳最符合情况、最具有针对性的对策和建议。因此,"庙算"制胜的关键在于对敌分析的正确与否,是对最优方案的选择。

英布起兵反叛后,刘邦在长安召集众将开会,问大家:"布反,为之奈何?"众将皆谓"发兵击之"。征求夏侯婴的建议,夏侯婴说:"臣客故楚令尹薛公者,其人有筹策之计,可问。"刘邦召见了薛公。薛公指出:"布反不足怪也。使布出于上计,山东(崤山以东的广大地区)非汉之有也;出于中计,胜败之数未可知也;出于下计,陛下安枕而卧也。"刘邦追问:"何谓上计?"薛公对答:"东取吴,西取楚,并齐取鲁,传檄燕、赵,固守其所,山东非汉之有也。""何谓中计?""东取吴,西取楚,并韩取魏,据敖仓之粟,塞成皋之口,胜败之数未可知也。""何为下计?""东取吴,西取下蔡,归重于越,身归长沙。笔下安枕而卧,汉无事矣。"刘邦问薛公:"是计将安出?"薛公回答说:"出下计",并解释说"布故骊山之徒也,自致万乘之主,此皆为身,不顾后为百姓万世虑者也,故曰出下计"①。刘邦深以为然,便立皇子刘长为淮南王,发兵从东面攻击英布。

英布起兵之初,也曾召集军事会议,有谋士提出建议。但英布认为刘邦已经上了年纪,韩信和彭越已经去世,没有人能阻挡他了,就斥退谋士,按照自己的想法向东攻打荆王刘贾占据的吴地,向西攻打楚王刘交管辖的上蔡。正是薛公所说的下策。刘邦率领曹参、周勃、灌婴等大将征伐,很快就歼灭了英布的主力,平定了叛乱。

在长期的征战生涯中,刘邦积累了丰富的战斗经验,他对许多问题的看法非常准确,这使他在"庙算"中很容易作出正确的判断。

汉王三年,魏豹背汉归楚,刘邦派郦食其前往劝说。但不管郦食其如何陈词,魏豹表示:"汉王慢而侮人,骂詈诸侯、群臣如骂奴耳,吾不忍复见也。"刘邦决定派韩信统率曹参和灌婴征伐。韩信行前,刘邦召见郦食其,问郦食其谁为魏国的大将、骑将和步将,郦食其回答说魏国的大将是"柏直",刘邦指出:"是口尚乳臭,安能当韩信?"听到魏国的骑将和步将分别是冯敬、项它时,刘邦说:"(冯敬)是秦将冯无择子也,虽贤,不能当灌婴。""(项它)不能当曹参。"于是放心地让韩信带兵前去。②

---

① 《资治通鉴》卷十二。
② 《资治通鉴》卷一十。

运筹与"庙算"能力是谋略、智慧的体现，是智者的能力所在。项羽少学兵法时，"略知其意，又不肯竟学"。① 刘邦则在张良讲《太公兵法》时，一点就通，"常用其策"。对兵法的态度影响着两人的处事态度，反映在两人的运筹决策上。两军在广武一线对峙时，项羽没有好的办法对付刘邦。以刘太公要挟刘邦未果，便又归于武力解决一切的老路，他对刘邦说："天下匈匈数岁者，徒以我两人耳，愿与汉王挑战，决雌雄，毋徒苦天下之民父子为也。"② 项羽取得的成就是"以力争经营天下"的结果，所以在他看来武力就是天下。而刘邦说："我宁斗智，不能斗力。"③ 二人的对话，显示的是两种不同的决策及执行的风格：一个有勇无谋，一个则是智勇双全。

3. 坚定性与灵活性相统一

领导者在确认决断正确、主客观情况没有发生根本性变化的条件下，不应为暂时的甚至严重的困难挫折所吓倒，不能涣散军心，影响士气，应该坚定沉着，指挥若定，方寸不乱。同时能根据情况的对比，不墨守成规，随机应变，机智灵活地变换策略和工具方法。孙子云："水因地而制流，兵因敌而制胜。故兵无常势，水无常形；能因敌变化而取胜者，谓之神。"④ 坚持必须坚持的，调整应该调整的，才能不断保证正确的方向。

汉王二年（公元前205年）4月，刘邦在彭城之战中大败，数十万大军星飞云散，父亲和妻子成为项羽的俘虏，自己被项羽军追至荥阳一线才止住颓势，可谓狼狈之极。经过两年奋战，到汉王四年（公元前203年）广武山对峙时，楚汉形势发生急剧变化，主客易位。刘邦牢固地占有了洛阳以西的地方，韩信占领了魏、赵、燕、齐等故地，彭越在梁地来回游击，骚扰项羽的后方，萧何从关中随时运来粮饷和后备士兵，刘邦已牢固地占据战略优势地位；而项羽的军队被阻挡在荥阳、成皋一线以东，自己分封的诸侯王或投刘邦，或被刘邦、韩信剿灭，已所剩无几，后勤供应受彭越等人骚扰经常中断。楚汉双方在广武对峙，从冬10月一直到秋8月，前后迁延10个月有余。期间，项羽想尽了一切办法，欲引汉军决战，均无果而终。在万般无奈的情况下，项羽派人将刘太公架在油锅旁，声称烹太公以胁迫刘邦。后约刘邦独身挑战，被刘邦以"斗智"驳回。派人策反韩信，无功而返。此时，项羽"自知少助，食尽，韩信又进兵击楚"而患之。刘邦也认识到了楚汉双方战略态势的变化，认为这是解救

---

① 《史记·项羽本纪》。
② 《资治通鉴》卷一十。
③ 《资治通鉴》卷一十。
④ 《孙子兵法·虚实篇》。

父亲和妻子的好时机，决定调整策略与项羽讲和。

刘邦先是派陆贾为使者，到项羽军营请求和解，遭到拒绝。后又派侯公前往"说羽请太公"。项羽同意"与汉约，中分天下，割鸿沟以西为汉，以东为楚"。① 9月，项羽向汉营归还了太公和吕后，"引兵解而东归"。

侯公说项羽的说辞没有流传后世，史记载侯公说项羽成功后"匿，弗肯复见"，刘邦封其为"平国君"，称赞他"此天下辩士，所居倾国，故号为平国君"。② 苏轼认为"侯公之辩，过陆生矣。而史阙其所以说羽之辞，遂探其事情以补之"，作《代侯公说项羽辞》。该辞详细地复述了侯公与刘邦、项羽的对话，语言简洁，逻辑清晰，为项羽深入分析了留太公和归还太公的利弊得失，非常精准，为后人提供了一个认识侯公说项羽过程的机会和视角。但苏轼的作品终非侯公原作，侯公到底是以什么打动项羽的，我们已无法确知。史实是项羽允许了侯公之请，当时的太公和吕后已成为项羽手中的"鸡肋"，项羽在楚汉之争中已处劣势且项羽深知这点。我们认为，之所以陆贾求和未成，是因为陆贾是第一批使者，项羽还需要端着，需要看清刘邦的真实意图，也想争取更多的利益。侯公是第二批使者，其时项羽已经明晰刘邦的意图。侯公和陆贾的差异，并非两人的辩术高低有别，更多的是项羽的和谈技巧和战略在起作用。起决定作用的还是双方的实力对比。

和议之后，项羽匆匆率军东归，刘邦也整理行装，准备西撤。张良、陈平劝说刘邦："汉有天下太半，而诸侯皆附之。楚兵疲食尽，此天亡楚之时也，不如因其机而遂取之。今释弗击，此所谓'养虎自遗患'也。"③。刘邦采纳了他们的意见，再次调整策略，向正在东撤的项羽发起了追击，并与韩信、彭越相约一起攻击楚军。新的战火再次燃起，但战争的主动权已经转向了刘邦。

刘邦根据不同的形势，调整措施，不但解救了人质，还不费力气地获得了连做梦都想得到的荥阳、中牟、开封一线的战略要地，将夺取天下的坚定性与策略上的灵活性结合得非常完美。

4. 信息支持与优化选择

决策的正确与否关系到事业的成败，因此要慎之又慎。人们在决策过程中追求最优方案，但主客观情况的复杂性预示着决策目标和行动方案的多样性，影响到人们的决策能力和决策水平。想要从多样性中选择出最优目标与方案，就要求比较、鉴别、分析，全面评估每个方案的可行性、可操作性、价值性、

---

① 《史记·项羽本纪》。
② 《史记·高祖本纪》。
③ 《史记·项羽本纪》。

风险性及潜在的问题，这样才能做到好中选优，优中选特。而保证这种优化选择的重要前提则是信息的支持。从选择前的调查研究，到分析问题，到拟订目标与行动方案，再到决策实施后的情况反馈，整个决策的过程都以信息为基础，还要善于分辨信息的真伪，避免噪音的干扰，消除信息孤岛和信息过度的干扰。没有信息的决策是盲目的，将会带来巨大的负面效应。失真甚至错误的信息会导致错误的决策，带来不可避免的损失。在情况纷繁复杂的商场或战场上，为了迷惑对手，敌对方会故意放出虚假的信息，引诱决策者失误。这时对信息真伪的鉴别能力就非常必要了。

北方游牧民族自商周以来就是中原的威胁。秦汉之际，匈奴逐渐强盛起来。西汉的北部边境地区，经常遭到匈奴人的抢掠。匈奴骑兵有时侵入离长安700里远的地方，如何防御匈奴的入侵成为汉朝国务中的大事。刘邦为此特派韩王信率兵进驻晋阳（今太原），以抵御匈奴。谁知韩王信在匈奴大队人马蜂拥而至时，为其虚张声势所吓倒，在求和不能、朝廷怀疑他通敌的关键时刻，投靠了匈奴，与匈奴合兵攻打太原。

汉高祖七年（公元前200年），刘邦御驾亲征，先是击败韩王信，后又大破韩王信、匈奴左、右贤王和叛将王黄等人的联军。随后，汉军又多次击败匈奴军队，乘胜逐北，接近匈奴主力屯扎的代谷。知彼知己，方可百战百胜。刘邦不打无准备之仗，先后派了十几批使者前去探听匈奴虚实。"匈奴匿其壮士肥牛马，但见老弱及羸畜。"因此十几批回来的使者都说，匈奴军中多老弱病残和瘦弱的牲畜，不足为虑，如往攻之，定可取胜。时值严冬，汉兵非常不习惯北方寒冷的气候。刘邦想，反正对方是些老弱残兵，不如速战速决。但用兵乃国之大事，不可不慎。刘邦又派刘敬①前往侦察。刘敬却带回了与前几次截然相反的信息。刘敬说："两国相击，此宜夸矜见所长。今臣往，徒见羸瘠老弱，此必欲见短，伏奇兵以争利。愚以为匈奴不可击也。"②刘敬通过实地调查，未为表面的假象所迷惑，而是凭借获得的信息，识破了匈奴人的诡计——示之不能而用奇，给刘邦决策带来了最需要的正确信息。但刘邦的武断和先前信息的干扰，使得刘邦在决策时没能采纳刘敬的建议，反而大骂："齐虏！以口舌得官，今乃妄言沮吾军！"③ 不由分说将刘敬囚禁了起来，并作出了攻打匈奴的决定。事实证明，这是一个错误的决策。刘邦被困白登山7天7夜，多亏陈平出奇计，贿赂了冒顿单于的夫人，才得以脱身，否则

---

① 刘敬原名娄敬，被刘邦赐姓刘。
② 《史记·刘敬列传》。
③ 《史记·刘敬列传》。

就命丧匈奴了。

刘邦班师回到广武，面有愧色，向刘敬致歉："我不用公言，以困平城。吾皆已斩前使十辈矣。"① 不仅赦免了刘敬，还封他为建信侯（属关内侯），食邑2000户。刘邦在选择优化方案时被错误的信息迷住了双眼，犯了错误，为此付出了沉重的代价。匈奴的问题还是没有解决，采取什么样的方案才可以稳妥地解决呢？

刘邦回到都城，广召群臣，集思广益，对匈奴问题进行了专题研究。众武将依然坚持以武力讨伐。刘邦虚心地向刘敬请教对付匈奴的方略。刘敬说："天下初定，士卒罢于兵，未可以武服也。冒顿杀父代立，妻群母，以力为威，未可以仁义说也。独可以计久远，子孙为臣耳；然恐陛下不能为。""陛下诚能以嫡长公主妻之，厚奉遗之，彼知慕，以为阏氏，生子，必为太子。陛下以岁时汉所余，彼所鲜，数问遗，因使辩士风谕以礼节。冒顿在，固为子婿；死，则外孙为单于。岂尝闻外孙敢与大父抗礼者哉？可无战以渐臣也。"② 是为收买和亲之策。刘邦同意了刘敬的建议。由于吕后不愿意将自己女儿嫁过去，只好送了一个假公主，派刘敬护送前往，代表刘邦与冒顿单于签订了和平条约。假公主也被立为了阏氏（单于的夫人）。两国的摩擦大大减少了，西汉求得了暂时的安宁，休养生息，提高国力。和亲政策是刘邦在经过了武力征讨决策失败后选择的当时条件下的最佳方案。这是对比、鉴别的结果。

刘敬知道公主是假的，为了安全起见，再次建议刘邦调整策略："匈奴河南白羊、楼烦王，去长安近者七百里，轻骑一日一夜可以至秦中。秦中新破，少民，地肥饶，可益实。夫诸侯初起时，非齐诸田，楚昭、屈、景莫能兴。今陛下虽都关中，实少人。北近胡寇，东有六国之族，宗强，一日有变，陛下亦未得高枕而卧也。臣愿陛下徙齐诸田，楚昭、屈、景、燕、赵、韩、魏后，及豪杰名家居关中。无事，可以备胡；诸侯有变，亦足率以东伐。此强本弱末之术也。"③ 刘邦完全接受了他的建议，下诏从齐、楚、燕、韩、赵、魏各地迁移十几万人进入关中。这是对"和亲"方案的微调，以便让这一政策能达到最佳效果。对外和亲与对内迁居相结合，攘外又安内，双管齐下，一手软一手硬，可谓万全之策。

---

① 《资治通鉴》卷十一。
② 《资治通鉴》卷十二。
③ 《史记·刘敬列传》。

二、决策之道

1. 审时度势，果敢决断

大凡决策与所处环境的形、势和情有密不可分的关系。形是对成败得失的估量，势是人们对前进还是后退的时机把握，情是指人们立志坚定与否的实际情态。识时务者为俊杰。面对时刻变化的客观形势，面对扑面而来的信息，领导者就要以远见卓识，去敏锐观察，条分缕析，多谋善断，因势利导，把握时机，随势而变，因时而发，而不墨守成规，贻误战机。该出手时就出手，否则，当断不断，反受其乱。正如荀悦所论：夫立策决胜之术，其要有三：一曰形，二曰势，三曰情。形者，言其大体得失之数也；势者，言其临时之宜、进退之机也；情者，言其心志可否之实也，故策同、事等而功殊者，三术不同也。①

当刘邦一心在仕途上奋力拼搏时，社会形势发生了巨大的变化。秦统一后，人民群众都盼望能有一个和平安定的环境，发展生产，休养生息。而秦始皇却继续实行战时暴力政策，年年都有大规模的征发：常年征调70万人修筑自己的骊山陵墓；征派30万人讨伐匈奴，修建长城；为满足一己之欲，秦始皇还在咸阳城北修建宫室145处。这种征发造成了"男子疾耕不足于粮饷，女子纺绩不足于帷幕，百姓靡敝，孤寡老弱不能相养，道路死者相望"②的悲惨景象。一时哀鸿遍野，百姓苦不堪言，人人思危，草泽奋起。刘邦作为秦朝的基层官吏，对百姓疾苦更是知之甚深，感之甚切。

秦二世二年（公元前209年），刘邦以亭长身份再次奉县令之命押送一批人，到骊山去服苦役。路上，出徭役的人怨气冲天，不时有人逃跑。走到半路已跑了一小半了。照此下去，到了骊山，恐怕只剩下自己了。按照秦律，服役者不能按时到达，就要被砍头。可以想象，刘邦此时进行了极为剧烈的思想斗争。经过反复思考，刘邦作出了事关自己命运和前途的决定。

一行人到达丰邑西边的大泽中，刘邦招呼大家喝酒。到了晚上，他解下出徭役的人身上的绳索，恳切地说："公等皆去，吾亦从此逝矣。"出徭役的人喜出望外，各自作鸟兽散。剩下十来个人表示愿意跟着刘邦。刘邦带领大家躲进比较安全的芒砀山，等待时机，乘势而动。

这是刘邦命运的转折点，也是一个崭新的起点。他作为秦朝小吏的生活结束了，走上了与秦王朝决裂、反抗的道路。这种决策对刘邦来说是极不容易的。

---

① 《资治通鉴》卷一十。
② 《史记·平津侯主父列传》。

但可以看出，刘邦绝不是一时的冲动。他先前勤勤恳恳的工作是因为在当时条件下没有更好的选择。天下刚刚统一，英雄无用武之地，武不能从军建功，拜将封侯，文不能读书以求功名，只有选择蜗行于坎坷仕途。随着时势的变化，刘邦对时局有了更加清醒的认识，暴秦已失去人心，大厦的基础已经动摇，叛乱的事情迟早要出现，自己跟着这样的政权是没有前途的。于是他作出了正确的选择，感到实现自己"大丈夫当如是"的宏愿的机会来了。

刘邦原来一边周旋于官场，一边为自己的状况焦躁不安。放走出徭役的人成为他给自己找的一个借口和台阶，若不然，刘邦可能还在迷茫中浪费着自己的热情呢。机遇来了，刘邦没有错过。

他终于等到时机。不久，陈胜、吴广揭起反秦大旗。刘邦一直通过萧何等人了解天下大事，做着准备。陈胜义军要攻打沛县，为刘邦提供了历史机遇。刘邦登上了沛公的领导岗位，真正成为师出有名的一支反秦势力。

刘邦起义后，对自己的实力有清醒的认识，3000人的队伍想在群雄并立的夹缝中生存是非常困难的。刘邦再次审时度势，作出了明智的选择。乘陈胜、吴广起事之际，尊陈胜为楚王，并按楚制，自称沛公，以避免义军内部对自己的仇视和攻击。刘邦在得知替自己守卫根据地的同乡好友雍齿投降他人而自己成为无根浮萍后，果断决策去留县投靠景驹，向他借兵攻打丰邑。

古语说：虽有智慧，不如乘势；虽有镃基，不如待时。① 成就大事、谋取天下的人，必须能审度大势。刘邦现在如同墙头上的茅草，到处辗转，寻找依靠。但刘邦绝不是无选择、无原则地跟随，每次决策都经过深思熟虑。

正当他谋求援兵时，反秦形势发生了很大变化。项梁的军队壮大起来，吸纳了陈婴、英布等人的队伍。陈胜吴广一支则陷入低潮，内部出现了不和谐音符，二人相继被杀。依附于陈胜的队伍纷纷独立称王。吴广部下秦嘉自己做主另立景驹为楚王，秦嘉的行为影响了起义军的团结。项梁决定消灭秦嘉，召集将领们说："陈王先首事，战不利，未闻所在。今秦嘉倍（通背）陈王而立景驹，逆无道。"② 派兵击杀秦嘉。刘邦原来的设想落空，便随机应变，投靠了项梁。这时项梁在各支反秦力量中实力最强，成了反秦力量的领袖。

为了师出有名，项梁的谋士范增建议："陈胜败，固当。夫秦灭六国，楚最无罪。自怀王入秦不反，楚人怜之至今。故楚南公曰：'楚虽三户，亡秦必楚。'今陈胜首事，不立楚后而自立，其势不长。今君起江东，楚蜂起之将皆

---

① 《孟子·公孙丑下》。
② 《资治通鉴》卷九。

争附君者，以君世世楚将，为能复立楚之后也。"① 项梁认为他说得对，于是立楚怀王的孙子芈心为楚王。刘邦因此成了楚怀王下属的一支队伍，还与项羽结为异姓兄弟。刘邦寻找到了一个坚强的靠山，以集团的优势来补己之短，为自己以后发展实力奠定了坚实的基础。与项羽的结拜，提高了刘邦的名声，并获得了项梁的信任和重用。

9月，秦将章邯夜袭项军大营，杀死项梁。起义军再次走到十字路口。刘邦审时度势，提出暂回彭城休整的建议，得到大家的赞同。楚怀王在休整期间收项羽、吕臣之军归自己指挥，对人员做了调整：封刘邦为武安侯，驻砀郡，指挥砀郡兵；封项羽为长安侯，号鲁公；封吕臣为司徒，其父吕青为令尹。刘邦由此成为一方诸侯，力量再次得到扩张。

章邯认为楚军元气大伤后不足为虑，便率兵北上攻打赵国。赵王几次向楚王求救，楚王与部下商量如何对付秦军，便召开了具有历史意义的彭城会议。在这次会议上，楚怀王决定委宋义为上将军、项羽为次将、范增为末将，领兵北上救赵；派刘邦领兵西向略地入关攻秦；并与诸将约定"先入定关中者王之"。在分派任务时，项羽因怨恨秦军，强烈要求与刘邦一起西入关中攻秦。但老将们反对派项羽入关。他们认为，项羽为人凶残，"尝攻襄城，襄城无遗类，皆坑之，诸所过无不残灭"。楚兵几次西进战斗因此都失败了。应该变更思路，改派长者，扶持仁义，向西进军，"告谕秦父兄，秦父兄苦其主久矣，今诚得长者往，毋侵暴，宜可下"。项羽剽悍勇武，残暴不仁，不能派他率兵西进攻关。只有沛公刘邦"素宽大长者，可遣"。刘邦因为仁善而获得老将们的支持，获得了领兵西向攻打秦国腹地的机会，这为他后来的成功奠定了基础。刘邦事实上是真正的长者，秦王子婴投降后，刘邦手下将领提议诛杀子婴，刘邦指出："始怀王遣我，固以能宽容。且人已降，杀之不祥。"② 没有诛杀子婴。这无疑增加了投降的秦朝官吏对刘邦及其武装的信任。

如果说刘邦成为汉王以后，其决策更为科学，更为正确，那是因为他有了自己的根据地，有了自己的军队，有了各个层面的谋士助手，不足为怪。在前期的挥戈杀伐中，更见刘邦对时机的把握能力，更见其决策的果敢和灵活。没有最初的明智选择，他依然爬行于秦朝设定的升官道上；没有果敢的抉择，起事后的刘邦也许已被巨大的洪流冲垮、吞没了；没有对机遇的把握，何以能坐镇一方；没有果断的决策，更没有了楚汉之争的伟业。善用天时、地利、人和、情势者，可无往而不胜。

---

① 《资治通鉴》卷九。
② 《史记·高祖本纪》。

2. 知错即改，从善如流

人非圣贤，孰能无过。任何一个领导都不能永远正确。要保证出台的每一个决策的正确性，除去领导自己过硬的素质外，还要能听进不同的声音，不讳疾忌医，采纳顾问、智囊团的有用建议，择善而从，有效地避免或减少由自己的失误而造成的不良后果。任何一个刚愎自用者，都将自绝于自设的陷阱。

刘邦文化素质不高，个人的才智与能力也确实平淡无奇。但他有自知之明，不会去为逞一时之威，或维护自己的面子而放弃任何一次受教育的机会。其成大事的关键是能化众贤之才智为己之才智，变众将帅之能力为己之能力，加之依附之人多敢于进言，自己则随时吸收，积少成多。即使是自己生性厌恶的人，只要对他有利，也听而从之。因此，刘邦总能选用在当时条件下最好的方案，使自己能在纠正众多的错误中踏上最正确的道路。

刘邦不好儒术，厌烦儒生。但当他听完郦食其入情入理的分析后，马上改变了自己傲慢的态度，以礼待之，并听从其攻打陈留的建议。事实证明，其决策是正确的。当陆贾对刘邦的"乃公居马上而得之，安事《诗》《书》"的论调提出反驳和批评时，刘邦便"不怿而有惭色"，便吩咐陆贾为他总结秦亡汉兴的道理。刘邦的面子受到了陆贾直谏的侵犯，但他还是认识到了自己的不足，即使不高兴，仍按正确的意见办理。

入关破秦后，面对秦"宫室、帏帐、狗马、重宝、妇女以千数"的诱惑，刘邦有些沉醉了，只想住在宫中，享乐一番。好友樊哙勇敢地站出来阻止刘邦："沛公欲有天下耶，将为富家翁耶？凡此奢丽之物，皆秦所以亡也，沛公何用焉！愿急还霸上，无留宫中！"① 樊哙的话极具见地，但刘邦不听。张良也劝道："秦为无道，故沛公得至此。夫为天下除残贼，宜缟素为资。今始入秦，即安其乐，此所谓'助纣为虐'。且忠言逆耳利于行，毒药苦口利于病，愿沛公听樊哙言！"② 刘邦马上起身，撤出秦宫，还军霸上。刘邦没有一意孤行，刚愎自用，而是听取了樊哙和张良的建议。正是因为刘邦有此长处，部下在关键时刻总能尽忠良之言，从而形成了一个很好的氛围。

戏下分封，项羽背约，封刘邦为汉王，把他的军队从 10 万人削减至 3 万人。对刘邦而言，当属奇耻大辱。准备与项羽决一死战，一吐恶气。樊哙、周勃、夏侯婴等人劝阻，萧何分析形势，刘邦才没有作出贻误大局的鲁莽举动。

刘邦被围荥阳时与郦食其商量，想争取天下各股力量反楚。郦食其提出一个"复立六国之后的计划"。他说："昔汤伐桀，封其后于杞；武王伐纣，封其

---

① 《资治通鉴》卷十。
② 《史记·留侯世家》。

后于宋。今秦失德弃义，侵伐诸侯，灭其社稷，使无立锥之地，陛下诚能复立六国之后，此其君臣、百姓必皆戴陛下之德，莫不乡风慕义，愿为臣妾。德义已行，陛下南乡称霸，楚必敛衽而朝。"其实，这是一个馊主意。他认识不到秦朝灭亡的根本原因是对老百姓的残暴统治。由于当时形势危急，刘邦没有仔细考虑，决定采用，并命令人刻好印信，让郦食其亲自办理此事。此时，张良从外地办事后回来见刘邦，刘邦正在吃饭，便把这个他十分欣赏的计策告诉张良。张良听罢，正色道："谁为陛下画此计者？陛下事去也。"张良进一步分析，"昔汤、武封桀、纣之后者，度能制其死生之命也；今陛下能制项籍之死命乎？其不可一也。武王入殷，表商容之闾，释箕子之囚，封比干之墓，今陛下能乎？其不可二也。发巨桥之粟，散鹿台之钱，以赐贫穷，今陛下能乎？其不可三也。殷事已毕，偃革为轩，倒载干戈，示天下不复用兵，今陛下能乎？其不可四也。休马华山之阳，示以无为，今陛下能乎？其不可五也。放牛桃林之阴，以示不复输积，今陛下能乎？其不可六也。天下游士，离其亲戚，弃坟墓，去故旧，从陛下游者，徒欲日夜望咫尺之地；今复立六国之后，天下游士各归事其主，从其亲戚，反其故旧、坟墓，陛下与谁取天下乎？其不可七也。且夫楚唯无强，六国立者复桡而从之，陛下焉得而臣之？其不可八也。诚用客之谋，陛下事去矣"①！张良的分析让刘邦如梦方醒，辍食，吐哺，骂曰："竖儒几败而公事！"下令销毁已刻好的诸侯印。张良以渊博的历史知识和深邃的政治眼光去条分缕析，精辟透彻。刘邦勇于改过，不耻下问，不端架子，果断采取措施，避免了一场危机。

  刘邦在决策过程中也有多次失误。但他能知错即改，有时受到了挫折，也立即承认错误，虚心请教，诚心道歉，从不固执己见。他的虚怀若谷使得臣下敢说话，讲实话和真话。萧何、张良、陈平、郦食其、娄敬等人都曾在关键时刻和关键问题上给刘邦敲过警钟，把过船舵。他们没有因为直言上谏让刘邦下不来台而被疏远，反而更受尊重和重用。从这个意义上讲，刘邦的成功，不是因为他不犯错误，或少犯错误，而恰恰在于他能及时接受批评，承认错误，及时改正错误。

  在接受批评、采纳忠谏、知错即改方面，刘邦和项羽相比，占有很大的优势。项羽自江东起兵以来，无论是军事上的战略战术，或是政治、外交等方面的各项决策，大都是独断专行，自己作出的；或者只听少数人的，如项伯，但这个人几乎没有出过有利于项羽的主意，项羽却言听计从。范增可算是智谋之士，关键时刻的谏言总被项羽否定。尤其是项羽以高贵的出身为资本，总是居

---

① 《汉书·张良传》。

高临下,很难与众人打成一片,也很忌讳别人指出他的缺点,一意孤行。应当说,项羽对局势的把握,整体素质方面要比刘邦强得多,刘邦在摸索中所犯的错误远比项羽多。但二人走上了两条截然相反的道路,这个教训是发人深思的。

3. 在谦虚问计中前进

谦虚使人进步,骄傲让人落后。领导者大都是自我主义者。谦虚对他们而言是一种姿态,一种装饰品。但"谦受益满招损"的训条也同样适用于他们。谦虚不仅为他们的人格魅力增光添彩,还会使他们不断受益,不断前进。

刘邦的出身决定他有一种平易近人的心态,也决定他的文化素质十分粗浅。但他有自知之明,从不打肿脸充胖子,不自大,不狂妄,也不妄自菲薄。虽然有时对人"慢而侮人",关键时刻总能谦虚地不耻下问。在"为之奈何"的请教中,不断成熟,不断前进,不断成功。从他的交友原则可以看出,只要有一点比他强,有值得他学习的地方,就倾心相交。与萧何相交,学习为官之道;与夏侯婴相交,可以切磋武艺;与张良交,可以学太公兵法——每得一位人才,刘邦总要认真请教聆听,以补己之不足。

张良来投,"良数以《太公兵法》说沛公,沛公善之,常用其策"。① 郦食其自荐,因服似儒生受到刘邦怠慢,郦食其长揖不拜,反向刘邦,"足下欲助秦攻诸侯乎?且欲率诸侯破秦也?"然后说,"必聚徒合义兵诛无道秦,不宜倨见长者!"② 刘邦赶紧请他坐下,"问所以取天下者"。听完其分析,刘邦一躬到地:"敬闻命也。"拜韩信为大将军后,刘邦急不可待,请教道:"丞相数言将军,将军何以教寡人计策?"听完韩信的汉中对,刘邦狂喜,"自以为得信晚。遂听信计,部署诸将所击"③,终定三秦。

打天下,坐江山,工作千头万绪,众多的领域是刘邦所不熟悉的。要让国家机器正常运转,能自如地决策和发布命令,只有在依靠谋士大臣的同时,自己不能做门外汉。这就需要以谦虚的态度,去请教,去学习,来弥补知识上的缺憾。刘邦正是以谦虚的态度保证自己的决策始终处于比较完善的状态,避免不必要的失误,避开因决策错误带来的危机。遇事先问计成为刘邦的一种工作作风。"兼听则明,偏听则暗",刘邦在决策中深有体会。

刘邦占领咸阳之后,失去了正确的判断力,接受了一个儒生的建议,认为一道小小的函谷关就可以把多于自己几倍的各路诸侯大军拒于关外。这个决策没有与谋士们商量,有些随意,把刘邦推到了一个危险的境地。项羽已决定带

---

① 《史记·留侯世家》。
② 《史记·郦生列传》。
③ 《资治通鉴》卷九。

大军攻打咸阳。刘邦知道后急急来找张良："为之奈何？"在此后，刘邦洗耳恭听张良的计划，为瓦解危机做准备。张良："大王真地能够抵抗得了项羽的大军吗？"刘邦沉默了一会，分析着双方的力量对比，说："不如他强大，那我该怎么办呢？"张良让他结交好项伯，刘邦急切地说："请你给我引见一下，我要以兄长的礼节拜见他。"从刘邦急切的表情中，从一句接一句的"为之奈何"的发问声中，让人感到刘邦毫无主意的那种慌乱，以及认识到自己决策失误后的后悔。只有虚心听取谋臣的建议，制订完善的应对之策，方可脱离危险。剩下的事对刘邦来说就轻车熟路了。事实上，入咸阳后刘邦曾数变其计，始则欲据富丽堂皇之秦宫以自娱，继则还军霸上以待诸侯，复则遣兵拒关欲自王关中。"盖刘邦之进入关中，其经过之顺利与疾速，实非所预料，故未能制有定策；但关中之得失，甚为重要，故仓促中遂不得不数易其计。"①

汉朝既立，刘邦分封功臣，一些人因争功未决，没有被封，就想谋反。对此刘邦忧心忡忡，找来张良："为之奈何？"张良为其出谋划策，刘邦再一次作出了正确的决策，瓦解了潜在的危机。若刘邦意气用事，以皇帝的权力去追查或询问，就极有可能将此事激化。先向张良了解情况，然后问计，采取适当的措施解决了问题。

尤其是一些事关全局的大事，刘邦在下决心之前，总要思前想后，听取各方面的意见，以求稳妥和符合实际。韩信这样的人要造反，对刘邦来说，一点也不奇怪。他考虑更多的是如何处理好此事。刘邦先与众武将商议对策，众将自然不会从全局考虑，只会打打杀杀。刘邦请来了多出奇计的陈平商讨。陈平说："今兵不如楚精，而将不能及，而举兵攻之，是趣之战也，窃为陛下危之。"陈平的分析让刘邦感到局势的危急："为之奈何？"陈平给他出主意让他"伪游云梦"前往陈地趁机擒获韩信②刘邦听后大喜，依计行事，结果正如所愿。

谦虚可以作为一种姿态去装点个人的品质，但延伸于实践中应是听善言，纳善言，用善言，并综合实际情况，作出合理决策。刘邦在决策中也有独断专行的时候，但都以失败和危险而告终。每当在"为之奈何"的咨询中，谦虚地征求意见时，刘邦总能获得正确的信息，从而形成支持自己决策的材料，进而把自己的事业推向正确的轨道和方向，直至最后的胜利。

4. 集思广益做民主空气的受益者

大多数的决策主要是凭领导者个人的经验、学识、智慧而进行的。但要保

---

① "台湾三军大学"主编：《中国历代战争史》（第3册），中信出版社2012年版，第5页。
② 《史记·陈丞相世家》。

证决策的科学性,领导不能刚愎自用,独断专行,只有充分发挥民主,让领导班子,乃至不论职务、身份、地位高低的手下,共同参与,各抒己见,才能获得从上面、对面、外面、侧面、基层等不同方位的看法,让思维多元化。并在发扬民主的基础上集中、总结、吸收、提炼大家的智慧和意见。一个愿意沐浴民主空气的领导者,必将获得巨大的成功。"三个臭皮匠,顶个诸葛亮"。

刘邦与项羽在荥阳、成皋一线对峙,双方几进几出,难分胜负。荥阳初次失守后,刘邦逃回关中,打算重整旗鼓,继续与项羽对抗。这时,袁生向刘邦进言:"汉与楚相距荥阳数岁,汉常困。原(通愿)君王出武关,项羽必引兵南走,王深壁,令荥阳成皋间且得休。使韩信等辑河北赵地,连燕齐,君王乃复走荥阳,未晚也。如此,则楚所备者多,力分,汉得休,复与之战,破楚必矣。"① 刘邦认为此建议合理,便大胆加以采纳,率领部分军队出武关而至宛城、叶县一线布防。英布也出兵配合,牵制敌人。此计一出,项羽果然上当,急于与刘邦决战。汉军则深沟高墙,坚守不出。楚军久攻不下,士气受到影响,消耗日久,被动地牵制了许多兵马,汉军在荥阳一带的压力由此得到缓解。

成皋失守后,刘邦取得了对韩信、张耳军队的指挥权,并准备南渡黄河,与项羽一决雌雄。此时有一名叫郑忠的近卫军军官建议他戒急用忍,不要和项羽决战,而应继续坚守不出,另派一支队伍配合彭越,骚扰楚军的后方。刘邦采纳了他的意见。遂派卢绾、刘贾等率兵渡黄河深入楚军后方,配合彭越作战,以烧毁项军粮食和物资,破坏其后方供应为目的。效果果然明显,为刘邦决战赢得了主动权。项羽为了保持作战的连续性和军心稳定,只好又来攻打这支联军,来回奔波,十分被动。郑忠提出的游击战取得了明显的效果。这是与刘邦在进行重大决策时能广纳人言,不分贵贱的礼贤下士精神分不开的,身边小卒都可以建言献策。战场主动权的转变,再次证明刘邦是民主空气的受益者。

同时刘邦还开创了汉朝平民百姓求见皇帝的先河。让老百姓也有发言权,参与大事讨论。刘邦称帝之初,基于以下考虑,将都城定在了洛阳,而没有选择有地利、人和的关中地区:一是咸阳乃暴秦之都,名声太恶,新王朝应与之相区别。二是咸阳已被破坏得不成样子,难为都城。三是刘邦部属多为关东人,思乡心切,异地建都,怕不好约束军队。四是洛阳规模较大,东有成皋,西有崤山、渑池,背靠黄河,面向伊水和洛水,有险可守,位置适中,适于定都。但建都洛阳也有致命的弱点,关系着汉王朝的命运。齐地人娄敬认识到了这一点,他准备去戍边。为了陈述自己的意见,便向同乡虞将军要求为自己引见皇帝。虞将军想让娄敬脱下戍卒服装,换上体面的衣服,因为毕竟是要去面见当

---

① 《史记·高祖本纪》。

今天子,娄敬却说:"臣衣帛,衣帛见;衣褐,衣褐见。终不敢易衣。"于是仍穿着原来的老羊皮袄求见。已登帝位的刘邦没有因为娄敬的戍卒身份而小看他,听了虞将军的报告后,便赐宴召见了他。饭后,娄敬问刘邦:"陛下以洛阳建都,是不是有效法周代的深意呢?"刘邦说:"正是如此。"娄敬说:"陛下取天下与周室异。周之先自后稷,尧封之邰,积德累善十有余世。公刘避桀居豳。太王以狄伐故,去豳,杖马棰居岐,国人争随之。及文王为西伯,断虞芮之讼,始受命,吕望、伯夷自海滨来归之。武王伐纣,不期而会孟津之上八百诸侯,皆曰纣可伐矣,遂灭殷。成王即位,周公之属傅相焉,乃营成周洛邑,以此为天下之中也,诸侯四方纳贡职,道里均矣,有德则易以王,无德则易以亡。凡居此者,欲令周务以德致人,不欲依阻险,令后世骄奢以虐民也。及周之盛时,天下和洽,四夷乡风,慕义怀德,附离而并事天子,不屯一卒,不战一士,八夷大国之民莫不宾服,效其贡职。及周之衰也,分而为两,天下莫朝,周不能制也。非其德薄也,而形势弱也。今陛下起丰沛,收卒三千人,以之径往而卷蜀汉,定三秦,与项羽战荥阳,争成皋之口,大战七十,小战四十,使天下之民肝脑涂地,父子暴(通曝)骨中野,不可胜数,哭泣之声未绝,伤痍者未起,而欲比隆于成康之时,臣窃以为不侔也。且夫秦地被山带河,四塞以为固,卒然有急,百万之众可具也。因秦之故,资甚美膏腴之地,此所谓天府者也。陛下入关而都之,山东虽乱,秦之故地可全而有也。夫与人斗,不搤其亢,拊其背,未能全其胜也。今陛下入关而都,案秦之故地,此亦搤天下之亢而拊其背也。"①

娄敬分析了周、汉两朝夺取天下的方式和面临的历史条件以及洛阳、关中的地理形势的差别,指出无论从经济上还是战略上,关中才是理想的根据地。听了这话,刘邦不由心动,但左右大臣都不愿舍弃故土,都说洛阳东有成皋,西有崤山渑池,北靠黄河,南向伊水洛水,有险可守,而且周朝建都洛阳数百年,秦朝建都关中二世即亡。为了慎重起见,刘邦又征询张良的意见。张良坚决支持娄敬的意见:洛阳虽有这些险峻,但面积太小,不过数百里,并且土地贫瘠,四面受敌,这不是用武之地呀。"夫关中,左崤函,右陇蜀,沃野千里,南有巴蜀之饶,北有胡苑之利,阻三面而守,独以一面东制诸侯。诸侯安定,河渭漕挽天下,西给京师;诸侯有变,顺流而下,足以委输。此所谓金城千里,天府之国也,刘敬说是也。"② 刘邦不再犹豫,当即就下了将都城迁移到关中的决心。

① 《史记·刘敬列传》。
② 《史记·留侯世家》。

终刘邦一世，诸侯王发动叛乱的不少，如韩王信、九江王英布、代相陈豨等都没有成功；西汉统治中国的二百年间，也有多次叛乱，均未成功，这与刘邦当时定都关中、把它建设为自己的稳固根据地的决策是有一定关系的。一个命贱身微的戍卒，以破衣烂衫求见皇上，刘邦礼贤下士，听取了他的建议，这在封建王朝是不可思议的事。刘邦总给人以惊喜。为了表彰娄敬的进言，赐姓刘氏，拜他为郎中，号为奉春君。

5. 退求其次，戒急用忍

孙子有云："非利不动，非得不用，非危不战。"领导决策不可意气用事，当形势不利和条件不成熟时，不如韬光养晦，戒急用忍，退而求其次。待条件成熟后，再相机而动，必然一鸣惊人，收到意想不到的效果。

项羽于鸿门宴上虽未杀掉刘邦，但为控制刘邦势力的发展，在分封诸侯时，将刘邦分封到了偏远的巴蜀、汉中地区，将章邯等三名秦朝降将封在关中地区以封堵刘邦。刘邦为此大为恼火，后在萧何、樊哙、周勃等人劝阻下接受了现实，采取退而求其次，不与争锋的决策。并以火烧栈道来表示自己已无心关中了。这种戒急用忍、不感情用事的态度，使得刘邦能退而养精蓄锐，为一鸣惊人做准备。刘邦超绝的隐忍功夫，让他避免了一次又一次的决策失误。

韩信攻占齐地后，没有按照刘邦的命令去广武山前线解围，而是派使者向刘邦讨封："齐伪诈多变，反复之国也，南边楚，不为假王以镇之，其势不定。原（通愿）为假王便。"一语道破了他的初衷。刘邦接到信后，十分生气，把张良与陈平叫来，一面看信一面骂道："吾困于此，旦暮望若来佐我，乃欲自立为王！"张良、陈平二人马上意识到眼下绝不是得罪韩信的时候。因为楚军尚未消灭，韩信在外，手握重兵，他又是个"连百万之军，战必胜，攻必取"的将才，并且已有了占地称王的野心，现在只有拉拢，别无良策。二人说："汉方不利，宁能禁信之王乎？不如因而立，善遇之，使自为守。不然，变生。"刘邦当即随机应变，咽下了这口恶气，为了掩饰自己的失态，说道："大丈夫定诸侯，即为真王耳，何以假为！"[①] 当下刻制印信，派张良前去敕封。韩信答应出兵解前线之围，避免了一场可能的兵变。刘邦的隐忍再次收到奇效。

忍常人所不能忍，真的让刘邦苦其心志，劳其筋骨，增益其所不能。刘邦正为接受大任而接受砥砺。这种典型的实用主义做法也反映了刘邦作为领导人的修养和素质。

---

① 《史记·淮阴侯列传》。

6. 前事不忘，后事之师

语出《战国策·赵策一》，"前事之不忘，后事之师"。比喻人们应当牢记以前的经验教训，作为今后行事的借鉴。对于一个领导人而言，认真总结经验教训，加以借鉴和创新，必将对其治国之策有莫大的帮助。前事不忘，后事之师。历史往往有惊人地相似之处。经验教训是决策的重要参考之一，是创新的基础。

刘邦出身农民，本来只是个乡间小吏，是时代的大潮把他推上了反秦武装首领的位子。他在起义初期，就已自觉不自觉地注意吸取秦朝统治者的经验教训了。他虽当过亭长，但父兄、妻子、儿女都曾在乡间种田为生，他自己作为小吏，也多次干过押送赋役刑徒等差事。因此，他对秦朝统治下的农民身受的残酷压榨，以及下层民众对于这种压榨所持有的痛恨和反抗情绪，有较深的感受，而且也深知这种仇恨和反抗的力量有多么巨大。所以，他起兵以后，特别注意军队的纪律。入关破秦后，他采取的第一个重大政治措施就是宣布约法三章，废除秦朝苛法，以获得民众的支持。这样做，显然是吸取了秦统治者灭亡的教训。做了皇帝之后，安定天下、治国理民的重任摆在了他面前。这是一个崭新、生疏的问题，更加需要注意总结借鉴前人的经验教训，为自己的王朝寻求一条能国泰民安的道路。

登基3个月后，刘邦在洛阳南宫大宴群臣，让大家畅所欲言地总结楚汉战争中刘胜项败的原因和经验教训。可见刘邦十分重视历史经验。

刘邦明白自己戎马半生，"以布衣提三尺剑取天下"，但只靠武力是难以统治天下的。谋臣陆贾首先提出了这个问题，他一番"居马上得之，宁可以马上治之乎？"的论述，给刘邦很大的触动。立即命陆贾"著秦所以失天下，吾所以得之者何，及古成败之国"①的经验教训，以供自己和群臣治国决策时借鉴。陆贾根据刘邦的旨意，结合自己的见解，分析总结了前代统治者存亡成败的经验教训，写出了后来被刘邦命名为《新语》的12篇文章，呈送给刘邦。每奏一篇刘邦都称颂不已，左右群臣听了之后也山呼万岁。

陆贾在书中总结了秦灭亡的原因是刑法苛酷，虐害百姓，从而失去民心。提出汉朝统治者应用仁义道德的力量对百姓进行感化，获得全国老百姓的拥护。刑罚只能作为辅助手段。陆贾将儒家的仁义道德与道家的自然无为结合起来，提出了无为而治的政治主张。若统治者在百业凋敝，经济残败，百姓生活苦到了极点的情况下，减轻刑罚，减少赋税，鼓励生产，让老百姓有一个休养生息的机会，无疑是明智之举。

---

① 《史记·陆贾列传》。

陆贾还要求西汉统治者吸取鲁庄公、秦始皇与秦二世穷奢极欲而造成严重后果的教训。他们在生活上的放纵，必然加重人民的负担，苦不堪言时，便会萌发反抗情绪。统治者应限制奢侈享乐的私欲，不搞无实际意义的土木工程，减少对民间劳动力的征发聚敛。陆贾提出，君主要识辨忠奸，知人善任，要注意从下层人物中选拔贤才，信任直言敢谏的诤臣，疏远阿谀奉承的小人。

这些总结和提出的治国主张，在汉初有着明显的进步意义。同时也非常合乎刘邦的口味。其中各项合理的建议与主张，基本上都进入了刘邦的决策，据此制订了各项政策措施，促进了生产的发展，经济的繁荣和社会的安定。

当然，刘邦总结前人的经验教训，不是将其全盘否定。他是根据自己的需要，有分析地抛弃糟粕，而对政治体制和某些经济制度，还加以借鉴和沿用，即所谓"汉承秦制"。有些则根据实际需要进行了创新发展。

刘邦继承了秦始皇首创的中央集权制，总揽一切大权。参考秦制，建立一整套官僚机构，"三公九卿"与秦官制相同。地方上实行秦时的郡县制度。在地方官的设置上承袭秦制，设郡、县两级政府。中央和地方官员全由皇帝调动或任免，概不世袭。另外，刘邦还对秦朝一系列的加强中央集权和全国统一的制度，进行了完善和创新。如让萧何编订《汉律》，韩信编订军法，叔孙通制订有汉朝特点的各种礼仪制度，张苍等制订历法、度量衡。汉朝的制度在继承和创新的基础上一一健全起来。

刘邦作为西汉开国君主，能继承完善秦朝有利于国家统一和加强中央集权的一系列制度，又比较清醒地改革秦朝弊政，依据经验加以创新，制订出了一套政策使得汉朝逐渐强盛起来，出现了"文景之治"那样国泰民安的局面。这与刘邦善于总结借鉴前人特别是秦王朝统治者的经验教训是密不可分的。

刘邦有句名言："吾宁斗智，不能斗力。"刘邦的时代仍是信息闭塞的时代，生产规模小，变化节奏慢。君主有着说一不二的权威，一言堂更是人们乐意接受的方式。决策往往是个人根据自己的经验等来完成的，是传统的经验决策、个体决策、封闭决策。相对而言，刘邦在这方面的成就显得十分通达。刘邦从沛县起义、进军咸阳、东出关中与项羽对峙，到固陵之战，都没有在对敌上形成绝对优势，有很多时候甚至处于劣势；但刘邦在张良、韩信、萧何等人的帮助下，审时度势，正确地了解和分析天下的形势，随时而起，顺势而动，抓住了"庙算"和"谋略"这些在战争中起到决定作用的因素，制定了正确的攻防战略，抢占战略要地，派出奇兵，分化敌军阵营，争取盟友，最大限度地削弱敌方，加强自己的力量，很快扭转了双方的优劣对比，从劣势到均势，进而形成了自己的优势。最终以弱胜强，打败了强大的项羽，建立了中国历史上第一个强大而稳固的王朝。刘邦之所以能战胜项羽等其他势力，在于他决策重大问题时，从来不一拍脑袋就决定了，而是尽量多方面征询意见，制订全面完善的行动计划，以成熟的决策去庙算天下。他从未将自己置于最高决策者的那种孤独当中，而是与部下打成一片，以谦虚好学的面目出现在部下面前，请教问计，调查研究，广泛听取各方面的意见和建议，去粗存精，博采众长，以此保证自己能更好地决策，作出的决策能最大限度地符合实际，针对问题。在当时的社会环境下，能认真地听取谋士的意见建议，并将能说真话的谋士团体团结在自己周围，让他们认真地为自己谋算，展现了刘邦良好的识人用人能力。在信息封闭的时代，这是最大的领导力。正是因为如此，刘邦给人的感觉是多数时候能作出英明的决策，并在英明的决策中，从胜利走向胜利。毛泽东曾赞许说，刘邦豁达大度，从善如流，"比较熟悉社会生活，了解人民心理"，"决策对头"，"用人得当"，尤其是在他的周围，民主的气氛还是很浓厚的。这些正是刘邦运筹帷幄决胜千里的奥妙所在，体现了他超强的领导力和领导艺术。

第四篇　用人的能力与艺术

毛泽东曾说过："领导者的责任，归结起来，主要地是出主意、用干部两件事。"可见选才用人是领导者的基本职能之一，也是实现领导决策的组织保证。用什么样的人，以及如何用人，往往关系到工作的成败，正所谓"人才是事业兴衰之根本"。"得人才者得天下，失人才者失天下"的真理已为古今中外的社会实践所证明。人乃万物灵长，有自己的思想、性格和不可名状的心理活动。对人的驾驭、考察、使用最能体现领导者的领导能力、领导技巧和领导艺术。

一、选才的标准

战争的决定因素是人，是掌握了战争艺术的人。这其中不仅包括大量的掌握了武器和基本战术的基层官兵，更重要的是率领军队的将领。我国自古就有"强将手下无弱兵""兵熊熊一个，将熊熊一窝"的说法，国外有"由一头狮子带领的一群羊将战胜一只羊带领的一群狮子"的比喻。这些都说明了一个道理，即战争的关键因素在于指挥军队的将领。将领选择的正确与否直接影响着战争的胜负，关系着一个国家、民族、团体的存亡和命运。因此，选择了一个好的将领，也就选择了战争的胜利。

兵圣孙子对选将提出了具体的标准，提出"将者，智、信、仁、勇、严也"。[①] 其中，"智"指的是智谋才干，"信"是诚信和威信，"仁"是仁爱，"勇"是勇敢果断，"严"则是执法严明。他认为，只有具备这五个方面的将领才算得上是良将，才可以付予兵权。同时，孙子还指出了良将不应有的五项素质缺陷，即"必死（只知死拼）""必生（贪生怕死）""忿速（急躁）""廉洁（爱好自己的名声）""爱民（对老百姓过于溺爱）"，如果具备了这五项中的一项，就很容易被敌军利用，带来不可估量的损失。[②] 良好的素质是成"良将"的基本前提。

[①] 《孙子兵法·计篇》。
[②] 《孙子兵法·九变篇》。

在长期的军事生涯中，由于张良、陈平、萧何等人的帮助，刘邦不仅加强了自己的修养，跻身良将的行列，而且在选择将领尤其是主要将领上自然或自觉地遵循了孙子的理论。

在灭秦战争和汉帝国建立后平定诸侯王叛乱的战争行动中，多数是刘邦自己亲自指挥大军，拜任的主要将领很少，只是在大的军事活动中，拜任某个将领负责一个方面或小范围的战斗，或负责大的战斗之后的扫尾战斗，基本上没有拜任独当一面的高级将领。

楚汉战争中，刘邦拜任的高级将领先后有韩信、彭越、韩王信、英布等人，其中最主要的是韩信。在长达5年的楚汉战争中，除少数时间外，韩信一直是刘邦的主要将领，独自率领部队征战，战功最大，刘邦对他的拜任也最正式、最隆重。在韩信身上，集中体现了刘邦择将的标准。

1. 重智

所谓智，是一个人在知识、经验、智慧的基础上所形成的，顺利完成领导目标所必须具备的基本知识、才能和技能，是取得效能和政绩的直接因素，至少包括统筹全局、科学决策、组织协调、随机应变的能力。

韩信虽然从小缺衣少食，经常吃不饱饭，但喜读兵书战策，阅读了很多的兵书，对练兵、用兵等有丰富的知识，且有战略头脑，对当时的天下形势和各方的力量对比看得很明白。韩信被拜为将是萧何等人推荐的功劳，萧何是如何推荐的，在推荐时着重强调了韩信的哪些优点，今天我们已无从所知，但从当时的情况和形势看，萧何肯定指出了韩信在用兵布阵上的优点，否则刘邦在不了解韩信的情况下，就是再相信萧何，也不会把视作自己身家性命的军队交给韩信指挥的。

在楚汉战争的实践中，韩信充分表现了自己的智谋才干，他明修栈道，暗度陈仓，给驻守三秦的章邯以突然袭击；用火攻消灭章邯的主力，水灌废丘平定三秦；用车战首挫项羽，三战三捷；设疑兵迷惑魏军，木罂渡河直袭安邑，迫魏豹投降；设埋伏智擒夏说，逼张同自杀；背水列阵斩杀陈余，乘虚夺占赵军营垒；北降燕，东下齐，斩杀龙且，完全打掉了项羽的左翼；九里山十面埋伏，围垓下项羽授首。在这些堪称中国战史上的经典战例中，韩信表现出的是一个卓越军事家的智慧和谋略，他不仅善于在战斗中运用古人总结的成功经验，还有灵活的战术思想，善于临时变通，根据具体情况做适当的调整，如背水列阵、十面埋伏和复古车战等。韩信在军事指挥方面展现的领导力可以说是最高的。正是在专业领域的影响力，才使得他能在刘邦授权的形式下真正掌控刘邦手下的骄兵悍将，并使他们对自己心悦诚服。

按照通常经验，行军布阵一般选择右面背靠山陵，左面面对江河的有利地形,但在攻打赵国的过程中,韩信考虑到自己率领的精兵都已被刘邦调走,剩下的都是刚刚参军不久的人,还没有训练妥当,如果率领这样的军队去攻打赵军,这些人肯定不会像自己以前率领的那些精兵一样为自己拼死作战,而是一有机会或看到战况不好就有可能弃阵而去,为了确保这些士兵能出全力作战,击败赵军,韩信决定把这些新兵放在比较危险的地方,让他们为了生存而自觉地战斗。于是他背弃了兵书上确定的通常的布阵方式,把主力部队背靠河水布阵,自己率领少数部队迎敌。结果韩信在迎敌过程中故意落败,吸引赵军。赵军见韩信背水列阵,讥笑他不懂兵法,倾巢出动来追击汉军。当赵军尾随韩信的少数部队到达汉军的背水阵前时,为了生存,汉军无不以一当十,与赵军顽强搏斗,激战一上午仍然不退。赵军逐渐丧失了斗志,收兵回营,这时赵军的营寨早已被韩信派出的另一支军队乘虚占领。韩信也趁机反攻,一举消灭了赵军。

车战是中国古代商周和春秋时期常用的战法,战国后期随着马匹的增多,生产力的进步,特别是赵武灵王推行胡服骑射之后,车战很快就让位于行动迅速、突击力强的骑兵,自己退居于幕后。彭城战役前后,刘邦在韩信的帮助下,以灌婴为主将,以原秦朝降将李必、骆甲为副将建立了一支骑兵部队。但这支部队刚刚建立,战斗力相对较弱,根本不是长于骑射的项羽部队的对手。汉军中的大将也对项羽畏惧三分,无人敢与之对敌。在这样的情况下,为了抵抗项羽的快速推进,韩信审时度势,搬出了传统的车战,并根据楚汉双方的军队情况和特点对战车的形制做了改变。韩信先将制作好的战车部署在荥阳周围的开阔地上,然后派兵以诈败吸引项军前来,等项军进入战车围成的方阵,汉军就利用战车上伸出的长枪去戳杀楚军,汉兵躲在厚牛皮蒙着的战车厢里用弓箭射击楚军。结果,汉军用笨重的战车和步骑混合部队挡住了项羽追兵的勇猛拼杀,在京、索之间取得了三战三捷的战绩。项军由此被阻挡在荥阳以东地区,不得西进。

2. 重信

作为主要将领,要带领指挥较大规模的部队,担负一个方面的工作,必须有威信和感召力。否则就难以指挥下属,有智慧也难以发挥。个人的威信既来自权力和专业智慧,也来源于个人的道德修养,是一种基于内心的感召力。

韩信在拜将之前,没有什么大功和超过他人的明显才能,而且又有"乞食漂母"和"胯夫"的坏名声。因此,为了树立韩信的威信,也为了表示自己郑重其事,刘邦在拜任韩信为大将时使用了古代通用的拜大将的方式,大张旗鼓地公开把军队的指挥权授给了韩信,使韩信具有了最初的威信。但将领们对韩信并不完全信服。他们在跟随韩信出征攻打三秦的路上还是心存疑忌的。但随着战争的逐步展开，韩信在指挥战斗的过程中充分显示了自己不同寻常的智慧和能力，以实际行动使将领们心服口服。韩信在汉初诸将中的威信是很高的，这从几件小事上可以看出：陈豨曾在韩信手下听过差，跟他学过兵法，也是刘邦的亲信将领。汉高祖九年，陈豨被任命为赵国相国，当时的赵王刘如意因年龄小没有前往就藩，陈豨独自前往赵地，实际上拥有诸侯王的一切权力，而这时的韩信已被刘邦剥夺诸侯王位数年，以淮阴侯的身份在京城闲住，两人的地位都已发生变化，但陈豨在赴任前仍到韩信府中问安，向韩信请教。

樊哙是刘邦的姨妹夫，也是刘邦的亲信战将和惯于冲锋陷阵的猛将，韩信拜将时，他曾表示不满和反对。但当他真正见识到韩信的智谋和才干后，他佩服得五体投地。不仅在战争中对韩信的指挥安排有令必听，就是在韩信被剥夺军权、贬为淮阴侯后，他对韩信仍然非常尊重。偶尔一次，韩信外出经过樊哙门口，樊哙知道后跪在自己的门前，恭恭敬敬地请韩信到自己家中做客，自己坐在下手陪着韩信喝酒聊天，临到天晚又恭恭敬敬地把韩信送走，在迎送时称呼韩信为王，所行的礼节完全是下属对上级的礼节，实际上这时韩信和樊哙的地位已经完全不同了，樊哙在这样的时候用这样的礼节对待韩信，充分说明了韩信在战争年代形成的威信之高。

韩信也很注意自己的行为和树立自己的威信。灭赵后，令军中勿杀赵将李左车，有能生擒者赐千金。李左车解到后，韩信下座解开他的绑缚，"东乡（通向）对，西乡（通向）对，师事之"①。当楚王后，韩信召漂母，赐千金；召下乡南昌亭长，赐百钱；召侮辱自己的少年，拜为楚国的中尉，并告诉众将说：这是壮士啊！树立了以德报德和以德报怨的良好社会形象。

与韩信一样，彭越也善于树立自己的威信和形象。

3. 重仁爱

仁爱是为将者必须具备的另一主要素质，刘邦在选将时很注意这一点，后世流传的传奇演义中曾敷衍刘邦在高台拜将时告诫韩信不要因为自己身处高位就看不起别人，不要因为独自谋划就不听众人的意见，不要因为有良好的口才就为自己掩饰。要与士卒同甘苦，与三军同寒暑。刘邦认为，如能做到这些，将领、士卒、亲信、上级、死者和长者都会来帮助他。

战争年代，韩信确实做到了仁爱。他与同行的士卒、将领同甘苦，将领有功劳，他都据实上报，请求刘邦赏赐。平定三秦的过程中，樊哙作为先锋，逢山开路，遇水架桥；在攻打章邯的弟弟章平固守的好畤城时，汉军几次攻城都因章平率军顽抗而未果，最后一次攻城，汉军部分人马攻上了城头，但因守军

---

① 《史记·淮阴侯列传》。

较多而打不开局面，危急时刻，樊哙登上城头，左冲右突，杀退守军，打开城门，放汉军进入，全歼了章平的守军。战后韩信报告刘邦：樊哙身先士卒，首破城门，有功，请大王给予封赏。刘邦根据韩信的意见封赏了樊哙，迁樊哙为郎中骑将。

汉王三年，韩信率张耳、灌婴等人平定赵地，擒斩赵王歇和赵相陈余。韩信把张耳、灌婴等人的功劳一一上报，请求刘邦给予封赏，其中提到张耳功大，在赵地有影响，请求封张耳为赵王安抚赵地。刘邦当即封张耳为赵王。当时韩信仅为汉王刘邦的相国，还没有王位，却提议封张耳为王，不能不说韩信这时的胸怀是宽广的。

韩信的勇敢和治军严明也是非常明显的。在韩信身上，不是项羽那样的个人英雄式的勇敢，而是领袖式的勇敢，是勇而有智，勇而有谋。在韩信的征战生涯中，我们看到，韩信曾多次上阵，亲自与敌军将领交锋，但他并没有把自己的胜负放在心上，很多的时候是作为诱敌深入的香饵出现的。但他充分发挥了自己的智慧，巧妙地利用地形地势，利用敌我双方的力量对比和心理状态，施以计谋，最终夺取了战争的胜利。

4. 避免素质缺陷

人才的素质有综合性、层次性、多样性，政治素质、道德素质、文化素质、能力素质、心理素质等，都不应有太大的缺陷，否则，会影响水平的发挥和稳定性。

韩信不仅具有传统的为将者必须具备的知识、能力方面的素质，而且以良好的心理素质摆脱了可能出现的素质缺陷。如他年轻时就懂得爱惜自己的性命，不做无谓的牺牲，当无赖少年在大庭广众之下拦住他，要他从自己胯下钻过去时，虽然他身上带着长剑，但他没有因为这样的侮辱而击杀少年，而选择了从少年的胯下钻过去。在多次战斗中，敌方主帅都故意侮辱他，称他为"胯夫"，但他都不为所动，不因受到侮辱而发怒、去同敌人拼杀，而是严格按照自己战前的部署去做。

韩信还具有一个优秀将领应该具有的良好的忠诚心。在整个楚汉战争中，韩信对刘邦的忠心还是非常令人敬佩的。楚汉战争的后期，项羽看到了韩信的价值，为了挽救自己的失败，派自己的谋士武涉前去游说韩信，希望他能倒戈回到自己阵营。韩信坚决拒绝了项羽的招降，他对武涉说："臣事项王，官不过郎中，位不过执戟，言不听，画不用，故倍（通背）楚而归汉。汉王授我上将军印，予我数万众，解衣衣我，推食食我，言听计用，故吾得以至于此。夫人深亲信我，我倍（通背）之不祥，虽死不易。幸为信谢项王！"[①]

---

① 《史记·淮阴侯列传》。

后来，韩信的谋士蒯彻劝他拥兵自立，既不归汉，也不归楚，而是与两家三分天下。蒯彻不仅给韩信分析了当时天下的形势，即刘邦和项羽在成皋荥阳一线对峙，谁也无法取胜，为他指出了与楚汉并立的可能与优势，还给他指出了如果一直依附刘邦到帮助刘邦胜利后可能遇到的危险，那就是韩信后来所遇到的"鸟尽弓藏"的故事，但韩信仍然念着刘邦对自己的知遇之恩，不肯背叛刘邦。如果韩信在楚汉战争中背叛了刘邦，无论是归于项羽，还是自立，对刘邦来说都是一个很大的损失，对中国历史来说，可能将是另一种现象。

当然，韩信也有缺点。灭赵之后，他一时高兴，喝多了酒，放松了警惕，在睡梦中被刘邦冒充汉王使者，进入他的中军大帐，取走了象征军队指挥权的印信符节。但这些都是小节，他很快就吸取了教训，改正了错误，因而他的错误为智慧和为将的优良素质所掩盖。

相对于韩信，彭越是自己起兵，在具备了一定势力后被刘邦收编，受命在敌后骚扰项羽的后方。他同样具有为将的素质，勇敢，有智谋，严格治军且以仁爱之心对待士卒，并有良好的心理素质，用兵神出鬼没。

彭越原本是昌邑巨野泽中的渔夫，力大过人，勇猛无比，被泽中少年推为首领。秦末农民战争爆发后，一些少年劝彭越起兵成就一番事业。起初彭越不答应，后在少年们的反复劝说下同意了，与他们约定必须遵守纪律，少年们答应。但第二天，很多少年没有按约定的时间到达。彭越很生气，当众杀掉了最后一个到达的少年，以申明军纪。从此彭越在众少年中不仅有信，而且有威，树立了自己的领导者地位。彭越带领这支队伍，在巨野泽周围很快发展起来。

楚汉战争爆发后，刘邦拜彭越为魏相国，让他带领自己的军队在梁地活动。彭越明白自己的处境，他知道凭自己的能力和兵力无力与项羽正面抗衡，就采取了游击战术。彭越可以说是典型的游击战大师。刘邦彭城大败时，彭越见项羽来势凶猛，就放弃占领的十几座城池，率兵退到黄河边上，招兵买马休养军队。刘邦在荥阳被项羽军队围困时，彭越就把自己的军队分成几支，在项羽的身后展开游击战，专门截击项羽的粮道和辎重队，偷袭楚军的驻军点，还攻下了项羽首都附近的几座城池，搅得项羽的后方人心惶惶。迫不得已，项羽撤除荥阳的围困，带兵杀回，围剿彭越。

听说项羽杀回来了，机智的彭越走为上策，边战边退，很快进入了彭城东南面的山区。当项羽再次前去攻打刘邦的时候，彭越又出现在项羽的后方。他和刘邦派来的卢绾、刘贾配合，烧毁了项羽的粮仓，随后乘胜进军，攻占了项羽与其都城之间的外黄等梁地十七城，刘贾和卢绾也占领了几个城池与楚军对峙。

正在成皋准备进攻刘邦防守的荥阳的项羽，听说彭越又在自己的后方出击，非常气愤。他知道彭越是个难得的将才,作战凶狠,用兵神出鬼没,自己手下几乎没有人能敌得过。思虑再三,只得放弃攻打刘邦,再次亲自带兵去剿灭彭越。项羽率楚军在外黄城下猛攻,彭越率军死守,眼看守军就要坚持不住,项羽正在高兴,没想到彭越再次利用黑夜实施金蝉脱壳之计,带兵远走,项羽只气得大骂彭越是"胆小鬼"。等到项羽全部夺回彭越占领的城池,刘邦已经趁机出兵,夺占了成皋。

在楚汉战争的几年中,彭越不以自己的虚名为重,不计较城池的得失,团结自己的部下,在项羽的后方根据地转战,骚扰楚军的后方和粮道,为刘邦在荥阳、成皋一带与项羽对峙,最终打败项羽立下了不小的功劳。"彭越在楚汉战争中,始终为楚心腹之患。项羽之所以终于疲于奔命与'食少'而溃者,彭越之功甚伟"①。

韩王信则率领刘邦授予的军队独立作战,收复了韩国的旧地,保护了刘邦的侧翼安全。

英布本为项羽名将,后归属刘邦。英布出身骊山刑徒,亡命江中为盗,随番君吴芮起兵反秦。追随项梁项羽,击景驹、秦嘉等,"布常冠军"。宋义率军救赵,英布为将军跟随。项羽夺兵救赵,英布为先锋先行过河。其后巨鹿之战,破秦军、降章邯,"楚兵常胜,功冠诸侯。诸侯兵皆以服属楚者,以布数以少败众也"②。英布也是坑杀秦降军、攻破刘邦军守卫的函谷关、项军入咸阳的前锋。正是英布的赫赫战功,项羽封英布为九江王,是项羽军队中第一个封王的将军。但英布封王后,与项羽产生了嫌隙。项羽击田荣,布称病不往,遣将率数千兵丁支持。刘邦攻彭城,英布再次称病。项羽因此怨恨英布,数次派使者谴责英布,召布到彭城,英布恐惧不敢往。彭城溃败后,刘邦听张良计,派随何说服英布,终使英布反楚归汉。英布是"当时诸侯中最具智勇而善用兵,且其背向最足以影响楚汉之战局者"。项羽其时虽对英布不满,但英布未叛,又爱其英勇及善用兵,且为楚之旧将,故甚欲亲之,派其领兵西入武关,与自己会师关中。不想英布为刘邦所惑,起兵反楚。项羽只得派项声、龙且二将攻击英布。自汉二年5月中旬,到汉三年冬11月,历时7个月,楚军才击败英布,迫英布逃归汉营。汉四年7月,刘邦立英布为淮南王,派其领兵共击项羽。英布派人潜回九江,鼓动自己的旧属反叛项羽,动摇项羽在九江的基础。后来英布直接和刘贾率兵入九江,诱惑守九江的楚大司马周殷,使其归降,九江脱离楚营。英布随后率九江兵北上参与垓下之战。

---

① "台湾三军大学"主编:《中国历代战争史》(第3册),中信出版社2012年版,第88页。
② 《史记·黥布列传》。

张耳是战国末年大梁名士,曾佐赵王平定赵地,与赵王坚守邯郸,后随项羽西进。戏下分封,"耳雅游,多为人所称。项羽素亦闻张耳贤",① 因此封为恒山王(后世为避汉文帝刘恒讳称常山王)。因与陈余发生矛盾被夺封地,南下依附原来的小弟刘邦。后来刘邦派张耳与韩信一起攻灭赵、代,平定河北一带。"刘邦得张耳,使汉在北方亦得一有力臂助。因彼能安赵国,俾韩信得以伐齐也。"②

后世演义小说中有刘邦在彭城战役中任命魏豹担任统军将领的故事,将任命魏豹视作刘邦选将上的一个败笔。但检视《史记》《汉书》和《资治通鉴》等正史,均无记载。

在军事战斗中,选将是很重要的一环,特别是统帅一方的大将的选拔,在某种程度上决定着战争的胜负。

我国古代在战争中非常重视选将,从兵圣孙武到近代的蔡锷,在其著作中都提到了选将的重要性和选将的方法,论述了选将过程中应该侧重的方面和注意的方面。

如韩信所言,刘邦本人虽然率领军队的能力有一定限制,但他善于选将和将将。刘邦的选将,注重能力和才干,而不重虚名。在秦朝及其以前的相当长时期内,我国的官吏包括将领在内,都是由贵族担任的。虽然在贵族内部也进行一定的选拔,但选择的范围是有限的。秦朝通过军功的形式选将,打破了原来贵族选将的成例。到刘邦时,彻底废除了贵族选将的做法。在楚汉战争中和汉帝国建立后,刘邦军队中的主要将领都出身于社会下层,如韩信曾经要过饭,彭越是渔夫,英布曾经是刑徒,曹参是小吏,周勃曾当过吹鼓手,樊哙是屠狗的等。"刘邦用人之特点,为惟才是用,不论品德。盖才识为创业之本,至于德与不德,惟在用人者统御之道如何耳。"③ 当然,这和刘邦本人出身并不高贵,他的核心团队成员全部来自基层有关。

正是因为刘邦在选将时完全打破了门第观念,以战争中表现出来的真才实学和真本领为基础,注重才智、信义、忠诚、仁爱,尽量避免有素质缺陷的将领,凝聚了一批能独当一面的将领,分兵协同作战,刘邦才由弱到强,逐步战胜了项羽,夺得了天下。刘邦的惟功、惟才,与项羽的重门第、讲身份形成了明显对比。在某种意义上,正是这种惟功、惟才,以及隐藏在背后的典型的实用主义哲学,在后人看来似乎没有原则,在他的人性上体现出更多的"痞"性

---

① 《汉书·张耳传》。
② "台湾三军大学"主编:《中国历代战争史》(第3册),中信出版社2012年版,第88页。
③ "台湾三军大学"主编:《中国历代战争史》(第3册),中信出版社2012年版,第88页。

或"亡命"本质，而不是道德伦理的人性光辉和儒家追求。

二、鉴才之道

用人必先识人。对于领导来说，识人是艺术，更是能力。茫茫人海，泥沙俱下，鱼龙混杂，人有愚贤，才有大小，德有高下。从来没有贴着标签的人才。有的人才含而不露，等待伯乐的知遇和荐举；有的人才因没有闪光的机会而被埋没；有的连人才本人都不知道自己有多大的潜力。这就要求用人者胸怀虔诚和热忱的求才、爱才之心，以伯乐式的慧眼，去寻找，去分析，去发现，去观察。只要用心，就能获得心仪的人才。识人是用人的基础，识人能力是领导力的主要组成部分。

1. 落魄中识忠才

任何一位领导者，都不可能是一帆风顺的，不可能一直处于耀眼的光环之中，也有落魄、失意、埋没于平凡中的尴尬。每个人也有幼年和成长期。在人生的低谷时期，朋友、身边的人和下属，都将展现各自真实的态度、想法，更能体现他的真实面貌。是不是自己想获得的人才，是不是值得信赖，更能一目了然。

刘邦出生在一个并不富裕的农民家庭。寒微的出身和低贱的社会地位没有让他自甘认命，像他父兄一样种地，而是好高骛远，狂侃闲谈，不事生产，游手好闲，常与地痞无赖之流骚扰邻居；生活上又不拘小节，常常东家借，西家赊。在家人和邻居眼中，他就是一个不务正业、好吃懒做的二流子。面对如此现状，刘邦再怎么潇洒、大度，也难以摆脱落魄、困窘的境地。正是这时，刘邦认识了一生中最重要的朋友萧何。

萧何与刘邦同是沛县丰邑人，萧何比刘邦大一岁，两人分别出生于公元前257年和公元前256年，青年时代两人应该有较多的交集，但所走道路不同。两人都曾经入学读书，但书读得不一样，萧何的书读得比较多，接受的教育相对正规，至于萧何到底读了多长时间的书，读到什么程度，今天已经难以准确了解。总体来看，萧何是同时代的丰邑人甚至沛县人中读书水平比较高的。他勤奋好学，思维机敏，对历代律令有较深入的研究。刘邦的书读得一般，他崇拜信陵君魏公子无忌，曾想到无忌门下做门客。但魏无忌在刘邦13岁时去世，刘邦无缘成为魏无忌的门客，便到魏无忌的门客、时任外黄令的张耳门下做门客，与张耳相处数月之久。其时当在公元前225年秦灭魏之前。因为秦灭魏数年后曾以张耳、陈余为魏国名士予以缉拿。公元前223年，秦灭楚，在刘邦和萧何的家乡设四川郡，四川郡的郡治在沛县，其时刘邦32岁，萧何

33 岁。作为同处一城且有远大志向的青年人，刘邦和萧何在此前应该有较多的交集，萧何也应有较多的社会活动，但史书没有详细的记载。改变两人命运的是秦灭楚。

秦设沛县以后，萧何因"文无害"被推荐为沛县的主吏掾，是县令的主要助手之一，在县衙中是举足轻重的人物。萧何对社会下层的生活十分了解，为人处世精明而又公正，深得沛县人的称赞。秦灭魏后的最初几年，张耳作为曾经的魏国官吏和名士，曾受到秦政府的悬赏缉拿，张耳逃亡。作为张耳曾经的门客，刘邦也曾被秦政府关注过，"有吏事避宅"①，遭遇政府的调查。即在秦灭楚的最初年份，刘邦是秦政府重点关注的对象。在被秦政府稽查的过程中，卢绾跟随左右，萧何利用自己的地位通过各种手段保护刘邦，使刘邦免除牢狱之灾，《史记》说"高祖为布衣时，何数以吏事护高祖"。②

事情的转折出现在刘邦任亭长一职上。刘邦属于"士"或曾追求"士"的阶层，这从他仰慕信陵君、追随张耳就开始了。"士"的本质是追求社会地位，是进入统治阶层。萧何帮助刘邦实现了这个愿望，他帮助刘邦获得泗水亭长的职位。亭长职权不大，管事不多，但它属于秦王朝的基层佐吏，算是基层统治者的一员。至于刘邦什么时间成为亭长，他干亭长的时间有多长，史籍没有明确记载。《史记》的说法是"及壮，试为吏，为泗水亭长"。一般"壮"指壮年人，多指35岁到45岁之间的人。秦设沛县时，刘邦32岁，还不到壮年。史载刘邦为布衣时曾获萧何数以吏事护高祖，其间当有数年。即刘邦很可能在35岁（公元前220年）即进入壮年后被萧何推荐为泗水亭长。对刘邦来说，泗水亭长的意义重大。一是他摆脱了此前的尴尬境地，不再被此前的"数以吏事"侵扰。二是他实现了自己的理想，正式成为佐吏的一员。三是秦代吏的社会地位很高。刘邦十分珍惜这个职位。由于他的努力，加上萧何的指点与引导，刘邦干得十分出色。

刘邦以吏的身份去咸阳服徭役，按当时惯例，同僚都应出钱捐助。其他人都送三百钱，惟有萧何送五百钱，可谓厚爱有加。每当有公干时，萧何总是为刘邦争取走出去的机会，让他开阔视野，锻炼才干，为进一步的升迁积累经验。刘邦对萧何的良苦用心十分感激，他认识到此人厚道可交，又有丰富的从政经验，是自己生命中不可缺少的良师益友。

天有不测风云，人有旦夕祸福。刚刚成家立业的刘邦没有过多长的安定日子，一件不寻常的任务——押送出徭役的人去咸阳服役摆在了刘邦面前。

---

① 《汉书·卢绾传》。
② 《史记·萧相国世家》。

结果刘邦半路义释刑徒，由朝廷小吏变成了通缉犯，命运再次急转直下。在芒砀山中躲躲藏藏的生活将刘邦又一次置于落魄的境地。亲戚、朋友大多对他敬而远之。惟有萧何等人没有因为刘邦的处境而嫌弃他，与之划清界限，而是经常向刘邦提供社会动向和消息。刘邦根据他们传递的信息，适时调整自己的策略。如此一来，刘邦这股反秦势力，不但没有随着环境的恶劣凋零，反而生根发芽，越来越鲜活了。陈胜、吴广起义为刘邦创造了条件。而萧何等人处心积虑的设计将刘邦从隐匿逃亡中推向了历史的前台，从落魄的流寇推上了沛公宝座。

　　命运的转折出现在陈胜吴广起义之后。陈胜起义后派部属攻略沛县周边区域，地方豪绅纷纷起兵相应。沛县令面对渐成燎原之势的起义，十分恐惧，便找来萧何和曹参商议对策，如何应对起义军。萧何听到县令的想法，马上想到了远在芒砀山的刘邦，趁机推荐刘邦，并让樊哙去找他。三人为刘邦谋得了名正言顺地返回沛县的理由和机遇。这一方面是由于刘邦拥有一帮同甘共苦的好朋友，另一方面也与他自己的个人魅力密切相关。但樊哙走后，沛县令反悔了。想那萧何等人平日里与刘邦过往甚密，现在几个人一唱一和，其中恐有机关。便下令逮捕萧何、曹参。二人匆匆逃出县城，找到了刘邦的队伍。刘邦率人到了县城，城中已是如临大敌。刘邦便让士兵向城内射去一封劝降的书信，展开心理攻势。此信大大撼动了守城官兵。权衡再三，他们选择了刘邦，率沛县子弟冲进衙门杀了县令，迎接刘邦入城。

　　在选立沛公时，萧何主动退出，和大家一起推选刘邦为沛公，正式树起了反秦大旗。萧何被任命为丞，自此当上了刘邦的"大管家"，直到去世。可以说萧何有识人之能，有远见，选准了刘邦。刘邦更有识才的慧眼，想萧何官职比自己高，计谋比自己多，人缘和品质为人称颂，却倾心与自己结交，不论什么时候，在什么情况下，都能替自己着想。真正是德才兼备的人才。所以，刘邦在以后征战的日子里，让萧何为其坐镇后方，稳固大本营，非常放心。无论是刘邦捷报频传，还是溃不成军，萧何都忠于自己的职守，"全关中以待"刘邦。建立汉朝以后，刘邦分封大臣，关内侯鄂千秋这样评价萧何："夫曹参虽有野战略地之功，此特一时之事。夫上与楚相距五岁，常失军亡众，逃身遁者数矣。然萧何常从关中遣军补其处，非上所诏令召，而数万众会上之乏绝者数矣。夫汉与楚相守荥阳数年，军无见粮，萧何转漕关中，给食不乏。陛下虽数亡山东，萧何常全关中以待陛下，此万世之功也。今虽亡（通无）曹参等百数，何缺于汉？汉得之不必待以全。奈何欲以一旦之功而加万世之功哉！萧何第一，曹参次之"①。鄂千秋的一番话证明了萧何的价值，刘邦不再犹豫，力排众议，定萧何功劳第一，"赐带剑履上殿，入朝不趋"。并特地加封食邑2000户，以报答当年萧何多送的两百钱。

2. 激将法

激将法是常见的计谋形式，既可用于自己人，也可用于朋友或敌人。用于自己人时，目的是调动部属的激情。激将法利用的是人的自尊心和逆反心理中积极的一面，以刺激的方式激起部属的情绪，将其潜能发挥出来。人群中往往不乏智慧之士，因为没有适当的时机和环境，其智慧的光芒被淹没。一旦领导给其创造了利于发挥才能的条件，运用其逆反心理，刺激属下的灵感，他们就会创造出出人意料的奇迹。

刘邦攻下项羽的政治中心彭城后，因掉以轻心，被匆忙赶回的楚军打得大败。刘邦在樊哙、周勃等人的保护下，急急如丧家之犬，匆匆似漏网之鱼，一路狂奔，方才脱离危险。刘邦等人逃到虞县，看看身边所剩无几的兵将，一个个狼狈不堪。刘邦长叹一声，发起了牢骚："如彼等者，无足与计天下事。"当时在刘邦身边任接待官的随何不解地问刘邦："不审陛下所谓。"刘邦不快地说："孰能为我使淮南，令之发兵倍（通背）楚，留项王于齐数月，我之取天下可以百全。"② 刘邦这番话其实是在发牢骚，当然也是其心中所思所想，也希望此时真有人能为自己谋划一下。果然，随何在刘邦的激将下，挺身而出，请命说："臣请使之。"刘邦同意了，让他带领20人前往。但刘邦心中并无把握，因为英布是项羽的亲信将领、猛将，在反秦起义中，常为先锋，战功卓著，被封为九江王。项羽弑杀义帝，负责下手的也是英布的人。项羽攻打齐国，他以生病为由，仅派了一个部下、几千人应付了事。

作为刘邦的使者，随何到九江后连续三天托人带话，请英布接见。英布知道其来意，故意摆架子，仅派了大夫召见。随何胸有成竹，对大夫说："王之不见何，必以楚为强，以汉为弱。此臣之所以为使。使何得见，言之而是邪，是大王所欲闻也；言之而非邪，使何等二十人伏斧质淮南市，以明王倍（背）汉而与楚也。"随何这番话引起了英布的兴趣，英布接见了他们。随何说："汉王使臣敬进书大王御者，窃怪大王与楚何亲也。"

英布大笑："寡人北乡（通向）而臣事之。"

随何说："大王与项王俱列为诸侯，北乡而臣事之，必以楚为强，可以托国也。项王伐齐，身负版筑，以为士卒先，大王宜悉淮南之众，身自将之，为

---

① 《史记·萧相国世家》。
② 《史记·黥布列传》。

楚军前锋，今乃发四千人以助楚。夫北面而臣事人者，固若是乎？夫汉王战于彭城，项王未出齐也，大王宜蚤（通早）淮南之兵渡淮，日夜会战彭城下，大王抚万人之众，无一人渡淮者，垂拱而观其孰胜。夫托国于人者，固若是乎？大王提空名以乡（通向）楚，而欲厚自托，臣窃为大王不取也。"

随何进一步分析："然而大王不倍（通背）楚者，以汉为弱也。夫楚兵虽强，天下负之以不义之名，以其背盟约而杀义帝也。然而楚王恃战胜自强，汉王收诸侯，还守成皋、荥阳，下蜀、汉之粟，深沟壁垒，分卒守徼乘塞，楚人还兵，间以梁地，深入敌国八九百里，欲战则不得，攻城则力不能，老弱转粮千里之外；楚兵至荥阳、成皋，汉坚守而不动，进则不得攻，退则不得解。故曰楚兵不足恃也。使楚胜汉，则诸侯自危惧而相救。夫楚之强，适足以致天下之兵耳。故楚不如汉，其势易见也。今大王不与万全之汉而自托于危亡之楚，臣窃为大王惑之。臣非以淮南之兵足以亡楚也。夫大王发兵而倍（通背）楚，项王必留；留数月，汉之取天下可以万全。臣请与大王提剑而归汉，汉王必裂地而封大王，又况淮南，淮南必大王有也。故汉王敬使使臣进愚计，原（通愿）大王之留意也。"①

英布深以为是。随何的话针针见血，说中了他所思所忧：自己虽未明确表示背叛项羽，却已有了既成事实。项羽的强大是暂时的，刘邦的弱势也是暂时的。若投降刘邦，便可保住封地。英布的疑虑逐渐打消。不几天工夫，就答应背叛项羽，倒向刘邦。但只是私下答应，不敢让外人知道。正巧项羽派使者到英布处，住在宾馆里，催促英布派兵随项羽出征。随何心里明白，若不采取措施，恐怕事情有变。情急之下，再次激发了随何的才智，先下手为强。他乘英布到宾馆看望项羽使者之机，突然闯进了宾馆，坐在项羽使者的上坐，对项羽使者说：九江王已归汉，楚何以得发兵！项羽使者惊得站起来。英布被突如其来的情况搞得不知所措，既未承认，也未否认。随何赶紧对英布说："事已构，可遂杀楚使者，无使归，而疾走汉并力。"② 英布被牵着鼻子走到了这一步，也别无良策，只好依言行事。让左右追上楚国使者杀掉。随后，英布公开宣布与楚断绝关系，归顺汉王刘邦，兴兵伐楚。

在随何游说英布的过程中，汉军还处于劣势，完全是靠随何的智谋和言辞打动了英布，随后又见机行事，趁英布心神不定之机催促英布杀了项羽的使者，使英布不得不彻底倒向了刘邦。因此，后代把能说会道的人称为"随何"。随何游说英布的直接后果是切断了项羽的一条最有力的臂膀，而刘邦增加了一员

---

① 《史记·黥布列传》。
② 《史记·黥布列传》。

能征惯战的大将。

随何审时度势，智勇双全，圆满地完成了出使九江、策反英布的任务。一个普通的官员如此有勇有谋，若没有这次机会，恐怕连刘邦也难以了解属下身上隐藏着如此大的潜在才能。激将法使得刘邦发现了隐藏的人才。

3. 置之于辩见真才（交谈法）

被埋没的人才如待琢之玉，沙中黄金，辕下千里马。他们未被发掘，尚未得志。有无真才实学，除去实地考察之外，交谈法也是一个不错的方法。通过交谈，就一些关键的疑难问题与之讨论，去把握他的心理、个性、胸怀和追求。言为心声。有"一鸣惊人"的独立见解，或"雏凤清于老凤声"的真知灼见，胸中必有锦绣。

刘邦到达汉中后，部属中产生了一种思乡情绪。原来，刘邦最先入关，在士兵中形成一种思想定式——沛公要做关中王。刘邦入关中时，也有很多将士愿意追随，结果却被发配到偏僻的汉中，生活习惯不同，很多将士开始思念家乡和亲人，军心民心都受到了影响。常有人说："我们的故乡不是这里，树高千尺，叶落归根，我们应回到故乡去。"这种情绪到处蔓延，天天有人逃跑。刘邦急得坐卧不安。这天，军士来报说："萧丞相跑了。"刘邦大惊失色："怎么可能呢？"赶紧派人去追。其实萧何并不是逃跑，而是去追逃跑的人才——韩信。

韩信，淮阴人。少家贫，既无善行可以择为官吏，又不会从事生产劳作。所以"常从人寄食饮"，曾寄食南昌亭亭长家遭白眼，曾乞食漂母而遭抢白。面对挑衅，他忍气吞声地趴下来，从屠夫儿子的裤裆下面爬过去。但他却是个胸怀大志者。

韩信首先参加的是项梁的起义军，但只是小卒一个。项梁失败后，他又跟随项羽，曾几次向项羽献计，但因人微言轻，未被采纳。在鸿门宴中，韩信看到刘邦低声下气地求情，认为刘邦是能屈能伸之人，可成大事，便开始心仪刘邦。刘邦入汉中，韩信一路跟到南郑，投入汉军仍未得到重用。韩信满腹牢骚，一次因说了不该说的话，被定了死罪。韩信问监斩的夏侯婴："上不欲就天下乎？何为斩壮士！"

夏侯婴一惊，感到此人不同凡响。便奏报刘邦，免除了韩信的死刑，但仅给韩信一个治粟都尉的官职。这和他心中封王拜侯的志向仍有天壤之别。萧何注意到了他，经过几次交谈，感到此人是不可多得的帅才。向刘邦极力推荐，刘邦一直没有予以注意。所以才有了萧何月下追韩信。

刘邦见到他们回来，便说："诸将亡者以十数，公无所追；追信，诈也。"

萧何说："诸将易得耳。至如信者，国士无双。王必欲长王汉中，无所事信；必欲争天下，非信所与计事者。顾王策安所决耳。"

刘邦说："吾亦欲东耳，安能郁郁久居此乎？"

萧何说："王计必欲东，能用信，信即留；不能用，信终亡耳。"

"吾为公以为将。"刘邦说。

萧何说："虽为将，信必不留。"

"以为大将。"

萧何说："幸甚。"

为了真正留住这个难得的帅才，刘邦选择了一个良辰吉日，沐浴斋戒，设立坛场，为韩信举行了隆重的登坛拜将仪式。应该说，刘邦任命韩信是有一定压力的。汉营中功劳大的将领很多，而韩信寸功未立，拜他为领军元帅肯定会受到各方面的质疑，尤其是自己也对他不甚了解。为此，刘邦拜他为大将军后，当着众多将军的面问道："丞相数言将军，将军何以教寡人计策？"韩信十分明白，刘邦这是在考验他。

韩信不慌不忙地问道："今东乡（通向）争权天下，岂非项王邪？"

"然。"刘邦点头。

"大王自料勇悍、仁强孰与项王？"

刘邦默然良久，才说："不如也。"

韩信立即向汉王拜了又拜，直言道："惟信亦为大王不如也。然臣尝事之，请言项王之为人也。项王喑噁叱咤，千人皆废，然不能任属贤将，此特匹夫之勇耳。项王见人恭敬慈爱，言语呕呕，人有疾病，涕泣分食饮，至（通致）使人有功当封爵者，印刓敝，忍不能予，此所谓妇人之仁也。项王虽霸天下而臣诸侯，不居关中而都彭城。有背义帝之约，而以亲爱王，诸侯不平。诸侯之见项王迁逐义帝置江南，亦皆归逐其主而自王善地。项王所过无不残灭者，天下多怨，百姓不亲附，特劫于威强耳。名虽为霸，实失天下心。故曰其强易弱。今大王诚能反其道：任天下武勇，何所不诛！以天下城邑封功臣，何所不服！以义兵从思东归之士，何所不散！且三秦王为秦将，将秦子弟数岁矣，所杀亡不可胜计，又欺其众降诸侯，至新安，项王诈坑秦降卒二十余万，唯独邯、欣、翳得脱，秦父兄怨此三人，痛入骨髓。今楚强以威王此三人，秦民莫爱也。大王之入武关，秋毫无所害，除秦苛法，与秦民约法三章耳，秦民无不欲得大王王秦者。于诸侯之约，大王当王关中，关中民咸知之。大王失职入汉中，秦民无不恨者。今大王举而东，三秦可传檄而定也。"①

韩信的这番话其实就是一篇宣言书，是他赴任登坛的"施政纲领"，正如

---

① 《史记·淮阴侯列传》。

诸葛亮见到刘备时的形势分析报告《隆中对》。他分析了项刘二人的优劣长短，指出刘邦未来如何做才是正确的，并预测了天下最终大局。入情入理，为人所未知，刘邦自然耳目一新。韩信的分析展示出了他作为一个军事家的才华，以后的楚汉争霸也正是沿着这一基本思想而发展的，为政治、军事形势定下了格局。刘邦出神地看着侃侃而谈的韩信，心花怒放，爱才、惜才之情油然而生，"自以为得信晚"，差点放走了这么一位韬略之才。

可能刘邦也不会意识到，将韩信招致麾下并加以重用，实际上是与项羽在争夺人才方面的一次较量。韩信在项羽的阵营中，多次提出建议，项羽没有能发现他、使用他，也没有其他人荐举他，因为项羽周围就没有培育出一种思贤若渴、善于发现人才和使用人才的氛围。也许就是在不经意间丢掉了一个人才。刘邦阵营则不同，他要求部下善于推荐人才，有一种见贤思齐的好作风，才有了萧何为才月下追韩信的美谈。这应该说是刘邦平时注意网罗人才、吸纳人才的作风和智慧潜移默化的作用。一旦人才感受到刘邦的辐射力，便会循迹而来。

从楚汉战争的过程看，韩信的作用太大了。严格说，张良、陈平、郦食其等人只是高明的参谋，没有指挥大军作战的才能。若要争夺天下，没有统帅之才难以做到。对韩信的罗织弥补了刘邦这一弱点。有勇有谋的韩信可以指挥大军独立作战，开辟新的战场，为他攻城略地，刘邦自己则可以从战略上更加专注。刘邦走对了关键的一步。

4. 实际考察法

领导在识人时，可能受环境、舆论、出身和信息等方面的影响，很难对一个人有充分真实的了解。要想透视出其"真迹"，并发现其可用之处，最为有效和简易的方式是与其一起参加活动，在各种场合下观察其表现，经过分析加工，最后把握其本质特征。这种鉴才方法是不能一蹴而就的，需要长时间的留意，才能获得一个完整的印象。实际的观察与接触，缩短了领导与下属的距离，是比较可靠的。

夏侯婴，沛县人，是沛县衙中的车把式。刘邦十分看重他这一职位，因为夏侯婴可以接触到上上下下的官员，可以了解到上层的更替、官员的升迁、朝廷政策的调整等。每当他路过泗水亭，刘邦总要留他长谈一番。一次偶然的事件让刘邦对夏侯婴的了解更进一步。

两人凑在一块喝酒，酒过三巡菜过五味之后，二人都有了醉意。开始自我吹嘘起来，最后决定比剑论输赢。结果刘邦技高一筹，不小心失手刺伤了夏侯婴。按照秦律，身为官员，知法犯法罪加一等。一旦罪名成立，刘邦不仅要受到重罚，而且好不容易争得的前途，也会被断送。在夏侯婴的建议下，二人订立了有利于刘邦的攻守同盟。在审讯过程中，刘邦按约否认刺伤了夏侯婴，夏侯婴也极力申明自己不是刘邦伤的。

但后来，二人的事还是被查出来了。夏侯婴因为做了伪证，被监禁了一年多，并被鞭笞。但他始终没有说出事情的真相，保住了刘邦的政治生命。刘邦对此十分感激，发誓要厚报这位生死之交。刘邦起事后，夏侯婴也参加了义军，并重操旧业，一直为刘邦赶车，多次拼命救刘邦脱离险境。在彭城之战后，他在逃亡的路上又救下了刘邦的一双儿女。其中就有后来的汉惠帝刘盈。

在与夏侯婴的接触中，刘邦感到此人忠诚可靠，乃可用之才。所以一直让他留在自己身边。刘邦当了皇帝后，夏侯婴被任命为九卿之一的太仆，仍为刘邦赶车。

周勃，以织蚕帛为生。刘邦在与其交往的过程中，发现此人生性豪爽，爱打抱不平，有一身过硬的本领。刘邦起事后，周勃便跟随刘邦，南征北战，屡立战功，还常居功首，封绛侯，官三公之一的太尉。周勃的勇猛善战固然为刘邦所赏识，但刘邦最欣赏的是周勃的另一可贵之处，即他性格敦厚，不耍花腔，不骗人，刘邦认定他是"可属大事之人"。

果然，刘邦去世后，吕氏专权，危及了刘氏天下。时任太尉的周勃便与陈平商量，准备铲除吕氏。但吕禄、吕产掌握军权，周勃、陈平二人便派人骗吕禄出游，寻得了机会。周勃来到军营，大声说道："愿为刘氏效力的请裸露左臂。"众军都露出了左臂，很快诛灭了吕氏，迎立代王刘恒为帝，是为汉文帝。

夏侯婴、周勃都是追随刘邦终身的亲密大臣，也是从沛县就开始交往的老朋友，在与他们的朝夕相处中，他们相互间知之甚深。从周勃后来的行动中，可以看到刘邦识人是何等的精妙与准确！

5. 不以外表取人

对于人的观察通常是从其外貌、仪表开始的。观察评定一匹马，往往因为它表面的瘦弱与蓬头垢面而认为是一匹劣马；评价一位有真才实学者，往往因其不修边幅、出身平凡而判为不可取。领导应由表及里，抓住本质，才能选得真才，取得真经。

郦食其，是陈留郡高阳的一个穷儒生。自幼酷爱读书，学了一肚子学问，却一直没有施展的机会。因家境贫寒，只好做了县中监门吏。但他人穷志不短，总以为自己不会虚度此生。他从不把富人放在眼里，县中地痞无赖都不敢惹他，称他为狂生。秦末农民战争初期，多支起义军经过高阳，有好事者对郦食其说："你不是自以为今生有出头之日吗？现在机会来了。古人云，乱世出英雄，陈胜、项梁二将军已揭竿而起，你为何不去追随呢？"郦食其已经在观察、打听这些军队的情况，听这帮人说起，便道："读书人最重要的是选准要追随的人。

瞧那帮将帅，一个个目光短浅、自高自大，值得我与他们共谋大事么？"他"乃深自藏匿"。

刘邦率军经过高阳，郦食其遇到了一个在刘邦手下干事的同乡，便想探听一下沛公的为人。"听说沛公定了高阳之后，常常询问邑中贤能豪杰，有此事吗？"

"是的，只要有机会，他就让部下为其打听此事。"

"我听说沛公素来为人傲慢，不肯礼贤下士，尤其是对儒生，不知是否如此？"

"纯属无稽之谈。沛公所到之地，总是寻访豪杰俊士，总想多招罗几个可用之人。"

"看来他胸怀大志，值得追随。我想拜见他，请你引见一下。你回去告诉沛公：'我的邻居郦生，年逾花甲，身高八尺，素来狂妄，邻里以狂生呼之。其实他为人忠厚，满腹方略，足以辅助有志之士。'"

同乡道："沛公最不喜欢儒生，凡有儒生来见他，常常解下他们的帽子当溺器。平时里谈起儒生，常破口大骂，呼儒生为腐儒。所以你最好不要以儒生的身份去自取其辱。"

果然不出所料，刘邦对郦食其没有兴趣。应当说，刘邦一开始对内政问题并不是很关心，因为刘邦对儒生的作用也缺乏认识，从内心里排斥儒生。郦食其得到回话后，勃然大怒，告诉同乡："你就说高阳酒徒来了。"刘邦这才答应见他。

郦食其来到高阳客舍，只见刘邦高坐在床上，两个女子正为他洗脚。郦食其见他如此无礼，心中有气，仅向刘邦作了个揖，开口道："足下欲助秦攻诸侯乎？且欲率诸侯破秦也？"

刘邦见他没有下跪十分不快，又见他穿得破衣烂衫，不修边幅，还敢如此说话，一脚踢翻了洗脚盆，大骂："竖儒！夫天下同苦秦久矣，故诸侯相率而攻秦，何谓助秦攻诸侯乎？"

郦食其见激怒了刘邦，引起刘邦的重视，就说："必欲聚徒合义兵诛无道秦，不宜踞见长者。"刘邦一愣，连忙站起来，连脚也顾不得擦，跳下来，整了整衣冠，恭敬"延食其上坐，谢之"。

郦食其也不推辞，坐下来侃侃而谈，细述战国历史，各国分分合合，天下来龙去脉，又分析当前形势及对策。言辞条理清楚，有理有据。只听得刘邦心花怒放，当即备下酒菜，再度讨教。从刘邦前倨后恭的态度，我们可以看到，这个儒生深深地打动了他。郦食其说："足下起瓦合之卒，收散乱之兵，不满万人，欲以径入强秦，此所谓探虎口者也。夫陈留，天下之冲，四通五达之郊也，今其城中又多积粟，臣知其令，今请使，令下足下。即不听，足下举兵攻之，臣为内应。"① 刘邦依计而行，轻而易举地占领了陈留城。

郦食其是个儒生，却不是"两耳不闻窗外事，一心只读圣贤书"的儒生，更不是刘邦心目中的那种酸儒、腐儒。性格中有狂傲的成分，但更有以天下为己任，积极入世，治国平天下的襟怀和满腹的才华。这正是刘邦前倨后恭的原因。刘邦的优点在于，只要发现了别人的一点长处，他就会礼遇有加。这表明刘邦对人才选择的标准的灵活性。从懒坐不动到光着脚跑下床来，这是一个从不在意到震惊的心理变化过程的表现。朋友介绍，或毛遂自荐的儒生，刘邦已经见了不少，不是呆板教条，就是"问以经策，茫然坠烟雾"，对儒生的素质，刘邦心中已形成了一种思维定式：不过尔尔。而郦食其的出现，宛如鸡群立鹤，一股清新而又似曾相识的感觉扑面而来。共同的语言，让刘邦真正从内心接受了郦食其，并开始改变自己心中儒生的形象。刘邦在以后的人才罗致中，注重了对知识分子的拉拢，尤其是在做了汉王后，对儒家的学说及其一整套礼仪有了新的认识，态度转变也较大。

6. 不以成败论英雄

人才的成功与否，与许多必然和偶然的因素密切相关。领导在识人选才时，若以成败、成就大小论英雄，自然会失之偏颇，而错失良才。领导应超越急功近利的樊篱，超越成功的光环和失败的灰暗，了解那些失意者做事的方法、手段和特点，为其成功和更大的成功提供条件。

张良，字子房，韩国人，父祖均是韩国重臣。他成人之后，韩国已为秦国所灭。尽管张良并未在韩国任职，却常怀亡国之恨，立志为韩国复仇，所以家有万贯钱财而不用，都作为聘人刺杀秦始皇的费用。为了不走漏风声，他到齐地去搜求勇士，最后选中了一位力大无比、善使飞锤的人。为了训练他的臂力，张良专门铸造了重120斤的铁锤，让他日夜操练，专等刺杀良机。这一年，秦始皇二次东巡。张良预计秦始皇的军队将从博浪沙经过，便选择了这个地处偏僻、野草丛生的地方下手。刺杀未能成功，张良深谋远虑、细致严谨的战略家的风范已表露无遗了。

刺杀未遂后，他隐居下邳10年，读兵书、交朋友。他为人聪明好学，本身又出身官僚世家，其文化素养、政治眼界、审时度势的能力是常人难以企及的。司马迁在《史记》中讲述了张良隐居期间，遇黄石公授书的故事，从中我们可以看到张良的好学精神，还可以看到他确有真才实学，乃经天纬地之才。

张良隐居下邳，虽然生活清净舒适，但内心焦躁不安。年华似水，落魄至

---

① 《汉书·郦食其传》。

今，何时再展宏图。深秋时节的一个下午，张良信步来到下邳城东的一座桥上，扶栏而立，放眼远眺，不知不觉中又沉浸于自我的感叹中。这时一位身着粗布衣服的老者缓步走上桥来。

老者毫不客气地说："孺子下取履！"张良愕然，为他捡回了鞋，递予老者。老者将脚伸了过来："履我。"张良又是一愣，"因长跪履之"。老者满意地站了起来，对着张良笑了一下，径自走下桥了。望着老者背影，张良十分诧异。这时，老者朗声道："孺子可教矣！后五日平明，与我期此。"说罢转身离去。

五天后，张良依约来此，老者已到，非常生气地说："与老人期，后，何也？去，后五日蚤（通早）会。"如此反复三次。第三次，张良未敢入睡，深更半夜就来到桥头。过了好大一会，老者姗姗来迟，看见张良已到，微露喜色。"孺子求教当如此也！"他从袖中拿出一本书对张良说："读是则为王者师。后十年兴。十三年，孺子见我，济北谷城山下黄石即我已。"[①] 说罢，消失在夜色当中。

张良得到的是佐治周文王、武王两代的姜尚的著作《太公兵法》。自此之后，张良潜心苦读，细细揣摩。多年之后，兵法已烂熟于心中，万千韬略只待出炉了。

刘邦提供了这一时机。二人的相见是一种机缘，也是一种必然。刘邦正需要这种精通谋略的知识分子的辅佐；张良自隐居后，其认识也有了一些转变，由恢复故国转变到寻找有远大政治抱负、能够施展自己才能的领袖。刘邦此时已小有名气，尤其是与张良的谈话中，以自己的言谈举止和宽和的仁者之风征服了张良。更为重要的是张良每次以太公兵法向刘邦讲解，刘邦总能心领神会，且"常用其策""与它人言"时，他们多半不能理解。这使张良更坚信刘邦乃可造之才，有一种不断上进的精神，进而认为"沛公殆天授"。[②] 两位心仪已久的明主良士终于在历史的关键时刻握手了。张良放弃了投奔景驹的念头，转而追随在刘邦身后。这一决定直接影响了以后的时势发展方向。刘邦如虎添翼。在以后的岁月里，几乎在刘邦每遇紧急转折之际，大都由张良为之谋划了可行的良策。刘邦也在众多起义军首领中脱颖而出，由小变大，由弱变强。

此后，张良曾几次离开刘邦回到故国，想趁天下大乱之际，帮韩国恢复旧地，但几次都无功而返，以失败告终。刘邦从未因他的那些想法和做法轻视过他，嘲弄过他，嫌弃过他。刘邦对他是言听计从，挽留了一个有着良好背景、视野开阔、才能卓越，能计谋大事、辅佐自己的谋臣。

---

① 《汉书·张良传》。
② 《汉书·张良传》。

楚汉战争结束后，刘邦没有像项羽那样，逞一时之快，对敌人赶尽杀绝，而是抱着不以成败论英雄的想法，在四处逃散的项羽下属中，挖沙淘金，识鉴人才，搜罗人才，为己所用。项羽兵败之后，刘邦将招纳敌人阵营的人才作为自己人才库建设的重要手段。对于主动投降的项羽部下，刘邦皆加以接纳和任用。对于不肯投降者，通缉捉拿。

季布系项羽旧将，在楚汉战争中曾率兵"数窘汉王"。项羽死后，刘邦"购求布千金，敢有舍匿，罪三族"。季布辗转逃亡，后到鲁地朱家为奴。朱家知此人非寻常人。朱财主便找到夏侯婴，对他说："季布何罪？臣各为其主用，职耳。项氏臣岂可尽诛邪？今上始得天下，而以私怨求一人，何示不广也？且以季布之贤，汉求之急如此，此不北走胡，南走越耳。夫忌壮士以资敌国，此伍子胥所以鞭荆平之墓也。君何不从容为上言之？"夏侯婴感到有道理，便转告了刘邦。刘邦爱才、敛才之心又起，便赦免了季布，召见了他，并给予适当的官职。

为了招致齐王田横来归，刘邦专门警告担任京城警卫的卫尉郦商（郦食其的弟弟，田横曾烹杀其兄郦食其）："齐王横即至，人马从者敢动摇者致族夷！"① 本来是以重才、惜才为出发点，招揽天下精英而治国，结果田横自杀。刘邦知道追随田横者都是有才干有气节的人，更舍不得放过这些英雄人物，第三次派使者去海岛将 500 壮士接来。离洛阳不远，这些壮士听说田横已死，皆自杀身亡。刘邦十分痛心，优秀的人才未能为己所用，便下令厚葬，以示礼遇和尊敬。

三、揽才途径

1. 不拘一格，唯才是举

管子有云："海不辞水，故能成其大；山不辞石，故能成其高；名主不厌人，故能成其众。"任何一个胸怀大志的人要想成就一番丰功伟绩，必须广泛搜罗不同层次的人才：横刀跃马、驰骋沙场的将才，知人善任、统率三军的帅才，运筹帷幄、决胜千里的智才，定国安邦、经营天下的相才……建立这样一个庞大的人才库和智囊团，并使之形成有效的工作团队，道路只有一条：不拘一格，唯才是举。偏见和狭隘只能带来苦果。刘邦以海纳百川的气度，从走上政治舞台时起，不求全责备，有一技之长，便竭尽全力拉到身边。"不限资品，但择有才"是刘邦的基本原则。

---

① 《汉书·田横传》。

刘邦的人才库中，可以说琳琅满目。各种资历、级别、门第的人都汇集在刘邦麾下了。丰沛起兵时，刘邦的身边就有萧何、曹参、樊哙、夏侯婴、周勃、卢绾、任敖等人跟随。这些人地位都不高，都为刘邦所折服。刘邦与他们同心同德，不随便排斥、猜忌，并能听取他们的正确意见和建议。他们在艰苦的抗秦斗争、楚汉战争以及汉朝建立后的一段时期里，成为刘邦的左膀右臂。如曹参，乃官府朋友，随刘邦屡立战功，"身被七十创，攻城略地，功最多"，后任丞相，以黄老之术治国，功在百姓。

同时，刘邦还注意结交市井豪杰，自己出身寒微，让他与市井朋友相交更有一种坦诚，一种神交。刘邦总能看到别人的特长，总把别人当作熠熠闪光的宝石。从不以出身贵贱、级别高低对待人。

樊哙以屠狗为业，属社会下层人，为人耿直、爱憎分明、疾恶如仇。对自己敬佩的人，愿肝脑涂地。刘邦很快驾驭了这位有个性的将才。樊哙认识刘邦后，甘愿为其做任何事情。为了进一步笼络这位人才，为自己日后所用，刘邦在其岳父面前极力游说，将吕后的妹妹嫁给樊哙，以亲戚关系拴住了樊哙。楚汉相争，鸿门宴中的樊哙，连项羽也对其惺惺相惜，感叹与英雄无缘。为汉室大业，他常做别人不敢做的事，说别人不敢说的话。在英布造反的日子里，刘邦不知是什么原因，不愿见臣下，整天待在宫中。众人急得不得了，又不敢贸然晋见。十多天过去了，刘邦仍不上朝。大臣们只好将樊哙请来，樊哙带着大臣闯入了王宫。见刘邦正枕着一个宦官睡觉呢。樊哙又气又急，涕泪俱下地责备刘邦："始，陛下与臣等起丰沛，定天下，何其壮也！今天下已定，又何惫也！且陛下病甚，大臣震恐，不见臣等计事，顾独与一宦者绝乎？且陛下独不见赵高之事乎？"① 刘邦深受触动，连忙起来，与樊哙执手步入朝堂，共议平叛之事。最后刘邦亲征英布，平定了内乱。可见，大臣们对樊哙和刘邦都非常了解，只有樊哙才敢去劝诫皇帝，晓以大义而不顾自己安危。樊哙是刘邦忠诚的朋友、忠心的臣子，更是不可或缺的敢说敢做的助手。其他如卢绾、雍齿、王陵等也都与刘邦早就结识，属于近邻旧友，在刘邦的大业中发挥过程度不同的作用。

当刘邦尚无明确的远大目标时，这些人是被刘邦紧紧吸引在自己周围的知己朋友，可以对酒当歌，高谈阔论，推心置腹，互相帮助。刘邦广结人缘，与人为善，最大限度地利用各种社会关系的能力得到了历练。刘邦在与这些朋友的来往中，熟知了政治的运作规律，了解了社会情况，积累了政治经验，储存了以后起事的首批人才。一旦有了机遇，凡有政治警觉的人，都会自然而然地

---

① 《汉书·樊哙传》。

想到刘邦，并坚决扶持他。这批同乡老友组成了刘邦的第一个人才库。

随着刘邦事业的发展，刘邦的人才罗致范围进一步扩大。除去能征善战的将士，注重了对知识分子的拉拢。刘邦心里一度有一个难以克服的障碍：轻视儒生。他的手下曾说："沛公不好儒，诸客冠儒冠来者，沛公辄解其冠，溲溺其中。"但用人的现实要求刘邦不能仅仅迷恋于打打杀杀，征战治国还应有知识分子参与。从郦食其起，刘邦渐渐改变了对儒生的态度。陆贾、叔孙通等儒学之士，在帮助刘邦治理天下、礼仪天下方面发挥了重要作用。天下高士如张良、韩信、陈平都几经辗转，最后选择了刘邦，成为刘邦夺取天下最重要的助手。

刘邦为了成就大业，从早期闯荡社会时，便注重朋友的结交。随着自身目标的变化，不断通过各种方式和渠道来充实自己的人才库。在选才上，刘邦并不注重人才的出身，职业和社会地位，遵循了乱世用人宜才重于德的实用主义原则，金无足赤，人无完人的现实主义原则，主要看他有没有一技之长，对自己的事业有没有补益。取长补短，天下尽可用之才。这样出现了"天下之士归于汉王，可坐而策也"，①"豪英贤才皆乐为之用"的局面。各阶层的，各方面的，文的武的，敌营的，来投的，都在刘邦的人格感召下，齐集刘邦麾下：张良乃韩国遗少，陈平出身农民，周勃出身寒微，编苇箔为生，灌婴以贩布帛为生，郦食其是落魄的儒生，娄敬是挽车的士卒，韩信出身近于流氓，彭越则是强盗，季布是败军之将，王陵曾瞧不起刘邦……这些不同层次、各有特点的人，被刘邦紧紧团结在自己周围，组成了有效的工作团队，为刘氏天下献策出力，还出现了像纪信替主赴死，周苛以降为辱、大骂项羽而亡的忠贞之士，不能不说刘邦在领导方面有很高的心智与机巧，正是刘邦在团队组建和团队经营方面的智慧和技巧，导致众多智者谋士和冲锋陷阵的名将集聚在刘邦的麾下，形成了一支甚至多支有效的工作团队。

与刘邦相比，项羽在招致人才方面的成就少得可怜。他遵循的是一条任人唯亲的路线，正如投靠刘邦的陈平所说："项王不能信人，其所任爱，非诸项即妻之昆弟，虽有奇士不能用。"② 众多能人志士都从他的军营中跑到刘邦帐中。人才并不少，关键看领导。至少从人格魅力上，项羽有所欠缺。项羽有很好的家庭背景，贵族出身，傲气十足，看不起下层人物；同时疑心太重，难容有才之人，尤其是异姓者。

刘邦出身寒微，没有那种拒人千里之外的傲气，"为人……宽仁爱人，

---

① 《汉书·郦食其传》。
② 《汉书·陈平传》。

意豁如也。常有大度，不事家人生产作业。"① 总能以一种平和宽容的心态去待人接物。偶尔流露的一点痞性，更增强刘邦性格的真实感，平民感，让人感到平易近人。宽容大度而又独具慧眼，积极争取，多多益善。刘邦便慢慢走上了众人扶持的王座，而项羽虽力能举鼎、气贯山河，也只能孤立无援，自刎乌江了。

2. 海纳百川，有容乃大

要获得更多的天下精英，领导首先应有容人之量。能容纳能力超过自己的人，不搞"武大郎开店"；能容不拘小节的意见不合者，不搞"顺我者昌，逆我者亡"；择才应多看其优点和长处，而不求全责备；揽才要有耐心，不能轻言放弃。只有团结一切可以团结的力量，利用一切可以利用的智力支持，事业才会蒸蒸日上。

在秦末起义军中，随着历史进程的推进，刘邦和项羽两股势力脱颖而出。但刘邦和项羽相比，其实力仍有天壤之别。灭秦之后，项羽俨然天下共主。不但自立为西楚霸王，拥有四川、东阳、东海、砀、薛、郯、吴、会稽、东郡9个郡的地盘，还分封诸侯。为限制刘邦的发展，封其为汉王，只将偏僻的巴蜀地区分给了刘邦。这里是秦朝时罪犯的流放地。刘邦能做的就是卧薪尝胆，为回军三秦进而夺得天下而积极准备。一方面是军事实力和经济基础的准备，一方面就是人才的积聚，为战略决策和战术推行准备人的条件。在整个楚汉争霸过程中，刘邦在罗织人才中技高一筹；重用敌营来投的韩信、陈平；善待败军之将，如后来的季布；争取对方的人才，善于挖对方的墙角，如说服英布背叛项羽……这给刘邦在争夺天下的战争中带来了巨大的智力支持。

为了增加取胜的砝码，刘邦十分注意团结那些游走不定、犹豫不决的第三种势力。秦朝灭亡之后，除去项羽分封的诸侯力量，还有一些没有封号却很有实力的武装部队。随着形势的发展，楚汉争霸天下的局面逐渐明朗。这些不愿结盟的部队成为一股不可忽视的力量，他们倒向哪一侧，哪一侧将有更大的胜算。同时，正如韩信所分析的，受封诸侯也在各自打着自己的算盘。齐相田荣联络陈余起兵反对项羽，项羽在齐、赵两地的分封，被全盘否定。于是项羽奔波于镇压反叛诸侯的战斗中，给刘邦提供了发展的机会。那些有心无力反对项羽的受到排挤的诸侯将目光转向了蒸蒸日上的刘邦大军。刘邦也看到了这一切。他千方百计拉拢、收买这些犹豫不决的人。英布这个项羽曾经的铁哥们就这样被刘邦拉入了自己怀中。

彭越和王陵这两支部队就属于那种独立意识比较强的力量。

---

① 《汉书·高帝纪（上）》。

彭越在刘邦西征时曾协助他攻打昌邑，但因不愿远离故乡活动，而没有跟随刘邦西行。二人的关系总是若即若离。但刘邦一直想把这员大将及其下属招致帐下。刘邦总能像朋友一样对待彭越，把他当作一支友善的力量，尊重他的选择，而不像项羽那样"逆我者必亡"，选择了攻打彭越的策略。刘邦也许对彭越了解得很透彻，对他的拉拢采取了放长线钓大鱼的策略。二人间的默契，使彭越成为刘邦放在项羽后方的一枚棋子，牵制了项羽的一部分兵力。但他一直脚踏两只船，为自己留有后路。刘邦以常人之所不能忍的胸怀，接受了这个现实，调度他们为自己的霸业服务。总之，刘邦的关爱总能把彭越置于与自己合作的地位，在自觉与不自觉中使彭越成了刘邦手下的一名勇敢善战的虎将。最后终于拜倒在刘邦脚下，被封为梁王。

王陵与彭越不同。他与刘邦是同乡，刘邦起义前，把王陵看作兄长。刘邦起义后，曾希望得到王陵的支持，但王陵当时并没有支持刘邦，而是自己组织了一支军队。刘邦西征时，王陵仍未配合，而是与背叛刘邦的雍齿交好。应该说二人间是有嫌隙的。彭城之战时，王陵处于风雨飘摇、无立足之地的境况。胜利的刘邦完全可以不理睬他。但刘邦在如何对待王陵这样的武装上有着自己的想法，不能像项羽那样化友为敌，而应为我所用。为此，刘邦并没有以牙还牙，而是主动联络，继续结交。项羽则以扣留王母来要挟王陵，结果王母私下对来看她的使者说："愿为老妾语陵，善事汉王。汉王长者，毋以老妾故持二心。妾以死送使者。"① 自刎而死。以死劝诫王陵要跟随刘邦。王陵坚定了意志，归于汉军，一心一意跟随刘邦，最后成为汉丞相。

英布是项羽最得力的干将。就与项羽的关系而言，从那一方面讲他都不可能背叛项羽而倒向刘邦。刘邦派使臣随何劝说英布归汉。经过随何的努力，终于将他争取到刘邦阵营。英布对刘邦集团的依附，使楚汉相争的战局发生了重大变化。项羽只知索取，而不知笼络，又被刘邦挖去一名得力大将。

采取游说劝降的方法，拉拢敌方人才为我所用，也是刘邦海纳百川的途径之一。有许多项羽的大将因项羽只知索取，不知笼络而被刘邦一个个地挖走。英布的反叛是一个例子，周殷的投靠也很能说明问题。

周殷是项羽的大将，曾随从项羽参加灭秦战争和楚汉战争，多立战功，与英布私人关系很好。英布投降刘邦后，他被项羽派遣镇守舒、六、九江等地。鸿沟和议后，刘邦为了最后打败项羽，统一全国，派张良等人代表自己与韩信、彭越等人划定封地，让他们前来与自己合兵。送走张良等人后，刘邦开始考虑项羽阵营中哪些人可以被自己挖过来，为自己所用。他想到了时任项羽大司马

---

① 《汉书·王陵传》。

的周殷，决定利用英布和周殷的私人关系派英布前往劝降。陈平提出，这个计策很好，但英布容易冲动，兵力又少，还应该派个办事稳妥的人一同前去。于是刘邦派遣自己的堂兄、办事比较稳妥的刘贾和英布一起前往。刘贾和英布率领数万兵马到了周殷的驻地九江，指挥所部迅速包围了周殷的军队。然后刘贾让人以英布的名义给周殷写了一封劝降信，派使者送给周殷。

周殷对天下形势看得很清楚，知道项羽众叛亲离，正在向彭城撤退，已显示出败亡的迹象。而刘邦身边聚集了大量人才，天下知名的谋士战将如张良、韩信、彭越、英布等人都汇聚在他的帐下。经过几年的征战，刘邦已扭转了战局，逐渐从失败转为胜利，占据了战争的主动权，并占有了当时天下的 2/3 以上的领土，夺取天下只是时间早晚的问题了。

周殷的心眼早就活了。前一阶段，项羽向固陵进发时派人前来征兵，周殷就想办法拒绝了。现在刘邦的大军压境，不投降就要被消灭，做项羽的殉葬者，投降还能保证以后的荣华富贵。因此，周殷得到书信后，基本上没有什么犹豫，就投降了。与刘贾、英布一起，驱逐忠于项羽的官吏，向北进军，和刘邦、韩信、彭越等军队一起，对项羽形成了三面包围的态势。这一行动，加快了项羽覆亡的步伐。

当然，聚纳人才的目的是有利于团队有效运转，壮大团队的力量，能更好地达到自己的目标。如果人才不能为己所用，甚至会阻碍自己目标的实现，就坚决消灭掉。魏豹、陈余就是这样的例子。

3. 树立感召力

领导者领导艺术的真谛在于感召力。感召力一是来自领导者的事业的潜在价值及其未来趋向，二是来自领导者本身的人格魅力。它宛如一块磁铁，吸引着认同者的来归。来归的人才都是自觉地、主动地投靠，远比金钱收买拉拢的属下更忠诚，更尽力。感召力是领导力的核心。

戴高乐将军说过："伟人之所以伟大，是因为他们立意要成为伟人。"刘邦虽然出身寒微，但从来不认命，"固多大言，少成事"。而逃避这种平凡生活的方式，在他看来就是出人头地，成为一个出类拔萃的人。要获得领导者的地位，必须具备三个基本条件：一要有一定的从政经验；二要有一定的知名度；三要有高度的自信心和高远的志向。刘邦的从政道路应该说是人生选择的重要一步。当时天下初定，英雄无用武之地，文不能读书以求功名，武不能从军建功、拜将封侯。只能从基层小吏做起，这种选择是务实而聪明的。

刘邦的性格决定着他很会利用周围的条件，去提高自己的知名度和社会地位。他一方面广交朋友，另一方面熟悉政务。尤其是当了亭长之后，迎来送往不可少，乡间琐事也多由他处理。时间一久，他成了县里不可缺少的人物。县里的官吏喜欢他热情、周到,讲义气,敢作敢为,有气量,而且精明能干。且不说派差、收税这些小事遇到了麻烦,他一出面就可解决,就是县里往郡里京中送个文书也派他去。因为他有眼色,持重,办事可靠。这些都在不知不觉中增加着刘邦的亲和力和感召力。当然刘邦是不会甘心于亭长之职的,想有一番大的作为。从他自己来说,有一种向上的乐观精神,不拘小节,不循规蹈矩,心中有不安分的因子。虽然也和朋友经常纵论天下大势,但此时让刘邦说出一个明确的远大目标,还是不可能的,他只是冥冥之中感到自己应该能干大事的。

这天萧何找他,又让他去咸阳送文书。到咸阳后,处理完公事,刘邦就在城里闲逛。看看都市的繁华,感受着京城的政治气氛。忽然有人高呼:"皇帝巡行了。"一队人马从远处涌来,专用的驰道上,行走着秦始皇的金车。皇帝头带旒冕,身着衮服,腰系玉带。前有仪仗队,后有护卫队。威严、高贵,不可侵犯。一个基层小吏,何曾见过如此宏大的场面。刘邦目瞪口呆,感慨万千地说:"嗟乎,大丈夫当如是也!"[1]

刘邦此时的心里是一种欣羡,也是对自己以前生活的部分否定。这次公差成为一种激励,帮助刘邦校正了自己的人生目标。不应再满足于小打小闹和吃吃喝喝了,应把人生目标定得更加远大一些。匹夫一立志,便可参天地。刘邦一个小吏,有此胸怀,激励着他从一个境界走向另一个境界。反观众多起义势力,都未能成就大业,一个主要的原因是他们本身就没有高远的志向,多以恢复旧国或割地称雄为志。项羽最有条件统一天下,但他只想恢复旧国,狭隘的观念决定他难成大事。陈胜也只满足于称王而不思进取。韩信有勇有谋,却无经略天下的志向。他们永远也不能成功。

刘邦在漫长的戎马生涯中、用志向激励自己,提高自己逐步地将那种欣羡具体化,落实到行动中,并随时势的变迁,成长为完整的政治军事目标,去引导每个阶段的重大战略决策。从沛公到成为与项羽并驾齐驱的先锋,从攻占关中到被封汉中王,再到重回关中,刘邦脚踏实地,一步步地将个人的抱负演绎成一项伟大的事业。

争夺天下作为刘邦置办的一项"大产业",不仅让刘邦全身心地投入,其本身蕴藏的巨大利润也招引着天下英才,张良、韩信、陈平、彭越……最终一一来投。因为他们清楚地看到,刘邦(而不是项羽)领导的大业有着光明的前景,虽然有着曲折和艰险,但他最终会打败项羽,掌控天下。项羽有条件取得天下,但他的人格魅力、既定目标及政治韬略要远逊于刘邦。叔孙通先事秦二世,后事项梁和楚怀王,再事项羽,最终选择了刘邦。即使在刘

---

[1] 《史记·高祖本纪》。

邦彭城大败时，叔孙通也没有反复。刘邦对儒生有偏见，一直没有重用他，但他从刘邦的雄心和人格上感到这是一个值得侍奉的王者，他耐心等待。刘邦登基后，叔孙通适时进言："夫儒者难与进取，可与守成。"① 自请制订朝廷礼仪，得到了刘邦的重用。刘邦也在他的影响下，成为历代帝王中亲到曲阜祭孔的第一人。

  除去事业的凝聚力，领导的个人魅力也是不容忽视的重要因素。俗语有云："老好人总能坚持到最后。"刘邦的人格魅力是其能在夹缝中生存，左右逢源、广结善缘，为人所拥护的法宝。刘邦出身寒微，没有项羽那种贵族遗少的架子，这让他用一种更为平和的心态去交结人，给人更多的是亲切感和朴实感。其豪爽、豁达、宽容大度的人格禀性，时不时流露出的无赖痞性，更增加了刘邦的真实性，这是天性的自然流露，让每位与之结交者，都感到有一种交心、相见恨晚的感觉。刘邦有自知之明，能谦虚地聆听别人的意见，善于从每个人身上看到他们的长处。他能知错就改，从善如流，从不因下属比自己强就嫉贤妒能。他总能保持一种乐观向上的精神，为自己的目标身先士卒，矢志不移。宽容的心态，让他能容别人之不能容……这闪光的品质吸引着四面八方各种各样的人才，收拢着天下的人心。在他的影响下，汉营中形成了识才、容才、荐才、惜才、用才的良好风气。

  法国作家司汤达说过："伟大的热情能战胜一切。因此一个人只要强烈地坚持不懈地追求，他就能达到目的。"刘邦的雄心壮志和人格魅力点燃了众人的热情，释放出巨大的能量，加之众人拾柴火焰高，终于成就了帝王之业。性格决定命运在刘邦与项羽争夺天下的进程中再次得到证明，正如伏尔泰所言："造就政治家的，不仅是超凡出众的洞察力，更是他们的性格。"

4. 善于造势凸显自我

  一个人取得一定的成就，总是和他的家庭背景、个人阅历、社会地位、历史机遇以及个人的不懈努力分不开的。当不具备这些条件时，若能充分合理地利用一切可以利用的因素，制造有利于自己的环境和形势，如提高自己的社会地位，不断推销自己，让更多的人认识自己，关注自己，也会弥补劣势，为成功增加砝码。这就是造势。

  刘邦没有显赫的家世，不能一呼百应。他却十分懂得造势，为自己增添一些美丽、神秘的光环。

  刘邦起事前，就想方设法提高自己的地位。他开空头支票贺吕公的举动可谓造势的典型事例。吕公是沛县令的好友，从单父来到沛县。为了祝贺，刘邦

---

① 《史记·叔孙通列传》。

与其他官吏一样去吕家。小小亭长月俸几何,加之他平时大手大脚,何来积蓄?没有贺礼前去,又不符合刘邦的性格。不拘小节的人往往有惊人之举,他到吕家后,也不言语,在礼单上写下了"贺钱万"。吕公闻言,大吃一惊,以为来了贵客,亲自迎到门口,将刘邦引到大厅内。刘邦也不客气,径直坐在上座。同来官吏中,只有萧何说了句"刘季固多大言,少成事",其他人也不阻止他。席间刘邦不但大吃大喝,还旁若无人地高谈阔论,仗着酒兴,向大家展示他腿上的72颗黑痣。吕公善相术,一看刘邦高鼻梁,龙额头,仪表堂堂,相貌不凡。认为他是一个不可多得的大才,不但没有生气,反而将女儿许配给他。这在小小的沛县无疑是一颗重磅炸弹,刘邦的影响力随着他和名门望族的联姻而扶摇直上,成为当地的风云人物。刘邦凭内在的气质、精神状态,通过言谈举止表现出来,直抓吕公的心,不但得了夫人,还露了脸,可谓无本万利。

起事之后,刘邦更注意造势宣传,利用大众的心理装扮自己。先是拿自己出生的奇异做材料,说自己是龙的后代,一生下来就长着一副"隆准而颜"的相貌。再说自己左腿有72颗黑痣,乃赤帝下凡的标志,以表明自己与众不同。尤其是躲入芒砀山后,吕后总能带着孩子找到他,众人都很惊奇,问她原因。她答道:"季所居上常有云气,故从往常得季。"① 上有云气在古代是大贵人的象征,这些牵强附会的传说出台的目的就是神话刘邦,突出其与众不同之处,让别人相信自己,追随自己,以扩大自己的号召力,壮大自己的力量。

刘邦在秦末争霸中没有其他优势,但他抓住了万事中的重中之重——人事。他以自己独特的人格魅力,娴熟实用的识才、揽才技巧,沙里淘金,聚集英雄贤才,挖掘对方良将,笼络天下人心,团结一切可以团结的力量。他坚持:人无完人,战乱年代用人宜才重于德。他认为:人人都是金子,于是他也成了金子。他相信:广结善缘,尊重别人,必有贤士来归。他清楚:搞"一刀切""一言堂",会出现"水至清则无鱼,人至察则无徒"的局面。于是他的人才库中,人才济济,星光闪耀:有攻城拔寨者,运筹帷幄者,统三军勇往直前者,逞口舌之能游说天下者。丰厚的人才储备,厚重的智力支持,终于助他以弱胜强,打败万人景仰的项羽,建立了汉家天下。

四、用人韬略

人才储备的目的是运用,去发挥他们的聪明才智,通过发挥人才的作用达

---

① 《史记·高祖本纪》。

到自己的目标。百人百面，各具特色，如何人尽其才，考验着每个领导人的智慧。叶公好龙是一类，白帝城托孤也是一类。得人才者得天下。当刘邦胸怀"大丈夫当如是也"的政治抱负放眼秦末时局时，已是"乱云飞渡"。称王者数十，六国贵族、谋士、战将，蜂拥而起。既有振臂一呼天下云集的陈胜，也有气贯山河的项羽。蜗居底层的小小亭长的起事旗帜仅能掩映于林立的兵戈丛中。但就是这小小水流搅动了历史的长河，刘邦走上了潮头浪尖。诸如"季（刘邦）所居上常有云气"的奇闻逸事只能增加刘邦登上九五之尊的神秘色彩。他何以独占鳌头，刘邦说过："朕得天下，无它，善用人尔。"他宛如一块磁铁，吸引着天下英才，他犹如一株参天大树，招揽"择木而栖"的良禽。一时刘邦麾下"谋臣如雨，猛将如云"。"得人才者得天下，失人才者失天下"的真理，在刘邦那娴熟老道的用人韬略中得到了诠释。

1. 知人善任，人尽其才

骏马能历险，犁田不如牛；坚车能载重，渡河不如舟。当领导对部属的特点有了清楚的了解，才能妥善地分配工作，灵活地调度他们，让他们合理地纳入自己的工作团队，充分发挥他们的潜能。这样才能提高工作效率，增强成功率，不至于造成不必要的人力资源浪费和工作失误。

刘邦对萧何知之甚深。萧何在乡里以人品和才智著称。在秦朝掌握刑律，从不坑害百姓，有长者之风，稳重而细心。刘邦举事之后，萧何自觉地承担起大管家的角色，总理庶务。其才能表现在文治方面。刘邦明白，自己要想干一番大事，只把目光放在武功方面，必会栽大跟头。刘邦看准了萧何守成经营的才能，让他留守后方，主持国政，保障前线供给，以解自己后顾之忧，以防后院起火。

萧何确实没有辜负刘邦的厚望。刘邦率军进入咸阳后，本身也是农民的刘邦和一众将领一下子成了胜利者。大部分人已被咸阳的富丽堂皇熏得晕头转向了，纷纷抢掠金银财宝。此时，只有萧何等几人还保持着清醒的头脑，萧何首先想到的是跑到秦朝的御史台和丞相府，清点收藏秦朝的律令、文书地图和各种档案资料。这是治国安邦、统治天下的依据。这批档案让刘邦"具知天下厄塞，户口多少，强弱之处，民所疾苦者"[①]，在楚汉战争和战后治国中发挥了不可估量的作用。此举的意义远非那些头脑简单的武夫们所能注意到的。同时萧何独具慧眼，发现了韩信，向刘邦荐举了他，一直到他被拜为大将军。

刘邦先入关中，按约定当为关中王，但项羽对他十分不放心，与范增商量后，封刘邦为汉王，统巴蜀之地。刘邦得知音讯，顿时怒从心头起："项羽这

[①] 《史记·萧相国世家》。

厮，竟敢违背怀王盟约！是可忍，孰不可忍？我定与他拼个鱼死网破！"樊哙、周勃、灌婴都认为胜负难料，建议不可轻举妄动。此时刘邦哪里听得进去。萧何诤谏说："虽王汉中之恶，不犹愈于死乎？"汉王问："何为乃死也？"萧何回答："今众弗如，百战百败，不死何为？夫能诎于一人之下而信于万乘之上者，汤、武是也。臣愿大王王汉中，养其民以致贤人，收用巴蜀，还定三秦，天下可图也。"① 刘邦听到萧何的利害分析，决定接受汉王封号，以萧何为丞相。此后萧何终生居于丞相之位，为刘邦总理庶务，辅佐大局，使刘邦能全力逐鹿中原，驰骋疆场。有人曾断言：刘邦若无关中，刘秀若无河北，曹操若无兖州，日后绝无成功的可能。关中、河北、兖州都是他们各自的战略后方，是赖以生存的大后院。刘邦先让萧何留守巴蜀，后坐镇关中。可谓知人善任。萧何也得到了充分展示自己才能的空间。在巴蜀"镇抚谕告、使给军实，"在关中"为法令约束，立宗庙社稷宫室县邑，""关中事计户口转漕给军，汉王数失军遁去，何常兴关中卒，辄补缺"。② 在整个楚汉战争中，大本营的经营都由萧何主持。他有事请示，刘邦一律批准执行。有时刘邦在外作战，来不及请示，萧何就根据实际情况"便宜使行，上来以闻。"③ 萧何主持的后方总能保证前线军粮的供应，军中士卒的增补，这是战斗力的重要保证，是军心稳定的基础。更重要的是，无论前线胜败如何，萧何总是"常全关中"以待刘邦，忠贞不贰，否则刘邦兵败后就如无根浮萍，何谈帝王之业?！

　　刘邦对他敢于重用，一是信任他，二是了解他的长处，三也有赌的成分。当时张良回到韩国辅佐韩王，郦食其年迈，只有萧何可以一用。结果刘邦赢得了丰厚的回报。相比之下，项羽则无此助手，前线后方，疲于奔命；军事内政，一人独揽，难免分心。萧何能取得万世之功，首先是本身的素质和才干，更重要的是刘邦知人善任，敢于用人，为他提供展示自己的舞台。

　　刘邦为人看似大大咧咧，其实至为精细，对属下的考察和认识细致入微，为游刃有余地安排工作提供了巨大的方便。这使他总能有的放矢，稳操胜券。出击魏豹前，刘邦先派郦食其劝降，未果。刘邦便问郦食其："魏大将谁也？""骑将谁也？""步卒将谁也？"刘邦了解后果断地任命韩信为左丞相，与灌婴、曹参一起率军进攻魏军。果然，韩信利用声东击西之计，派少数人马在魏军重点防守的临晋渡口作出强渡的态势，吸引柏直的注意力，自己和曹参率领精兵借着夜色掩护，用木缶在魏军很少的夏阳渡过黄河，插入魏军的后方，直接攻

---

① 《资治通鉴》卷九。
② 《史记·萧相国世家》。
③ 《史记·萧相国世家》。

下重镇安邑，逼迫前来增援的魏王豹投降，最后使得到消息、匆忙赶来救援的柏直率军投降，汉军取得了全面胜利。

刘邦非常明白，自己能取得霸业在于识人，用人，而且人尽其才。他的最大资本就是能鼓舞手下的热情，挖掘手下的智慧。在别人智慧堆积的台阶上，他走到了金字塔的顶端。《武经总要·制度》有云："夫大将受任，必先料人，知其材力之勇怯，艺能之精粗，所使人各当其分，此军之善政也。"① 信夫！刘邦以高超的用人艺术诠释了这一真理。

2. 用人如器，扬长避短

唐太宗说过："用人之道，又为未易。己之所谓贤，未必尽善；众人所谓毁，未必全恶。知能不举，则为失材；知恶不黜，则为祸始。又人才有长短，不必兼通。是以公绰优于大国之老，子产善为小邦之相，绛侯木讷卒安刘氏之宗，啬夫利口不任上林之令。舍短取长，然后为美。"② 用人贵在用其所长，才尽其用。切不可紧盯别人的短处，而缩手缩脚，患得患失。正所谓"舍长以就短，智者难为谋；生才贵适用，慎勿多苛求"。作为领导，应以九成的精力去挖掘部下的优点，一成的精力关照部下的缺失。

刘邦对陈平的使用最能体现用人用其长、行有所亏不计较的例子。陈平，少有大志，博学多才。自幼家贫，常受嫂子欺辱："有叔如此，不如无有。"一次祭祖，陈平主持分肉，分得非常公平，受到称赞，他说："嗟乎，使平得宰天下，亦如是肉矣！"③

秦末烽火遍地，陈平率乡里青年投入魏王咎的队伍，被任命为太仆。后见魏王无能，转投项羽，后又投奔刘邦。他在不长的时间里三易其主，也在寻找知己者。到汉营后，由其好友魏无知推荐给刘邦。刘邦见其英俊洒脱，满腹经纶，十分赏识，立即封为都尉，兼任自己的近身侍卫，并赋以监护诸将的职责。这一职位直接关系到刘邦的生命安全，可以说是一种特别的礼遇和信任。但刘邦部下却不这么看，一方面感到惊奇，一方面议论纷纷："大王一日得楚之亡卒，未知其高下，而即与同载，反使监护长者！"④

这些闲言碎语传入刘邦耳中，刘邦却十分自信，毫不在意，反而更加厚待陈平。众将见状，更是不解。陈平充耳不闻，只是知恩图报，用实际行动来报答汉王的知遇之恩。常在刘邦左右出谋划策，所有具体行动策略，一一详细筹

---

① （宋）曾公亮：《武经总要·制度》。
② （唐）李世民语，参见《全唐文·金镜》。
③ 《资治通鉴》卷九。
④ 《资治通鉴》卷九。

备，不留半点空闲，对下属也十分严厉。但陈平多才略，却不像张良那样做事谨慎，注意处理好方方面面的关系，而是不拘小节，过于豁达不羁，做事往往违背能为一般人所接受的常规。抱成见的将领越来越多。于是，有人悄悄地送给陈平一些银两，要他手下留情，把任务放松一些。陈平也不言语，就收下了。此后，你送我也送。陈平毫不推辞，一一收下。众将便炸开了锅。

周勃、灌婴是耿直之臣，听到众将如此议论，再也忍不住了，向汉王奏言："陈平虽美如冠玉，其中未必有也。臣闻平居家时盗其嫂；事魏不容，亡归楚；不中，又亡归汉。今日大王尊官之，令护军。臣闻平受诸将金，金多者得善处，金少者得恶处。平，反复乱臣也，愿王察之。"二人进言让刘邦有所心动。刘邦本来对下属的小节并不苛求，像"居家盗嫂"、择主而事之类，也不在意。但这次揭发陈平的是两位忠心的元勋。于是，刘邦拉下脸来："召魏无知。"问他周勃、灌婴等人说的是否是事实。魏无知回答"有"。刘邦十分不悦："公言其贤人何也？"魏无知回答说："臣之所言者，能也；陛下所问者，行也。今有尾生、孝已之行，而无益胜负之数，陛下何暇用之乎？楚、汉相距，臣进奇谋之士，顾其计诚足以利国家耳。盗嫂、受金又安足疑乎？"①

汉王不再生气，便招来陈平查问："吾闻先生事魏不遂，事楚而去，今又从吾游，信者固多心乎？"陈平答道："臣事魏王，魏王不能用臣说，故去。事项王，项王不信人，其所任爱，非诸项，即妻之昆弟，虽有奇士不能用。闻汉王能用人，故归大王。臣裸身来，不受金无以为资。诚臣计画（通划）有可采者，愿大王用之；使无可用者，大王所赐金具在，请封输官，得请骸骨。"②

刘邦觉得陈平所言有理，就安抚了一番，不仅坚持重用，给了丰厚的赏赐，并将他"拜为护军中尉，尽护诸将"。其他将领看刘邦如此信任他，再也不敢说他的坏话了。

陈平机智灵活地坦率回答，为自己赢得了先机。刘邦未偏听偏信，才没有因小失大。他依然贯彻了唯才是用的原则，不因陈平初来乍到而疑其忠诚，不因是敌营曾用过的人就不信任他，更不因为众口中伤而贸然处置。刘邦坚持自己的原则，大胆重用，破格提拔。这才有了陈平为刘邦策划的"六奇计"的精彩华章。

公元前204年4月，汉军在荥阳吃紧，被楚军包围，刘邦求和遭到拒绝。此时陈平利用自己对项羽"意忌信谗"的特点和楚军领导集团内部的了解，提出利用反间计离间项羽君臣关系。刘邦把此事交陈平办理，并且"出黄金四万

---

① 《资治通鉴》卷九。
② 《资治通鉴》卷九。

斤，与陈平，恣所为，不问其出入"①，陈平以反间计使楚将钟离眜等得不到重用，范增也愤愤离去。借此机会，刘邦终于突出重围。公元前203年，韩信要做假齐王，是陈平与张良劝止大怒的刘邦，稳住了韩信。后来又是陈平献计，捉住了韩信。

刘邦称帝后，封陈平为户牖侯。陈平谦让道："此非臣之功也。"刘邦说"吾用先生谋计，战胜剋敌，非功而何？"陈平回答："非魏无知臣安得进？"刘邦叹曰："若子可谓不背本矣！"② 厚赏陈平和魏无知。后又委陈平以丞相重任。

陈平本有真才，但三易其主。只有刘邦才真正委以重任，信用其才，为之提供了发挥才干的条件，故"常出奇计，救纷纠之难，振国家之患"。作为经营天下之才，不拘小节，品行上有微瑕，很易招人怨恨和嫉妒。虽有周勃、灌婴进言，刘邦仍未偏听偏信，而是心平气和地弄清情况，排除干扰，尽用其长。正是刘邦用人灵活性强，各种人才在其麾下，都能如鱼得水，各安其位。这就是善于将将的艺术体现。

3. 用人不疑，疑人不用

孟子云："君之视臣如手足，则臣之视君如腹心；君之视臣如犬马，则臣之视君为国人；君之视臣如土芥，则臣之视君如寇仇。"信任是君臣间最基本的关系。一名优秀的领导者，应当与臣下建立一种相互信赖的关系。对于已经授权和任用的人，不应当过多地越权指挥，包办干涉下层的具体工作。应当让他们不受干扰地、大胆地、创造性地开展工作。只有以诚相见，才能让他们安其位，并竭虑尽忠。当然，在传统社会里，君主往往采用一些权术和手段驾驭臣下，君臣间的关系或多或少带有权谋倾轧的成分，肝胆相照的完全信任是不可能的。但在创业期间，信赖下属，用人不疑的原则，刘邦掌握的还是比较够"火候"的，尤其是和同时代的项羽相比，对臣下的信任曾激放出绚丽多彩的智慧花朵，激励众多默默无闻者或行有稍亏者脱颖而出。

自信的人不疑人，人自然报之以桃李。有疑心的人不会依赖人，别人也不会投靠他。在别人的疑心中工作，谁都不会效死力，刘邦非常懂得这一点。因此他的信任和宽容为他赢来的是下属的尽心尽力，是众人拾柴火焰高。

刘邦对下属的信赖与用人的果敢程度，有时让下属本人都难以相信。在荥阳附近京索战役中，项羽派出了大量的骑兵。刘邦想建立自己的骑兵部队，于是在军中选择可以担当骑兵将领的人。韩信和其他将领都推荐原来秦军的骑兵将领重泉人李必、骆甲。当时李必、骆甲两人正在刘邦军中担任校尉，于是刘

---

① 《史记·陈丞相世家》。
② 《史记·陈丞相世家》。

邦请他们到军帐中,要拜两人为骑兵将领。

刘邦并未在意他们的来历,看重的只是他们的能力。没想到两人听了刘邦的意思后,愣住了。两人相互看了一眼,有点不知所措,这消息对他们来说太突然了。他们加入汉军后还未立功,突然拜将不一定是好事。于是李必、骆甲回绝道:"臣故秦民,恐军不信臣,臣原(愿)得大王左右善骑者傅之。"① 刘邦和众将谋士一商量,李必、骆甲说得也有道理。便从自己的亲信中遴选将领,认为灌婴虽然年少,但在征战过程中多次力战,表现了为将的素质,于是拜灌婴为中大夫,李必、骆甲为左右校尉,共同率领汉军的骑兵部队。结果大败楚军。从李必、骆甲的事例,可以看到刘邦用人的风格,正是这种对人的真诚不疑,赢得了属下的拥护,导致属下不顾个人得失,以大局为重。正所谓"知其能则任其重,谓其忠则委其诚"。

韩信与刘邦没有故交之情,但韩信的汉中对,让刘邦知道他是真正的帅才,破格提拔为大将军。尽管众多部下对拜韩信为大将颇多微词,刘邦坚信自己没有看错人,一方面按其分析,部署还定三秦的军事事宜。另一方面,让韩信训练军队,演练阵法。不长时间,汉军面貌焕然一新:可守可攻,可整可散,灵活实用。

关中之地当初被项羽分封给了三王:雍王章邯、塞王司马欣、翟王董翳。要想还定三秦,必先灭此三王。此时齐地田荣反叛,自立为王,项羽率军前往镇压,为刘邦提供了机会。公元前206年,在刘邦进入汉中四个月后,刘邦以韩信为帅,开始了进军关中、与项羽争夺天下的行动。

汉王元年8月,刘邦用韩信的"明修栈道、暗度陈仓"之计,还定三秦。先派人大张旗鼓地修建被自己烧毁的栈道,告诉敌人,要从栈道打回关中。使敌人的目光都集中到栈道上。章邯就曾一面派暗探打听修建进度,一面派兵做准备。这样便忽略了其他地方的防守,为汉军出其不意打下基础。接着以督工不利为名调换樊哙等人下来,为进攻作准备。最后汉军突然从小道占领陈仓,取得了胜利。最终雍王自杀,塞王和翟王顺势投降。仅仅两个月,刘邦就完全控制了关中地区。次年出兵函谷关,韩王、殷王闻风而降。又联合齐赵击楚,4月,攻下彭城。项羽反扑,汉军大败西逃时,韩信率部赶到荥阳接应刘邦,又在京索之间打败了前来追击的楚军,遏止了楚军的西进。

彭城之战后,赵王、魏王等诸侯相继反汉归楚。韩信采用声东击西之计,大败魏军,生擒魏豹。此后,韩信获准扩军3万人,与张耳一起攻打赵王歇和陈余。

---

① 《史记·灌婴列传》。

当时韩信的兵力少于赵军，又长途奔袭而来，将士疲惫不堪。汉军皆缺乏取胜的信心。而陈余率 20 万之众抵抗，并有李左车为之谋划："愿足下假臣奇兵 3 万人，从间道绝其辎重，足下深沟高垒，坚营勿与战，彼前不得斗，退不得还，吾奇兵绝其后，便野无所掠；不至 10 日。而两将之头可致于戏下。"①但陈余以儒者自居，常称义兵不用诈谋奇计，故不用李左车之谋。韩信则肆意展示己才。于半夜先派两千骑兵，各执红旗，隐蔽地接近赵军营垒。又传令全军先吃点干粮，说："今日破赵兵后再会餐！"诸将却不相信。韩信又遣 1 万人马，背水而阵。赵军从营垒中望见，皆大笑不止，背水排阵，无路可退，实乃兵家大忌。韩信不是要把己军置之死地吗？但开战之后，一切都按韩信所预测的那样发展；两军激战良久，汉军便败入背水阵中。赵军见状，空壁而出，追击汉军。汉军背水而战，别无他求，个个奋力拼杀，舍生忘死。半夜派出的两千骑兵乘虚袭取赵营，换了旗号。赵军苦战不胜，撤退时才发现营中插满了汉军红旗，顿时军心大乱。韩信军两面夹击，大获全胜，斩杀陈余，活捉赵王歇。

观其过程，灭赵之战似乎是韩信导演的一场军事演习，步步为营，料事如神。众将取得胜利后，仍然迷惑不解："兵法'右背山陵，前左水泽'，今者将军令臣等反背水阵，曰'破赵会食'，臣等不服。然竟以胜，此何求也？"韩信笑答："此在兵法，顾诸君不察耳。兵法不曰'陷之死地而后生，置之亡地而后存'？且信非得素拊循士大夫也，此所谓'驱市人而战之'，其势非置之死地，使人人自为战；今予之生地，皆走，宁尚可得而用之乎！"②诸将皆服。由此可见，韩信的战术思想和对兵书的理解是深刻的，运用上又是灵活的，独到之处非常人可探究。

破赵之后，韩信先虚后实，不战而招降了燕，用兵灭掉了齐。

这一切都是韩信独当一面，单独率重兵在外作战的结果。刘邦的信任，使韩信这个曾从人寄食、受胯下之辱的无业游子一跃而成纵横沙场、指挥若定、威震四方、军功赫赫的大将军。他的节节胜利，有力地配合了刘邦在成皋、荥阳一线与楚军对峙。但韩信为人高傲自大，锋芒毕露，个人私欲极强，又是刚刚崛起的实力派人物。他不像张良那样心思缜密、淡泊名利，也不像萧何那样兢兢业业、小心谨慎而且忠心耿耿。这引起刘邦的警惕，但对他的任用仍以充分发挥他的军事才能为主。尤其是平定齐地之后，韩信没有马上派兵去营救处于危难之中的刘邦，反而派去使者，要求封自己为假齐王。其以军功相要挟来满足个人野心的想法暴露出来了。刘邦对此还是有比较清醒的认识的，在张良、

---

① 《史记·淮阴侯列传》。
② 《史记·淮阴侯列传》。

陈平的提醒下，随机应变，满足了韩信的要求。为了表示重视，特派张良前往立韩信为"齐王"。刘邦的退让是为了这支部队不倒向项羽一侧。

事实证明，刘邦的处理是正确的。当时项羽也派说客武涉劝说韩信叛汉归楚或背汉自立："当今二王之事，权在足下：足下右投则汉王胜，左投则项王胜。项王今日亡，则次取足下。足下于项王有故，何不反汉与楚连合，三分天下王之？"韩信谋士蒯通也劝他自立，争夺天下。但此时韩信已得齐王封号，想起汉王的厚爱："汉王遇我甚厚，载我以其车，衣我以其衣，食我以其食。……吾岂可以分利倍（通背）义乎！"①最终回绝了他们的劝说。可见刘邦对韩信的信任和拉拢的效果。韩信可以说是颇讲忠义的，有三分天下的实力，却依旧痴情不改，厚报汉王。汉朝建立后，自己的兵权和土地被大部分掠夺，仍想拥兵自重，独立称雄。可见，韩信确为将才之俊杰，却无帝王之胸襟，富有兵家之谋略，少有政治家之风度。一生征战，为人所用；及无所用，难免就戮。

韩信的野心还没膨胀到谋反的程度，刘邦仍一如既往地发挥他的才能。公元前202年，刘邦率兵追项羽到固陵，韩信故意拖延时间，不去增援夹击。善察人心的张良建议刘邦将齐地加封给韩信。不久韩信从北面完成了对项羽的包围，保证了楚汉战争的最终胜利属于刘邦。

刘邦作为一个领导者，以诚示下，重大节，不拘小过，不过多地猜疑部下，让其赢得更大的忠诚，更广的拥护，最妙的结果。所以我们说，刘邦用人不疑，真雅量也。

4. 用当其愿，尊重人才

人才的最佳心理，是他顺利从事创造性的社会活动和生产活动的基本条件。"强扭的瓜不甜"，要想合理使用人才，必须做到用当其愿。领导应充分尊重他们的个人选择，充分征询各类人才的意见，随时掌握他们的想法和动向，了解他们未满足的需求，激发他们的主动性，尽可能做到"两相情愿"，不搞"单相思"。

张良与刘邦是一种互相尊重、互相理解的朋友式的君臣关系，刘邦很少对张良指手画脚。张良视刘邦为知己，常"以《太公兵法》说沛公，沛公善之，常用其策"②。张良身为谋士，一生为刘邦出谋划策，指点迷津。

张良一开始并未跟随刘邦打天下，而是辅助韩王成。他心中的目标，是恢复旧国。虽对刘邦崇拜，还没下最后的决心跟随刘邦。刘邦非常善解人意，体

---

① 《史记·淮阴侯列传》。
② 《史记·留侯世家》。

谅他的处境。刘邦在西征过程中的确缺少一位运筹帷幄的谋士。刘邦在西进中，也取得了一些成果，但多是实力薄弱、粮草丰厚的城池，未能给秦军以沉重打击。此时刘邦对局面的把握仍然不如项羽。正当刘邦的军队宛如无头苍蝇到处乱撞乱打时，张良从韩国赶来。指出刘邦这种行为是在浪费时间和兵力，不如先经略韩国旧地，再西进。刘邦接受了这个建议，开始朝着有利的方面发展。当他们准备由武关入秦地时，在宛城遇到了阻击。刘邦为争取入关的时间，想绕城而过。张良看在眼里，劝阻了急于西去的刘邦，回军围攻宛城。结果郡守愿意投降，加入起义军行列，双方兵合一处。宛城成为刘邦西进路上的一个落脚点，皆大欢喜。自此一路顺畅，各城守将皆慕沛公英名，闻风而降。张良因势利导，建议刘邦严明军纪，大得人心。

不久，起义军进入武关。刘邦想率二万人攻打峣关。张良先是献计让郦食其持金银财宝诱惑秦将，刘邦率军乘胜追击，一直杀到蓝田。到达了秦都门户灞上。张良之谋在于实则虚之，虚则实之，攻其不备，乃二谋连环，其效非常人所能感知。

刘邦被项羽封为汉王，封地为巴蜀，心中不满。于是赐给张良金百镒，珠二斗，张良将其转送给项羽的叔父项伯，项伯劝说项羽将汉中地全封给刘邦。在张良、项伯的活动下，刘邦又获得了汉中郡。按原来的约定，张良要离刘邦而去。刘邦十分戚然。他亲自送张良东归。临别之时，张良对刘邦说："王何不烧绝所过栈道，示天下无还心，以固项王意。"① 刘邦信以为然，越过栈道后派人烧了栈道。

张良以后又回到刘邦身边，多献妙计，或纠正刘邦之错，或稳定军心，或参与重大决策。几乎在刘邦每遇紧急、转折之际，张良总能为之谋划良策。对刘邦自己拿不定主意的事情，张良对正确的总是进一步分析，以定刘邦最后的决心。如娄敬建议都城建在关中，刘邦问计，张良纵论地理形势来佐证娄敬建议的正确性。对错误的，总能陈清利害，力谏阻止。张良是一位智者，他也曾彷徨于国仇家恨的羁绊之中，为旧情所累，在韩王身边，始终未能施展其才华。刘邦对张良知之甚深，对其建议可以说是言听计从。张良没有攻城拔寨之功，但运筹帷幄，决胜千里，有战略谋划之功。当刘邦让他"自择齐地三万户"时，张良没有像一些功臣那样趾高气扬，邀功讨封，而是十分谦虚："始臣起下邳，与上会留，此天以臣授陛下。陛下用臣计，幸而时中，臣愿封留足矣，不敢当三万户。"② 张良深谋远虑而又不失真诚地仅自封一"留"侯而已，他

---

① 《史记·留侯世家》。
② 《史记·留侯世家》。

说:"今以三寸舌为帝者师,封万户,为列侯,此布衣之极,于良足矣。"于是他放弃人间世事,修身养性去了。从以后诸侯王的命运来看,张良再次显示了作为谋士的洞察力、分析力。虽然没有相关的资料作证,但张良的这种超然态度,当时肯定会让刘邦高兴,会再次让刘邦感到"生我者父母,知我者子房也"。刘邦给张良提供了一个非常宽松的环境,几次离去,几次来投,每次都让刘邦惊喜而又伤感,但他又从内心理解张良的处境,知道他是一个重情守义的君子。两人在相惜、相知、相敬中共同成就一番辉煌的事业。

5. 量体裁衣,合理搭配

再多的数学家,只不过具备数学才能,由数学家、化学家、文学家、工程技术学家组成的群体,才会产生更大的功能。作为一个领导,要合理搭配人才。应根据既定目标,采取相关人才组合,让各种专业、知识、气质、智能、年龄的人员,组成一个有机的整体优化的人才群体结构,形成有序的工作团队。各类人才在这个团队中相互切磋,相互启发,相互补充,彼此激励,产生一种较强的"亲和力"和向上的合力,才能推动团队从胜利走向胜利,不断取得成功。充分发挥个体功能,取得整体上的最佳客观功能,是领导者领导能力的主要表现。

刘邦不但是一个不知疲倦的伯乐,挑选了一匹又一匹的千里马,同时还是一个卓越的指挥家,将不同的乐器合理编配,演奏出一曲气贯山河的创业曲。刘邦在整个的人才使用上有一个完整合理的搭配:镇国家、抚百姓用萧何;攻城拔寨、连百万之军用韩信、曹参等;运筹帷幄、谋略天下用张良、陈平;出使诸侯、沟通关系,用郦食其、陆贾和随何。几方面的人才合理使用,威力无比。刘邦的这一能力也体现在他对后事的安排上。

刘邦临终之际,吕后曾问及后事,说:"陛下百岁后,萧相国即死,令谁代之?"上曰:"曹参可。"问其次,上曰:"王陵可。然陵少戆,陈平可以助之。陈平智有余,然难以独任。周勃重厚少文,然安刘氏者必勃也,可令为太尉。"吕后复问其次,上曰:"此后亦非而(通尔)所知也。"刘邦去世后二十多年的历史演变证明了他这种安排的合理性。

曹参攻城略地,功最多,属刘邦亲信。平定天下后,刘邦颇有深意地选择他去齐地辅佐自己的长子刘肥实施"黄老之治"。曹参相齐9年,齐地发展很快。丞相萧何去世后,吕后召曹参继任丞相。曹参悉尊萧制,一无更改,对西汉初年的社会经济发展起到了积极作用。刘邦知道王陵为人质直无华,好直言,虽可为丞相,却少谋,难以应付复杂局面。便选择多用阴谋的陈平辅佐他。陈平曾对王陵说:"于今面折廷争,臣不如君;夫全社稷,定刘氏之后,君亦不如臣。"陈平同意立诸吕为王采取的是欲擒故纵之计,而不像王陵直来直去，当面回绝。陈平当上了右丞相。但他智谋有余，对付吕氏集团，却力不从心。刘邦又安排了周勃帮助他。最后终于平定叛乱，安定了刘氏天下。量体裁衣，合理搭配，互相补充、互相支持，刘邦知人之深、用人之妙，由此可见一斑。

平定魏地后，韩信大军的战略目标瞄准了赵、代两地。刘邦为韩信配置了一个副手——张耳。可以说这是精心安排的。因为张耳曾经是赵王歇的宠臣，曾被项羽封为恒山王，张耳与赵、代两地的实际控制者陈余曾是刎颈之交，对其情况十分了解。张耳、陈余一同起事，后因利益之争而对立，张耳投靠了刘邦。另外一点，张耳乃刘邦故友，刘邦任亭长前曾在张耳家中居住学习达数月之久。张耳来投后刘邦对他十分厚爱。韩信英雄善战，足智多谋，刘邦心中总是不安，派张耳一是辅佐他，另外一层深意是让张耳行使监督权力，监视韩信的行为。刘邦的谨慎在用人的细节中显露无遗，有些东西也许只能意会而不能言传。韩信对此也十分清楚。打败赵军后，韩信便请求刘邦立张耳为赵王，以镇抚赵代之地。

6. 打一下，揉三揉

领导与被领导的关系是特殊的人际关系，两者之间不能一味地表扬与称赞，也不能一味地惩罚，而应该适度经营、打拉结合。韩非子提出："万乘之主，千乘之君，所以制天下而征诸侯者，以其威势也。"君主要善于控制"五蠹"①"八奸"②。马基雅维利在《君主论》中说："一上台便来一个下马威，而好事一点一点地去做。"领导者对下属要斥责与称赞相结合，惩罚与奖励相结合。惩罚时巴掌打得要响、要稳、要准、要狠，尊重与关怀则要春风和煦，润物入微。当领导把打、拉、震慑与抚慰结合到恰到好处时，人才必为所用，而且死心塌地。

经过刘邦与随何的努力，九江王英布终于归顺了汉军。英布被项声、龙且打败后，便带少数亲信和随何一起，抄小路奔刘邦处。这是英布归顺汉军后第一次拜见刘邦。

刘邦知道英布架子很大，做过九江王，连项羽都不放在眼里。归顺自己后，牵制了楚军，为自己赢得了几个月的喘息时间，巩固了自己的后方，对挽救彭城失败后的危局，起到了不可忽视的重大作用；他会不会恃功自傲呢？这种人

---

① "五蠹"指的是战国时期社会上的五种人，指学者（儒士）、言谈者（纵横家）、带剑者（游侠）、患御者（逃避兵役的人）、商工之民（从事工商业的人）。

② "八奸"特指古代臣子以权谋私、对君权构成威胁的八种手段，分别是同床、在旁、父兄、养殃、民萌、流行、威强、四方。

若不先打掉其势，用心收服，难保以后不听命令，或有二心。于是刘邦在接见英布之前，特意做了布置。

英布跟着随何到大厅后，值班军官让他们进内室去。汉王没有亲自出来迎接。英布面子有点挂不住了，低头走了进去。抬头一看，差点气昏过去，只见刘邦正歪歪斜斜地靠在床上，让两个宫女为他洗脚。英布感觉受到巨大的侮辱；但事已至此，只好将这口恶气往肚子里咽。向前一步，行了个礼，通报了姓名。刘邦仅仅是点了点头，屁股动了一下，算是还了礼。英布也没有心情听刘邦说些什么，就赌气退了出来。一出门，英布气愤地对随何说："我真不该听你的鬼话，说什么汉王礼贤下士。我至少也算个王，想不到他竟把我当作奴仆，我还有什么脸面见人？"说着，拔剑就要自刎，随何连忙劝阻。

正在这个时候，来了两位士兵，恭请英布到已预备好的公馆里歇息。英布一进公馆就愣住了，公馆里的一切与刚才在刘邦那里见到的摆设一模一样，连卫兵的规格也一样。英布这才明白，这是刘邦特意为自己安排的。接着刘邦的左膀右臂们都纷纷前来向他道贺。英布彻底地心悦诚服了。

刘邦这一冷一热、一打一揉的做法，恰到好处。既打掉了英布的狂傲，又给了他极大的面子，有效地收拢了英布。英布在亲信的支持下，收编自己逃散的军队，刘邦又调拨了一部分士兵交他指挥。英布自此跟随刘邦东征西讨，参加了消灭项羽的垓下会战，被封为淮南王。

7. 不搞"武大郎开店"

个别领导人在用人上存在这样的误区：以己度人，喜欢用脾气、秉性、兴趣、专长跟自己相同的人；不愿用跟自己脾气、秉性、兴趣、专长不相同的人，尤其对一些才干超过自己且不好驾驭的人，在使用上有种种限制。宁肯把事情交给平庸之辈，也不愿交给有才干且浑身带刺的人。久而久之，容易形成"武大郎开店"的局面。真正有作为的领导应大胆启用才干超过自己的人，这样才有利于造成人才荟萃、生机勃勃的局面。

公元前202年，刘邦在定陶登上皇位，建立了大汉王朝。一天刘邦摆宴庆功。他回想自己出身草莽、白手起家，却能脱颖而出，成就帝业，十分自得，很想听一下臣属们对自己在楚汉之战中获胜的看法，便对大家说："列侯诸将无敢隐朕，皆言其情。吾所以有天下者何？项氏之所以失天下者何？"

高起、王陵对曰："陛下慢而侮人，项羽仁而爱人。然陛下使人攻城略地，所降下者因以予之，与天下同利也。项羽妒贤嫉能，有功者害之，贤者疑之，战胜而不予人功，得地而不予人利，此所以失天下也。"

刘邦说："公知其一，未知其二。夫运筹策帷帐之中，决胜于千里之外，吾不如子房。镇国家，抚百姓，给馈饷，不绝粮道，吾不如萧何。连百万之军，战必胜，攻必取，吾不如韩信。此三者，皆人杰也，吾能用之，此吾所以取天下也。项羽有一范增而不能用，此其所以为我擒也。"①

刘邦的这番自我总结，虽有些洋洋自得，但却道出了事业成败的关键。这是对自己亲身经历的深刻体悟。项羽手下并非无人，当初他力量强大，威震四方，志士能人纷纷投奔，但他很少能充分利用，委以重任。刘邦有自知之明，对比自己能力强的人，他不是去压制，而是"君子成人之美"，尽量为他们的才干发挥创造最有利的环境。只要能为自己的目标出力，何乐而不为？惟我独尊，狂妄自大，放纵无礼，只能压抑人才的积极性，于事业无益。当然，王陵、高起的说法也并非没有道理，他们的总结涉及了领导者的重要工作之一——激励。

刘邦与项羽最大的不同，是他了解社会基层，知道兄弟们为啥跟他出来拼命。因此他在封赏上从不小气。彭城大败后，为尽快改变楚强汉弱的局面，打败项羽他提出捐关东之地以收买能打败项羽的名将。张良对曰："九江王黥布，楚枭将，与项王有郄（通隙）；彭越与齐王田荣反梁地：此两人可急使。而汉王之将独韩信可属大事，当一面。即欲捐之，捐之此三人，则楚可破也。"根据张良的建议，刘邦派随何出使英布处，说反英布；同时派人联络彭越，派韩信独自带兵北平魏地，并下燕、赵、齐、代，最终灭楚。灭楚之后，刘邦也如约封韩信、英布、彭越3人为王，3人获得的封地虽然不是全部的关东之地，刘邦也算履行了最初的诺言。至于对其他将领，刘邦也能做到赏罚有度，大家各得其所。甚至曾经背叛自己的雍齿，也获得什邡侯的封爵。

8. 任用亲信

在专制制度下，家天下的原则要求所有任职的政府工作人员都是皇帝的臣仆，亲信犹如"质量信得过"的注册商标一样，可以放心地去使用，亲我、近我、私我者皆一人得道，鸡犬升天。任命亲信可以稳固地位，又可监察自己的"不同政见者"。但也常有尾大不掉之势，容易危及皇权。

刘邦引为亲信的人选，一是本家兄弟子侄等人，这是一种"一损俱损，一荣俱荣"的利害关系。刘邦取得天下后，分封其子刘肥、刘如意和兄弟刘仲、刘交等，甚至族兄刘贾。二是有特殊关系者。如同乡或老部下，卢绾、萧何、曹参、樊哙、周勃、周昌等；君臣相知，建立较深个人关系的如张良；用官职拉拢的如韩信、彭越、英布等。

随着天下既定，异姓诸侯王的存在渐渐引起了刘邦的猜忌。刘邦开始一步步地剪除他们，或讨伐，或诱杀，或惩戒。同时决定分封同姓王。贬韩信后，

---

① 《史记·高祖本纪》。

立堂兄刘贾为荆王，立同父异母的弟弟刘交为楚王；灭韩王信后，立儿子刘恒为代王；彭越被杀后，立儿子刘恢为梁王、儿子刘友为淮阳王；英布发动叛乱后，立儿子刘长为淮南王；后又立哥哥的儿子刘濞为吴王；燕王卢绾谋反后，立儿子刘建为燕王。在这个过程中对异姓诸侯王做了全面、彻底的否定。刘邦对亲信的信任最后缩小为有血缘关系的范围，像萧何这样的忠臣都受到了质疑。刘邦在经过了痛苦的经历后，从韩信、英布甚至非常要好的卢绾身上看到了异姓为王的弊病，只好以"非我族类，其心必异"的古训为信条，宣扬"非刘氏而王者，天下共击之"。同姓为王，形成了汉朝政权的处事原则，刘姓家天下的权力概念渐入人心，所以周勃、陈平、王陵等亲信还能一如既往地为刘氏服务，遇到吕氏集团要篡夺天下时，他们都能挺身而出，攻击异者。可见刘邦的任人唯亲有着巨大的合理性，而这一合理性就是基于这些亲信关系大多是有才之人，而非庸人，不是仅靠亲信关系做上官的。

刘邦的任人唯亲和任人唯贤是相统一的。

五、团队发展与团队建设

从丰沛起义到击败项羽，建立汉帝国，是刘邦创业的主要过程，也是其领导的创业团队逐步发展和成熟的过程。

（一）团队发展

1. 丰沛起义的核心团队

刘邦是以丰沛起义起家的。他的核心创业团队早在起事之前就已经基本成形了。

在丰沛起义之前，他的核心团队已开始形成。

卢绾、萧何、夏侯婴、曹参、樊哙、周勃、任敖、王陵、雍齿等人，都是典型的丰沛子弟。其中卢绾与刘邦的关系最铁，"与高祖同里。卢绾亲与高祖太上皇相爱，及生男，高祖、卢绾同日生。里中持羊酒贺两家。及高祖、卢绾壮，俱学书，又相爱也。里中嘉两家亲相爱，生子同日，壮又相爱，复贺两家羊酒。高祖为布衣时，有吏事辟匿，卢绾常随出入上下。及高祖初起沛，卢绾以客从，入汉中为将军，常侍中。从东击项籍，以太尉常从，出入卧内，衣被饮食赏赐，群臣莫敢望，虽萧曹等，特以事见礼，至其亲幸，莫及卢绾"[①]。

其次是萧何、夏侯婴、曹参、任敖等人，这些人当时都是沛县的基层官吏，

[①] 《史记·卢绾列传》。

他们多与刘邦有官府业务往来，并建立了个人私交。如萧何，在刘邦"为布衣时，数以吏事护高祖。高祖为亭长，常左右之。高祖以吏繇咸阳，吏皆送奉钱三，何独以五"①。夏侯婴为沛厩司御，"每送使客还，过沛泗上亭，与高祖语，未尝不移日也。婴已而试补县吏，与高祖相爱。高祖戏而伤婴，人有告高祖。高祖时为亭长，重坐伤人，告故不伤婴，婴证之。后狱覆，婴坐高祖系岁余，掠笞数百，终以是脱高祖"②。曹参"秦时为沛狱掾，而萧何为主吏，居县为豪吏矣"。③ 任敖，"故沛狱吏。高祖尝辟吏，吏系吕后，遇之不谨。任敖素善高祖，怒，击伤主吕后吏"。④

再次是樊哙、周勃、王陵、雍齿、审食其等人，这些人都是丰沛子弟，在刘邦起义前与刘邦建立了各种各样的关系。樊哙，"沛人也，以屠狗为事，与高祖俱隐"。他比刘邦年轻14岁，但"哙以吕后女弟吕须为妇，故其比诸将最亲"⑤。周勃，"沛人也。其先卷人，徙沛。勃以织薄曲为生，常为人吹箫给丧事，材官引强"⑥。王陵，沛县豪强，刘邦以兄事之，但他看不起刘邦，而是与雍齿交好。雍齿，沛县人，也是当地豪强，与王陵友善。审食其为沛县人，在刘邦起义后长期以舍人身份照料刘太公和吕后。奚涓的资料不全，功比樊哙。

在刘邦的功臣侯集团中，明确注明从起于丰沛的功臣计25人，除前述诸人外，还有周昌、周苛、王吸、薛欧、周緤、召欧、孔聚、陈贺、棘朱、孙赤、毛泽、陈仓、秘彭祖、刘泽等人。这些人都是刘邦在沛县起义时就跟随刘邦的。虽然一开始不一定承担重要的领导职务，但他们能在多年战争后获得侯爵，说明他们在跟随刘邦打天下的过程中作出了贡献。

在沛县起义之前，刘邦曾率部分刑徒隐蔽在芒砀山。部分丰沛子弟参加了芒砀山的斗争，如樊哙、孔聚、陈贺等，除此之外，据考证，刘邦时期的功臣侯共有145位，其中明确"从起砀""起从砀""初起砀"者有13位。他们是博阳侯陈濞、颍阴侯灌婴、蓼侯孔聚、费侯陈贺、隆虑侯周灶、曲城侯虫达、河阳侯陈涓、芒侯昭趼、棘丘侯襄、东茅侯刘钊、台侯戴野、乐成侯丁礼、宁侯魏选。这些人最早追随刘邦，也是刘邦创业团队的基础成员。

除刘邦自己的人马之外，在沛县起义之前，吕氏家族也通过自己的努力为刘邦准备了部分力量。吕氏家族的核心人物是吕雉的哥哥吕泽、弟弟吕释之。

---

① 《史记·萧相国世家》。
② 《史记·滕公列传》。
③ 《史记·曹相国世家》。
④ 《史记·张丞相列传》。
⑤ 《史记·樊哙列传》。
⑥ 《史记·绛侯周勃世家》。

在刘邦沛县起义之前，吕氏家族可能团结了靳歙、傅宽、丁复、虫达、董渫、郭亭、陈豨、张平等人，有人考证王陵、雍齿与吕泽关系也很好。这些人在刘邦起义后很快成为刘邦创业团队的骨干成员。

丰沛子弟、从龙芒砀山的成员，以及吕氏家族的成员，成为刘邦创业团队的基础成员，他们是刘邦反秦、与项羽争夺天下的核心力量。正是他们坚持不懈的努力，保证了刘邦创业的成功。其中的萧何、樊哙、曹参、灌婴、卢绾、夏侯婴、周勃，不仅是刘邦创业成功的核心成员中的核心，而且在汉王朝建立后成为刘邦稳定局势、治理天下的核心成员。

2. 反秦战争中创业团队的扩大与调整

丰沛起义后，随着影响的扩大，刘邦的团队不断扩大，也遇到了第一次困难和调整。

攻下沛县后，"萧、曹等人皆文吏，自爱，恐事不就，后秦种族其家"。都推举刘邦。刘邦最终被推为沛公，成为这支起义军的主要领导。少年豪吏如萧何、曹参、樊哙等皆帮助收集丰沛子弟二三千人。周昌、周苛兄弟在这时加入刘邦的队伍。很快，丰沛周边的萧、薛、砀等地的少年前来投奔刘邦，功臣侯集团的朱珍、戎赐、郭蒙、陈胥、华寄、秦同等人都是这时加入刘邦团队的。刘邦的兄弟亲属也加入了他的创业团队，如吕雉的兄弟吕泽、吕释之，刘邦的族兄刘贾、刘泽、弟弟刘交等，在关键时刻都发挥了重要作用，为刘邦的创业作出了贡献。其中刘贾"初从，首定三秦。既渡白马，遂围寿春。始迎黥布，绝间周殷。赏功胙士，与楚为邻"[①]。后因功与刘交一起被封为王。刘泽、吕泽、吕释之等人均被封为侯。

在刘邦创业的初期，创业团队并不稳定。问题出在王陵和雍齿身上。雍齿与刘邦不睦。刘邦自己带兵外出征战，派雍齿留守自己的根据地丰县。但雍齿受周市的诱惑，带着部分士兵和丰县投奔了周市所在的魏国。雍齿的背叛对刘邦的打击是很大的。为夺回丰县，刘邦先后向景驹、项梁借兵。在项梁的帮助下最终打败了雍齿，收复了丰县。但刘邦付出的代价也不小，那就是丢失了自己的独立性，成为项梁领导下的反秦义军的一支，接受项梁的领导。好处是从此背靠项氏和楚国这棵大树，有了巨大的依靠和回旋余地。在雍齿背叛的同时，王陵也离开了刘邦，开始独立发展。

与项梁叔侄合兵后，刘邦借助项梁叔侄的帮助和楚政权的支持不断发展，与项梁叔侄和楚国的义军将领建立了良好的个人关系。项梁叔侄和楚国将领与刘邦是同事关系，是平等的合作关系，他们不是刘邦工作团队的成员。这段时

---

① 《史记·荆燕世家》。

间,刘邦最大的收获是在留县结识张良,在昌邑结识彭越,在高阳收郦食其、郦商兄弟,收降秦南阳守齮和陈恢,在丹水收戚鳃、王陵。此时的张良、彭越并没有完全加入刘邦的团队,其中张良与刘邦亦师亦友,其主要目标仍是恢复韩国,帮助刘邦主要是出于友情或韩王成的授权,还不是刘邦团队的正式成员。彭越只是与刘邦建立了联系,没有加入刘邦团队。正式加入刘邦团队的是郦食其、郦商兄弟。郦食其成为刘邦身边的谋士,为刘邦出谋划策,贡献颇大。郦商则成为著名的战将,后来成为著名的十八侯之一,在众功臣侯中排第六名,仅次于萧何、卢绾、曹参、张耳、樊哙,在夏侯婴、灌婴、奚涓、王陵等人之前。

在反秦斗争中,许温、张苍、空中、留胜、吕臣、陈夫乞、阳成延等人相继加入刘邦团队,成为刘邦创业团队的成员,并通过各种方式为刘邦大业作出贡献,其中,张苍最为有名。他曾跟随荀子学习,与李斯、韩非师出同门,曾任秦朝御史。后犯罪回家,在刘邦经过他的老家阳武时以宾客追随刘邦。在刘邦军中因犯罪当斩,被王陵救下,后一直待王陵如父亲。他在刘邦夺得天下后被封北平侯,曾任多个诸侯国的丞相,并担任汉中央政权的御史大夫和丞相。有资料称他是战国著名纵横家张仪的曾孙、汉初恒山王张耳的叔叔、张敖的叔祖。阳成延是军匠,曾任少府,主持长安城和主要宫殿的建设,因功封侯。

从沛县起兵和西入关中灭秦,刘邦的核心团队变化不大,只是增加了郦食其、郦商兄弟、张苍和并不完全属于刘邦团队成员的张良。这段时间,刘邦主要作为楚国的将领与秦军作战,他与项羽等楚将是同事关系。在这样的环境下,保证自己的团队稳定并不断扩大是他面临的主要任务。从后来的结果看,这个任务刘邦完成得不错。

3. 楚汉战争中团队扩展

戏下分封,刘邦为汉王。不久,刘邦与韩信率兵出陈仓,还定三秦,东出与项羽争天下。随后的4年,刘邦的主要精力是如何打败项羽,其团队的建设也围绕着这一中心任务展开。

楚汉战争,刘邦与项羽的争夺是全方位的,既有政治的争夺,也有经济的争夺和社会人心的争夺,既是人才的争夺,也是部队兵员和社会支撑力量的争夺。因此,这一阶段,刘邦对创业团队的建设和经营更为全面周到。

对人才的争夺仍然是这一时期最主要的工作。这一阶段人才工作的重点以选拔对付项羽的主要将领为主。如对韩信、韩王信的拔擢使用,对彭越的拉拢,对英布的策反,对周殷的策反也有这方面的考虑。张耳的留用,魏豹的留用,臧荼的接纳,吴芮的接纳,以及初期对司马欣、董翳、司马卬、申阳等人的收降,都有这方面的考虑。除领军大将的笼络外,刘邦及其部属在战争中还拔擢使用了大量的中高级将领,如功臣侯中的宣虎、刘钊、张说、蔡寅、张越、缯贺、程黑、王周、卫胠、赵将夜、杨武、许瘛、吕马童、王翳、杨喜、吕胜、卢卿、奚意、刘到、许倩、黄极中、卢罢师、陶舍、公孙耳等将领。

随着战争的胜利和占据地域的扩大,刘邦开始聚集大量的治理人才和各类人才。张良在韩王成去世后死心塌地成为刘邦团队的成员,为刘邦的事业出谋划策。陈平来归,为刘邦谋士集团增加了力量。陈平好阴谋,"凡六出奇计,辄益邑,凡六益封。奇计或颇祕,世莫能闻也"。司马迁认为"陈丞相平少时,本好黄帝、老子之术。方其割肉俎上之时,其意固已远矣。倾侧扰攘楚魏之间,卒归高帝。常出奇计,救纷纠之难,振国家之患。及吕后时,事多故矣,然平竟自脱,定宗庙,以荣名终,称贤相,岂不善始善终哉!非知谋孰能当此者乎?"[①] 陆贾、叔孙通、申屠嘉、刘敬的投效,增加了刘邦及其事业对儒者和其他知识分子的吸引力。

楚汉战争后,刘邦已成为天下共主,从理论上成为整个国家团队的领导者。普天之下,莫非王土,率土之滨,莫非王臣。他的创业团队自然转变为治理天下的团队,成为国家安定、人民幸福的依托。这时开疆拓土退居幕后,合理配置团队成员、让不同长处的官员各安其位、保民护民成为官员的主要职责。

(二) 团队建设的主要做法

刘邦成功创业的最大源泉是用人,这是他自己的认识,也是他同时代的人和后人的认知。在人才荟萃的情况下,如何合理协调人才的关系,合理搭配人才,用好人才、充分发挥人才的积极性和作用是团队建设的范畴。

首先,刘邦知人善任,善于将不同素质的人放在团队内部合适的位置。如对萧何、张良、陈平、郦食其、陆贾、叔孙通、随何等文臣的使用,对韩信、彭越、英布、韩王信等大将的使用,对樊哙、周勃、灌婴等将领的使用,对张耳、曹参等人的使用,都是用其所长。

如张良与陈平的搭配,张良善谋,"张良多病,未尝将将也,常为划策,时时从汉王"[②]。张良曾多次在刘邦的关键时点,为刘邦出谋划策,帮助刘邦做了正确的选择,所以刘邦指出"运筹策帷幄之中,决胜于千里之外,吾不如子房"[③]。陈平也善谋,不过陈平善于用阴谋,好出奇计,两人形成互补。郦食其也善于谋划,但其所出计策有时不符合刘邦的利益,如他在刘邦危急时提出的

---

① 《史记·陈丞相世家》。
② 《史记·留侯世家》。
③ 《史记·留侯世家》。

分封六国后裔的计策，如果不是张良拦阻，会给刘邦和汉阵营带来不可估量的损失。但郦食其能言善辩，善于做使臣出使，摇唇鼓舌，用语言打动对方。如郦食其对武关守将的劝降、对齐王的劝降等，实际上都取得了成功。当然郦食其也有失败的时候，如对魏豹的劝降。陆贾也是有名的文人，"名为有口辩士"①，经常作为使臣出使。

楚汉战争初期，曹参一直独立领兵作战，且屡屡获胜。在韩信领兵灭魏、赵、代、燕、齐的过程中，曹参先后以假左丞相、右丞相等身份随从作战，一是作为韩信的属将承担冲锋陷阵的任务，二是作为刘邦的亲信好友监督韩信。在追随韩信的过程中，曹参先后击败魏将孙遬，生擒魏将王襄、魏王豹及其母亲妻子，尽定魏地52城；破赵相国夏说军，围赵将戚将军并斩之；东向攻破齐历下军，取临菑，平定济北郡，攻著、漯阴、平原、鬲、卢，从韩信击龙且军且斩龙且，定齐，得70余县，擒故齐王田广相田光、守相许章，及故齐胶东将军田既。曹参在战场上的作用是比较突出的。正是由于曹参、灌婴等将领的配合，韩信才取得那么多的战绩，成就"兵仙"之名。也正是跟随韩信，曹参才建立了那么多的战功。对此，司马迁曾指出"曹相国参攻城野战之功所以能多若此者，以与淮阴侯俱"②。可以说，韩信与曹参两人是相互成就。这句话用在多数跟随韩信征战的将领如灌婴、孔聚、陈贺等人身上，也是成立的。

对张耳的使用也显示了刘邦的用人独到之处。张耳是战国末期魏国名士，刘邦青年时曾前往依附，两人建立了良好的关系。陈胜吴广起义后，张耳与其好友陈余积极参与，被遣与武臣等人略地河北。劝武臣称赵王自立，张耳获封为右丞相。武臣被李良杀死后，张耳陈余等人拥立故赵后裔赵歇为王，张耳为相，陈余为将军。章邯率军北渡黄河后，赵军战败，张耳奉赵王歇入居巨鹿城，被秦军重重围住。在巨鹿被围期间，因城内兵少食尽，张耳多次催促城外的陈余解围，但陈余害怕秦军势大，一直畏缩不前。项羽解巨鹿之围后，张耳与陈余关系破裂，张耳率军跟随项羽入关，被封为恒山王，都信都（改名襄国），王赵地；迁赵王歇为代王；张耳的宠臣申阳也被封为殷王。陈余仅获得南皮附近三县。陈余愤而起兵，借助田荣的支持攻击张耳，张耳失败后投奔已还定三秦的刘邦，刘邦"厚遇之"。自秦二世元年（公元前209年）7月受命与武臣等人攻打赵地，到汉二年（公元前205年）11月投奔刘邦，张耳一直活动在赵地，分别担任校尉、右丞相、丞相、赵王等职，在赵地拥有很强的影响力。因此，当韩信于汉二年（公元前205年）后9月请求

---

① 《史记·陆生列传》。
② 《史记·曹丞相世家》。

破赵时，刘邦立即派张耳、张苍率3万人与韩信会合。韩信、张耳先是派曹参率步兵为前锋攻击代相国夏说，擒斩夏说；随后背水列阵，韩信与张耳引兵攻打赵军壁垒，吸引陈余；久战之后韩信与张耳佯败，退回背水阵中，引赵军空壁来追。韩信、张耳回身力战，预先埋伏的汉军骑兵趁机夺占赵军壁垒。随后汉军反攻，大败赵军。韩信请刘邦封张耳为赵王，张苍为代相，平定赵地。张耳以其威望声誉很快平定了赵地，赵地成为刘邦的稳固侧翼。对张耳的作用，有史家论道：刘邦得张耳，使汉在北方亦得一有力臂助，因彼能安赵国，俾韩信得以伐齐也。①

其次，相对完善的激励制度。自战国时期秦商鞅建立军功爵位制度以来，到秦末汉初，通过上阵杀敌建立军功从而获得爵位已成定制。汉初的侯爵多是通过军功获得的。如曹参、樊哙、周勃、灌婴、郦商、奚涓、傅宽、靳歙、孔聚、陈贺等武将。

曹参的军功包括"凡下二国，县一百二十二；得王二人，相三人，将军六人，大莫敖、郡守、司马、侯、御史各一人"②。沛县起义之初，曹参以中涓身份追随刘邦，先是以战功获赐爵七大夫，后迁五大夫；刘邦受楚怀王封砀郡长时，曹参被封执帛、号建成君，迁为戚公；击破秦军杨熊部后迁为执珪；刘邦为汉王时赐曹参为建成侯，从入汉中迁为将军；还定三秦击败章平后，获赐食邑宁秦；以将军官职围章邯于废丘，以中尉官职随刘邦东出关中击诸侯；汉二年官拜假左丞相，以假左丞相随韩信攻魏、赵，以左丞相随韩信攻齐。汉六年，曹参因功获列侯爵，食邑平阳10630户，列武将第一名。

周勃的战功包括"得相国一人，丞相二人，将军、二千石各三人；别破军二，下城三，定郡五，县七十九，得丞相、大将各一人。"③ 沛县起义之初，周勃以中涓身份跟刘邦从攻胡陵等地，破砀、下邑等地后获赐爵五大夫；刘邦受楚怀王封砀郡长时，周勃被封虎贲令。刘邦为汉王时封周勃为威武侯，从入汉中为将军；还定三秦后赐食邑怀德；项羽死后获赐与颍侯一起食邑钟离；汉六年，获赐爵列侯，食绛8180户，号绛侯。后多次跟随刘邦平定诸侯王。与曹参相比，周勃"最从高帝"，一直跟在刘邦身边。

樊哙的军功包括"从，斩首百七十六级，虏二百八十八人。别，破军七，下城五，定郡六，县五十二，得丞相一人，将军十二人，二千石已（通以）下

---

① "台湾三军大学"主编：《中国历代战争史》（第3册），中信出版社2012年版，第88页。
② 《史记·曹相国世家》。
③ 《史记·绛侯周勃世家》。

至三百石十一人"①。"初从高祖起丰，攻下沛。高祖为沛公，以哙为舍人。"在砀东之战中斩首17人，获赐爵国大夫；击章邯于濮阳，樊哙"先登"斩首23人，获赐爵列大夫；从攻城阳先登，破李由军斩首16人，获赐上间爵；从攻东郡守尉于成武，斩首14人，捕虏11人，获赐爵五大夫；击破赵贲军于开封北，斩侯1人、首68人，捕虏27人，获赐爵卿。从破杨熊于曲遇，破宛陵先登，斩首8人，捕虏44人，获赐爵号贤成君；进军至郦，却敌，斩首24人，捕虏40人，获赐重封；攻武关至霸上，斩都尉1人、首10人，捕虏146人，降卒2900人；保护刘邦赴鸿门宴；刘邦为汉王，赐樊哙爵为列侯，号临武侯，迁为郎中；击章平军于好畤，先登陷阵，斩县令丞各1人、首11人，虏20人，迁郎中骑将；在随后的定三秦之战中，功第一，获赐食邑杜之樊乡；彭城之战后，因功获益食平阴2000户；以将军守广武，东击项羽，虏楚周将军卒4000人；项羽死后，刘邦以樊哙守战有功，益食800户；汉六年，获赐爵列侯，号舞阳侯，"除前所食"。后随刘邦平灭韩王信，益食1500户，迁为左丞相。樊哙是军功爵制度的典型代表，另一代表是鲁侯奚涓，功比樊哙。

韩信、彭越、英布、韩王信因为领兵独立作战，功绩卓著，被封为诸侯王，既是赏功，也是刘邦在履行最初的诺言。彭城大战后，在退回荥阳的路途中，刘邦下马问：吾欲捐关以东等弃之，谁可与共功者？张良指出九江王英布、彭越、韩信三人可捐。"卒破楚者，此三人力。"②

刘邦善于运用激励手段，鼓励部下建功立业。在反秦战争和楚汉战争中直接使用军功爵制度。将士们如有军功，立即予以赏赐，很少拖欠。如前述曹参、樊哙、周勃等人的例子。最具代表性的是吕马童等5人，因击杀项羽，均获得封侯的赏赐。对此，陈平曾明确指出："项王为人，恭敬爱人，士之廉节好礼者多归之。至于行功爵邑，重之，士亦以此不附。今大王慢而少礼，士廉节者不来；然大王能饶人以爵邑，士之顽钝嗜利无耻者亦多归汉。"③ 在刘邦总结自己之所以战胜项羽、得天下的原因时，高起、王陵回答："陛下慢而侮人，项羽仁而爱人。然陛下使人攻城略地，所降下者因以予之，与天下同利也。项羽妒贤嫉能，有功者害之，贤者疑之，战胜而不予人功，得地而不予人利，此所以失天下也。"虽然刘邦反驳了他们，但他们也确实道出了刘邦在激励部属方面的作为。

刘邦的激励对事不对人，是比较公平的。如他分封的功臣侯中，基本是以

---

① 《史记·樊哙列传》。
② 《史记·留侯世家》。
③ 《史记·陈丞相世家》。

军功为主的，军功大的，食邑多；军功小的，食邑少。这从功臣侯的排位当中可以看出。如丰沛子弟中，既有曹参、樊哙、周勃、夏侯婴这样的排位靠前者，也有秘彭祖、单父圣这样的排名最后者。秘彭祖的主要功劳是刘邦最初攻打沛县时打开城门迎接刘邦的队伍，然后担任刘太公的仆人，照顾太公。孙赤、毛泽、陈仓、冷耳、任敖等丰沛子弟在功臣侯表上的排名也不高，食邑不多，多在七八十名。对于违反纪律甚至投降敌人者，刘邦也不手软。如孙赤，"以中涓从起沛，以郎入汉，以将军击籍，为惠侯。坐守荥阳降楚免"。后来重新立功，才重新获得封侯。刘邦的左司马曹无伤，在鸿门宴前密告项羽，说刘邦准备私自称王关中，引起项羽大怒，才有鸿门宴出现。从项羽口中得知是曹无伤告密后，刘邦回到军营立即杀了曹无伤。

再次，刘邦善于授权。授权是将自己的权力授予将领或大臣，让他们代行自己的职权。如授权韩信领兵击魏、赵、燕、齐；授权萧何坐镇后方；授权彭越、韩王信、英布、刘贾、卢绾等独自领兵攻打楚军。授权使得刘邦充分发挥了团队力量，整个团队活起来，形成一张大网，共同对付项羽。刘邦率领主力在荥阳、成皋一线正面抗击项羽，实行机动作战；韩信率军在北面剪除项羽的羽翼如魏王豹、代王陈余、赵王歇、燕王臧荼、田荣兄弟统治的齐地，对项羽形成包围之势，并随时支援刘邦；英布在南面反击或袭扰项羽的后方，动摇项羽的根本；彭越率兵在项羽的腹地进行游击袭扰，截获粮草，袭占城池，且不以占地为主，重在袭扰，以打击项羽的有生力量。刘邦又不断派刘贾、卢绾等人率军帮助彭越，策反楚军。萧何坐镇关中巴蜀，为前线提供兵员、武器和粮秣，确保前线供应。张良、陈平、郦食其等人不断出谋划策，寻找项羽的弱点以击破之。郦食其、随何、陆贾、侯公等，奔走在诸侯王之间，摇唇鼓舌，争取同盟，协调关系。刘邦通过授权，以团队合力对付独力支撑的项羽，很快使楚军陷入了汉军的包围之中，兵疲食尽，将帅离心，无力再战。

刘邦有句名言："朕得天下，无它，善用人尔。"下等的君主是尽自己所能，鞠躬尽瘁，死而后已；中等的君主善于运用他人的力量，为自己服务；而高明的君主则是运用他人的智慧，驾驭天下。刘邦当属第三者，采人之所长，避人之所短。用人的学识，除去他的奸诈；用人的勇敢，除去他的暴怒鲁莽；用人的仁德，除去他的贪欲。刘邦对人的禀性和心理的把握在军事和政治斗争的历练中已是炉火纯青。刘邦本身学养一般，他不像唐太宗李世民那样有着系统的理性思考和自我总结，但李世民关于用人的总结却非常充分地诠释了刘邦的用人之道："自古帝王多疾胜己者，朕见人之善，若己有之。人之行能，不能兼备，朕常弃其所短，取其所长。人主往往进贤则欲置诸怀，退不肖则欲推诸蛰，朕见贤者则敬之，不肖者则怜之，贤不肖各得其所。人主所恶正直，阳诛显戮，无代无之，朕践阼以来，正直之士，比肩于朝，未尝黜责一人。"① 刘邦是这几条的行动巨人。张良的智谋，萧何的稳健，韩信的善战，樊哙的勇猛——在刘邦营造的舞台上，各逞其能，大放异彩，最终成就了自己的霸业。如果项羽能像刘邦那样善用曾经拥有的人才，历史也许将要重写了。刘邦自身的性格有利于他得人用人。刘邦出身平民，曾当过秦朝最基层的地方官，青年时又好与"屠狗之辈"为伍，喜酒好色，"故其'亡命'之本质甚深"。"喜施，意豁如也。常有大度，不事家人生产作业。"② 这样的性格使得刘邦的人事政策更为客观现实，严格赏赐军功，"与天下同利也"。"盖所谓英雄豪杰者，莫不热衷于功名利禄之一途，刘邦能与人同利，故其所属诸人亦莫不尽死力以求之。"③ 因此我国台湾地区"三军大学"这样评论：刘邦用人之特点，为惟才是用，不论品德。盖才识为创业之本，至于德与不德，惟在用人者统御之道如何耳。更为关键的是，项羽的性格与刘邦正好相反，形成鲜明的对比。项羽是贵族后代，贵族的英雄特色突出，"见人恭敬慈爱，言语呕呕，人有疾病，涕泣分饮食"。这样的性格使项羽在用人上吸引了廉节好礼的士人，且因刚愎自用而使深智大谋者远去。综观历史，用人有如刘邦之魄力者，殊不多见。故历史中，人才有如刘邦之盛者，亦遂罕见也。④

---

① 《资治通鉴》卷十九。
② 《史记·高祖本纪》。
③ "台湾三军大学"主编：《中国历代战争史》（第3册），中信出版社2012年版，第87页。
④ "台湾三军大学"主编：《中国历代战争史》（第3册），中信出版社2012年版，第88页。

第五篇　授权的能力与艺术

在多数人的眼里，领导就意味着"权力"。作为掌权者，领导的一举一动、一招一式都是权力的表现，可谓"牵一发而动全身"。但拥有权力是一回事，充分运用好手中的权力，利用其达成自己的目的则又是另一回事。

历史说明：一个领导者要成为掌握权力的高手，不仅要维护权力、利用权力，还需要适时适度、通过各种方法把自己的权力放给自己的部属，让他们通过自己授予的权力去完成某一个方面或某一个领域的任务，从而服务于自己的总体目标。它对于减轻领导负担，集中精力办大事，增强组织的凝聚力和战斗力，发挥下属的专长有重要意义。

在"秦失其鹿、天下共逐之"的大形势下，作为一个起自草莽的布衣，刘邦之所以能脱颖而出，以弱胜强，建立四百年汉家天下，最重要的一点就是他集聚了一批当时的能人贤士，并大胆地授权他们，让他们利用自己授予的权力在各自的岗位上尽情发挥。

一、敢于授权

在漫长的历史长河中，有很多人，当他没有权力时想要权力，想尽千方百计去获得权力。一旦他获得权力，把权力看得比什么都重要，又千方百计把权力控制在自己手里，唯恐别人染指；或对别人不放心，唯恐别人滥用自己授予的权力，因而事必躬亲。三国时的诸葛亮是事必躬亲的典型，史载"政事无巨细，咸决于亮"[1]"罚二十以上，皆亲揽焉。"[2]

实际上，任何一个人，在向其目标前进的路上，都会遇到各种各样的问题。而一个人的精力是有限的，其才干也是有限的。无论他是什么样的人，都不可能把所有的事情抓起来，事必躬亲。如果无论大事小事都事必躬亲的话，其结果必然是大事小事都抓不好，造成"顾此失彼""救火队员"的现象。这时，最好的办法就是授权，把自己的权力有选择地授予自己的下属，让他们放手去

---

[1]　《三国志·蜀书·诸葛亮传》。
[2]　参见晋孙盛：《魏氏春秋》。

干。因此，作为领导者，首先要敢于授权。授权是一种方法，更是一种艺术。

综观中国几千年的历史长河，刘邦可以说是历代帝王中罕见的授权者，是授权的模范。无论是刚刚起义时期、楚汉战争时期，还是汉帝国建立以后，他都充分利用了授权这一方法，发挥自己的部属和臣下的能力，让他们在各自擅长的领域内拼搏进取，为刘邦承担起一个方面甚至一个领域的绝大部分任务，如授权萧何以丞相身份留守汉中、关中等后方根据地；授权韩信率领曹参、灌婴、张耳等将领领兵攻略魏、赵、燕、齐等地，争夺项羽的侧后；授权陈平等人行使反间计；授权郦食其、陆贾、随何等人出使各国，行离间连横合纵之术；同时把富有奇谋的张良和陈平等人留在身边，为自己出谋划策，赞襄军机。正是充分运用了授权的技巧，刘邦手下人才济济，且都能在各自的岗位上兢兢业业，为打败项羽、争夺天下这一大目标奋斗，这与项羽手下人才凋零、无人能当大任形成鲜明的对照。

刘邦的最大特点是敢于授权。许多人之所以不授权给别人，是因为不相信别人或对别人的能力不信任。而在现实中，人与人的了解并不一定彻底，这时，能否授权，如何授权，就要看领导者的魄力了。

在行使授权的初期，刘邦曾吃过大亏。沛县起义之初，秦朝的泗水郡郡监（负责地方安全的军官）率兵前来攻打。刘邦率军在丰邑附近的旷野里与秦军交战，打败了秦军。在追赶溃败的秦军的途中，刘邦想到丰邑的安全，就派雍齿带一千人回去驻守丰邑。当时，刘邦的全部军队加起来不过三千多人，却一下子交给雍齿一千人，可见刘邦对他是非常信任的。

刘邦率军追至泗水城，把守军杀得落花流水，秦四川郡太守只得带少数随从逃到附近的薛城。十几天后，刘邦带得胜之师追到薛城，将驻在该处的秦军官兵全部消灭。随后刘邦准备率兵走出丰邑，向亢父进军，扩大地盘。但就在上路前，刘邦得到消息，自己授权留守丰邑的雍齿背叛了自己，投降了另一支势力更为强大的起义军——魏相国周市。

雍齿本是刘邦的同乡，也是丰邑中阳里人。他之所以背叛刘邦，是因为他早就对刘邦不满。那是刘邦还没做泗水亭长的时候，有一次到村中的小酒店里去喝酒，发现村中时年十六七岁的雍齿和四五个无赖少年正在调戏开店的寡妇。雍齿喝多了酒，不知轻重地推搡着店主人。刘邦非常气愤，喝令雍齿住手。已经喝多了酒的雍齿根本听不进刘邦的劝说，反而认为刘邦多事。刘邦非常气愤，抬手打倒了雍齿，将他扔出店门外。并将雍齿的伙伴打跑。雍齿见自己打不过刘邦，只得从地上爬起来，口中说着"君子报仇十年不晚"的门面话跑了。刘邦是个比较大度的人，对雍齿的事从来没有放在心上。沛县起义后，雍齿也带着丰邑的伙伴前来投军，刘邦收下了他们，还让雍齿做了领兵的将军。

但雍齿并没有忘记他和刘邦的过节，回到丰邑，他看着手中的一千人马就动起了心眼。他从没有忘记刘邦曾让他丢人现眼，多年来对刘邦的仇恨涌上心头。跟随刘邦后也从未想过对刘邦死心塌地。正当雍齿对刘邦心怀不满、企图利用手中掌握的兵马背叛刘邦时，另一支起义军的领导人周市派人送信给他。在信中，周市说："丰，故梁徙也。今魏地已定者数十城。齿今下魏，魏以齿为侯守丰。不下，且屠丰。"① 雍齿答应了，并胁迫守城的将士归顺了周市。

对雍齿的叛变，刘邦非常气愤，放弃了攻打亢父的计划，立即带兵回军，发誓要剿灭雍齿叛军。但这时雍齿和周市已经加固了城防，刘邦连攻数日，没有打开缺口，便听从萧何的劝告，去向别的义军借兵。刘邦从秦嘉处借得部分兵马，回头再攻丰邑。周市和雍齿顽强抵抗。刘邦连攻数日，没有任何进展。这时在长江以南起义的项梁、项羽叔侄率兵攻到了薛县。刘邦立即带一百多名骑兵去投奔，项梁借给刘邦五千人马和十多名将领。刘邦再次围攻丰邑，历经3天3夜的强攻，终于攻下了丰邑，雍齿乘夜色逃跑。

雍齿背叛，是刘邦起义之初遭受的最大挫折。直至刘邦建立汉帝国后数年，都因愤恨丰邑的父老子弟这次追随雍齿而不肯赦免他们的税收。在分封将领的时候，刘邦对张良等人说自己一生最恨的人是雍齿，可见刘邦对雍齿痛恨的程度之深。这表明刘邦在授权初期，因择人出现问题，导致了"授权"的失控，深受其害。

虽然刘邦的第一次授权以失败告终，且给他带来了心灵的创伤，但他并没有因为一朝被蛇咬，就十年怕井绳，在以后的征战和治国过程中放弃了授权。而是考虑授权的正确方式、方法和授权的有效保证，保证授权的可靠性和完整性了。在此后消灭秦王朝的战争、楚汉战争和治理国家中，刘邦继续授权，并且授权的范围和程度更大了。

在刘邦的授权中，最著名的是对韩信的登台拜将。

起初，韩信在汉军中并没有受到重用，只是做了个管理粮仓的小吏。后来他认识了刘邦的亲信将领夏侯婴和丞相萧何，两人都很赏识他。在夏侯婴的推荐下，刘邦任命韩信为治粟都尉，也没有作出特别的功绩。因此萧何再向刘邦举荐，希望任韩信为将时，刘邦没有采纳。萧何告诉刘邦：韩信和其他将领是不一样的，全国没有第二人。大王如果想长期在汉中称王，就必须任用韩信；如果想与项羽争夺天下，只有韩信可以共商大事。并指出如果仅仅任命韩信为普通将领，他仍然要离开。要想留住韩信，只有任命其为大将军。这是一个选择适当的授权人选的过程。刘邦在萧何的策划下，沐浴更衣、斋戒，筑高台，

---

① 《史记·高祖本纪》。

正式拜韩信为大将军。

在高台拜将之前，刘邦对韩信并不是太熟，所知的只是夏侯婴和萧何对韩信的介绍和推荐，而且同樊哙、周勃、夏侯婴等人相比，韩信既没有显赫的战功，也没有显示出自己的能力。但就是在这样的情况下，刘邦仍然不顾樊哙等人的阻拦，郑重其事地筑高台拜韩信为大将军，一方面是他对萧何的充分信任，另一方面也说明了刘邦在授权上的果敢和决断。韩信后来在战场上以卓越的战绩证明了刘邦授权的正确。

整个楚汉战争中，刘邦自己率军在正面与项羽抗衡，而授权韩信独立统率大军，过河击魏，北平赵代，逼降燕国，攻灭齐国，最后两军会合，在垓下打败项羽，取得了楚汉战争的胜利。可以说，在长期的楚汉战争中，刘邦能够以弱胜强，夺取战争的胜利，最重要的一个因素就是他大胆起用韩信、授权韩信，使韩信充分发挥了自己在军事指挥上的才能。

刘邦对萧何、彭越、英布、刘贾等人的授权也充分显示了他的领导力和识人之能。

二、善于授权

如何运用授权，充分调动起部属的积极性，发挥其长处，并不是一件简单的事。在貌似简单的外衣下，掩藏着许多技巧。可以说授权本身是一门艺术，也是一门学问。古人曾对"权"做过专门的论述，称为"权，乃人生兵法也"。运用得好，可以事半功倍，运用不好，可能遗恨终生。正确的授权，是在充分了解下属的基础上，根据其特长和才能，有选择地授权，用其所长，避其所短；不能把权力授给没有能力胜任的人。在这方面，刘邦做得非常成功。

刘邦帐下的人，张良、萧何、韩信三大功臣自不必说，其他如陈平、郦食其、樊哙、曹参、陆贾、夏侯婴、灌婴、张苍、张耳、叔孙通、周勃、周昌等等，各有奇才。由于各自的出身、所受教育和原来从事的职业不同，这些人的性格不同，才能也有所偏重。刘邦抓住他们各自的特点，有的放矢地据其才能授予不同的权限，因人而异。因此，他们大多获得了成功。

陈平多奇谋。但初到汉营的他，由于道德方面的缺陷，曾受到刘邦亲近将领的攻击。但刘邦因其才能果断地留用了他，并加官晋爵。

汉王三年，刘邦驻军荥阳南面，修筑甬道与黄河相连，以便取用敖仓的军粮，一直与项羽对峙了一年多，其间项羽多次夺取汉军的甬道，围攻刘邦。刘邦请求讲和，项羽不同意。刘邦非常忧虑，于是陈平对刘邦说："顾楚有可乱者，彼项王骨鲠之臣亚父、锺离眛、龙且、周殷之属，不过数人耳。大王诚能出捐数万斤金，行反间，间其君臣，以疑其心，项王为人意忌信谗，必内相诛。汉因举兵而攻之，破楚必矣。"①

刘邦认为陈平的计策可行，就给他四万斤黄金。陈平派伶俐小校带黄金乔装打扮到楚营去散布钟离眛等人不忠的谣言。只过了两三天，楚营中就到处传说着钟离眛的闲言碎语，并传到了项羽的耳中，项羽开始怀疑起钟离眛来，渐渐疏远了钟离眛。不久，陈平和张良设计，利用项羽的使者到汉军营中的机会，设巧计使项羽对他的主要谋士范增产生了怀疑，通过项羽的手迫使范增自动离开楚营，病死在回家的路上，从而削弱了项羽的力量，孤立了项羽。

而刘邦病危时的托孤，更说明了刘邦在授权方面的独到见识和授权的艺术。当时刘邦已经病危，吕后赶来问刘邦身后事，刘邦回答：萧何死后，曹参可以做相国；曹参死后，王陵可以继任。然而王陵稍为憨直，陈平可以帮助他。陈平智慧有余，然而难以独任。周勃稳重厚道，缺少文才，但能安定刘氏天下的一定是周勃，可以让他做太尉。

刘邦的见地非常准确。吕后专权后，想封自己的娘家子侄为王侯。吕后先询问王陵，王陵回答："高帝刑白马盟曰'非刘氏而王，天下共击之'。今王吕氏，非约也。"吕后听后很不高兴，再去问陈平和周勃。周勃等人说："高帝定天下，王子弟，今太后称制，王昆弟诸吕，无所不可。"② 吕后非常高兴。退朝后，王陵责备陈平和周勃，说："始与高帝喋血盟，诸君不在邪？今高帝崩，太后女主，欲王吕氏，诸君从欲阿意背约，何面目见高帝地下？"陈平、周勃回答说："于今面折廷争，臣不如君；夫全社稷，定刘氏之后，君亦不如臣。"③不久，吕后拜王陵为太傅，剥夺了他的相权。王陵认识到这是对自己反对吕氏子弟封王的报复，便借口有病，辞职回家。而陈平却因为顺从吕后的意见，被从左丞相提升为右丞相，周勃继续做他的太尉。陈平、周勃在各自的职位上一直待到吕后去世，而且吕后在临终也没有撤换两人，这为两人消灭吕氏势力提供了条件。

吕后去世后，周勃和陈平合作，联合朱虚侯刘章等人，假传诏令进入吕氏子弟控制的禁军，掌握了军权，诛除了吕氏子弟，随后迎接刘邦的儿子刘恒进京即位，是为汉文帝。刘邦打下的天下，经过吕后和吕氏子弟十几年的控制，最终又回到了刘邦的子弟手里。其中，周勃、陈平的功劳是不可磨灭的，这从另一个方面说明了刘邦的识人和在授权上的成功。

---

① 《史记·陈丞相世家》。
② 《史记·吕太后本纪》。
③ 《史记·吕太后本纪》。

要做到善于授权，不仅自己要善于发现人才的长处和优点，还要善于听取大家的意见，合众人之力，力争做到对受权者的认识全面、客观、公正，否则就会带来失误，甚至失败。

三、授权之道

1. 当众授权和授权以据

授权的目的是让自己的下属利用自己授予的权力去从事某项工作，达成某项目标。因此，在授权时，要当众授权，以便相关的人员和部门清楚，领导授予了谁权力、授予的是什么权力，权力的大小和范围等，也可以用印信、文书等方式书面授权，其目的都是让下属明白受权者的权力，以免在实际执行中引起不必要的麻烦。不能只是随便说说，引不起群众的重视。

在刘邦的授权中，最能体现这一原则的是对韩信的授权。刘邦决定任用韩信为大将军后，曾想将韩信叫来，口头授权。但萧何认为这种做法不妥，告诉刘邦：大王如果决心任命韩信为大将军，就要选个日子，沐浴斋戒，设广场筑高台举行仪式才行。刘邦采纳了萧何的建议，令夏侯婴按照古时君王选拜大将的仪式筑高台、准备仪式。

高台筑成前，刘邦自己住到斋宫，同时要求文武百官不判押、不动刑、不宰牲、不饮酒、不茹荤，斋戒三天，准备拜将。到期之日，刘邦到韩信临时居住的萧何府中，为韩信推动车轮，以示敬重。

到达高台后，刘邦先洗手，随后令百官和执事人员按照原定的礼仪就位行礼。随后才鸣炮，让引礼官步步引导，历经三层，分别由太史官诏告五岳名山名水、日月星辰和历代名君、天地神灵，分别将象征军队指挥权的弓箭、斧钺和虎符、玉节、金印、宝剑当众交给韩信，让他"假弓矢以定四方，执斧钺而专征伐"。

根据后代小说的演义，第一层，由夏侯婴主持，昭告五岳、名山、大川的神灵，赐给韩信弓箭，让韩信"俾专征伐"。第二层，由相国萧何昭告日、月、星、辰、雷、雨、历代圣帝明王的神灵，赐给韩信斧钺。让韩信"自今以后奉天征讨，诛除无道，为民除害，为天下造福"。第三层由刘邦亲自主持。刘邦面向北方朝拜，手捧龙章凤篆，乐队演奏乐曲。乐毕，刘邦按照古代拜大将的礼节行礼，昭告昊天、上帝、后土和神祇。行完礼，刘邦面朝西站立，韩信面朝北站立，刘邦亲自捧着象征军权的虎符、玉节、金印、宝剑授给韩信，并告诫他说："从今往后，上至于蓝天，下至于深渊，都听从将军节制。如果见到敌方空虚，则乘虚攻击，如果见到敌方势力强大，则暂时停止进攻，不要认为三军强大，而看轻了双方的形势对比；不要认为授命很重要，就不顾士卒的性命；不要认为自身很高贵，而鄙视别人；不要个人独自谋划，而不听从众人的意见；不要因为自己强辞争辩而粉饰自己；要与士卒同甘共苦，与三军共同经受寒暑季节的变化。如果能做到这些，那么士卒、黎民百姓、亲戚、上级、死去的人和上辈，没有不竭尽全力辅佐你的！希望将军您牢记这些并这样去做。"韩信行礼接过刘邦授予的东西，高台拜将才告完全结束。

在这里，刘邦不仅当众授权，还沿用传统的方式斋戒筑坛，诏告天地神灵和山川星辰，充分表现出了对授权的重视。正是刘邦的重视和如此兴师动众，才使韩信在短时间里威服了刘邦麾下的骄兵悍将。不仅如此，在拜将前后，刘邦还借用樊哙的反对，将樊哙捆绑起来交韩信处理，从而树立了韩信的权威，使韩信真正拥有所授予的权力。

在此前后，刘邦多次授权，虽然没有像韩信那样正式，但都当众宣布，授予印信、文书等。如刘邦带兵东出准备平定三秦时，授权萧何以丞相身份处理国政，稳定社会秩序，安抚教化百姓。还定三秦后，又授权萧何辅佐太子刘盈，留守关中，都有明确的授权。

楚汉战争后期，为了安抚、拉拢韩信、彭越等将领，刘邦分封韩信为齐王、彭越为梁王、英布为淮南王。虽是战争期间，仍然派张良带领分封的文书和印信到上述诸人的营地去，当着众将士的面颁布文书，授予印信，还将分封疆域的地图送去，作为凭证。也是授权有据。

刘邦还通过与臣下歃血为盟的方式表达自己的授权准则。消灭异姓诸侯王后，刘邦分封了大量的同姓诸侯王，企图通过家族的血缘关系来保证诸侯国对中央政府的拥护。在封建社会里，像诸侯王这样权力极大、拥有最大限度、最大范围授权的职位，除了极少数时期为酬谢开国功臣的大功外，无一例外是授给同姓亲近子弟的，这是迫不得已的选择，否则很容易产生诸侯国对中央政府的叛变，即使同姓诸侯王，也不能完全保障他们对中央政府始终保持臣服。只不过相对于异姓而言，作为最高统治者的皇帝还是比较相信同姓子弟而已。

刘邦去世前的几年，认识到自己虽然有 8 个儿子，但年龄都很小，太子刘盈也不到 20 岁，且性格软弱，不能独立行事，因此他想尽办法诛除凶悍的异姓诸侯王，换以自己的兄弟子侄，以保证自己打下的江山能永远牢牢地掌握在自己的子孙手中，保证刘家江山不变色。铲除异姓诸侯王后，刘邦又把目光对准了吕后。

刘邦的后期，吕后在诛杀韩信、彭越等诸侯王时表现出了果断和心狠手辣的性格，也表现出了对权力的贪婪。和刘邦的儿子少而年轻相比，吕后的娘家子侄众多，且多数勇猛善战，有头脑有主见。他担心自己死后吕后趁机专权，利用自己的子侄夺取汉家天下，将刘氏江山变成吕氏天下。于是他使出了与群臣歃血盟誓这一招。

刘邦去世前的几天，召群臣列侯进入他养病的长乐宫。他对群臣说："如今的江山是朕带领着诸位历尽艰险取得的，可谓来之不易。朕已病入膏肓，无药可救，这是天意。古人有言：打天下容易守江山难，在朕还清醒的时候，今天与诸位举行歃血盟的仪式。"随之刘邦让礼官叩拜天地后，杀了早已准备好的一匹白马。马血喷在准备好的银盆里。礼官给各位大臣端上搀有马血的酒，刘邦与大臣们一起端起血酒，刘邦起誓："从今以后，非刘氏而王，非有功而封侯，天下共击之。"群臣齐声起誓："非刘氏而王，非有功而封侯，天下共击之。"①

刘邦的杀马盟誓确实起到了一定的作用。吕后时期，虽独揽大权，但对诸侯王这样的授权还是非常慎重的。当吕后想封自己的子侄为王，先咨询王陵等人时，王陵当即表示反对。陈平、周勃明白吕后的心意，知道阻挡不了，就顺着吕后的意思说可以。即使这样，吕后先封功臣和刘氏子弟为侯，作为铺垫，然后封吕氏子弟为侯；先封刘邦的儿子惠帝刘盈的儿子为王，然后封自己的侄子吕台为吕王。以后每次分封，也都是先封刘氏子弟和功臣，然后才分封吕氏子弟。只是到了吕后后期，吕氏子弟的王侯才有明显增加，但仍然比刘氏子弟少。这说明，吕后对刘邦的杀白马盟誓是心存顾忌的。

吕后临死之前，仍然记着这件事，她对自己的侄子吕产、吕禄说："高帝已定天下，与大臣约，曰'非刘氏王者，天下共击之'。今吕氏王，大臣弗平。我即崩，帝年少，大臣恐为变。必据兵卫宫，慎毋送丧，毋为人所制。"② 授权以据和公开授权的威力，由此可见一斑。

刘邦的部下也明白授权以据的道理。刘邦后期，对太子刘盈不满，加上宠妃戚姬的多次要求，想废掉懦弱仁慈的太子刘盈，改立戚姬生育、聪明能干的儿子刘如意为太子。刘邦曾多次与朝臣商量改立太子的事，最终由于众大臣的反对和吕后的努力，改立太子的事搁浅。为避免刘如意以后遭到吕后的打击报复，刘邦决定封刘如意为赵王，并派一老成大臣辅佐如意，实为保护。萧何推荐耿直的周昌。周昌同意奉如意赴赵，但提出要求："陛下命臣辅佐赵王，臣不敢不听从命令。但必须依臣三件事，还望陛下写手敕明确告诫赵王，才可以保证无事。"刘邦问哪三件事，周昌回答说："第一，不可再入朝，以免地方无人保守，也防备有人谋害；第二，赵王到达封国后，谦虚谨慎以保护自己，听

---

① 汉书外戚恩泽侯表记为"非刘氏不王，若有亡（无）功非上所置而侯者，天下共诛之"。
② 《史记·吕太后本纪》。

从臣的劝谏；第三，不可时常与戚娘娘沟通音信，以防被别人识别，母子两人都不能保全。如果依臣这三件事，臣才能辅佐赵王。"刘邦同意，并当即写了手敕，分别交给刘如意和周昌，周昌才奉刘如意前往赵地。刘邦去世后，吕后囚戚夫人于永巷，召赵王。使者三返，赵相建平侯周昌谓使者曰："高帝属臣赵王，赵王年少。窃闻太后怨戚夫人，欲召赵王并诛之，臣不敢遣王。王且亦病，不能奉诏。"① 吕后大怒，先将周昌召回京城，使刘如意失去保护者才达到自己的目的。

2. 授权的稳定性

授权是一个非常郑重的事情，需要一段时间的稳定。一个好的领导者，不仅要敢于和善于授权，还要使授权维持一定的时期，不因为被授权者稍有偏差就收回或变更授出的权限。否则，就会带来不利影响：一是等于向其他人宣布自己在授权上有失误，降低自己的威信；二是收回授权后，如果自己亲自处理，可能精力不够，甚至会处理得更差；三是容易使下级产生领导不放心的感觉，觉得自己不被领导重视。因此，在授权之初，要掌握分寸，适时适度有目的地授权；在授权的过程中，要难得糊涂，睁一只眼闭一只眼，关键问题决不含糊，非原则问题能忍就忍。

在这方面，刘邦有着丰富的经验。无论是军事上的韩信、彭越，还是文臣中的萧何、陈平，刘邦在授权他们时都保持了长期的稳定性。

刘邦授权的稳定性在萧何身上表现得最明显。萧何原是沛县的小吏，刘邦任泗水亭长之前就认识，萧何对刘邦非常照顾，经常帮助他。进入咸阳后，众将争着去抢金帛财物，只有萧何先把丞相、御史保存的律令、档案资料等保存起来，为刘邦全面了解天下情况、与项羽争夺天下提供了有力的帮助。

刘邦到汉中就汉王位后，任命萧何为丞相，授权他管理封国内一应大事。萧何推荐韩信一事充分说明了刘邦对他的信任。在长达5年的楚汉战争中，萧何一直被刘邦授权经营后方，或独自安抚经营巴蜀，或辅佐太子刘盈镇守关中，安抚地方，稳定社会秩序，为前方输送钱粮和士兵。汉帝国建立后，终刘邦一世，萧何一直任丞相或相国一职，处理国家日常大事。其间，刘邦经常出征，到各地去征讨叛乱的诸侯王和将领，或阻击北方来犯的匈奴兵。每次出发，刘邦都授权萧何带领群臣，奉太子留守后方。

萧何不是圣人，其间不可能没有过失，刘邦对他也不是始终如一地完全相信。汉王三年，刘邦率兵在京、索之间与项羽对峙，对萧何产生了不放心的感觉，于是他经常派人回京城慰问萧何。萧何的门客看出了刘邦的心思，对萧何

---

① 《史记·吕太后本纪》。

说:"王暴衣露盖,数使使劳苦君者,有疑君心也。为君计,莫若遣君子孙昆弟能胜兵者悉诣军所,上必益信君。"① 萧何照门客说的做了,刘邦打消了怀疑,信任萧何如初。

刘邦带兵征讨叛军陈豨时,萧何协助吕后诛杀了韩信,刘邦对萧何产生了怀疑,但仅仅是怀疑,而且他自己带兵在外,不能确定,就派使者任命萧何为相国,加封五千户食邑,并派五百士兵和一名都尉做萧何的卫队和护卫。众人都向萧何祝贺。唯独故秦东陵侯召平看出了刘邦的心思,对萧何说:"祸自此始矣。上暴(通曝)露于外而君守于中,非被矢石之事而益君封置卫者,以今者淮阴侯新反于中,疑君心矣。夫置卫卫君,非以宠君也。原(通愿)君让封勿受,悉以家私财佐军,则上心说。"② 萧何按照召平说的做了,刘邦打消了对他的怀疑。

刘邦征英布时,再次对萧何产生了怀疑,多次派使者问萧何在干什么。萧何一如既往地勤劳国事,以消除刘邦的怀疑。这时有人劝萧何说:"君灭族不久矣。夫君位为相国,功第一,可复加哉?然君初入关中,得百姓心,十余年矣,皆附君,常复孳孳得民和。上所为数问君者,畏君倾动关中。今君胡不多买田地,贱贳贷以自污?上心乃安。"③ 萧何依计自污,刘邦非常高兴。

从萧何和刘邦的关系看,两人的关系是最密切的,萧何对刘邦是忠诚的。刘邦虽然有时对萧何产生怀疑,但萧何采取相应的措施后,刘邦就会对萧何信任如初。即使对萧何产生了怀疑,刘邦也没有马上剥夺对萧何的授权,而是采用各种办法,引起萧何及其周围人的注意,给萧何以表明自己、改正错误的机会。正因为这样,终刘邦的后半生,始终授权萧何掌握丞相的权力,保持了很大的稳定性。这与中国历史上另一个布衣出身的皇帝朱元璋形成明显的对照。这也使刘邦在很大程度上赢得了群臣的忠诚。

刘邦授权稳定性的另一个明显例子表现在韩信身上。汉王四年,刘邦在成皋兵败后,与夏侯婴一起逃出,渡过黄河,在离韩信、张耳率领的大军驻地附近的修武住了一夜,第二天凌晨诈称是汉王的使者进入韩信营地,在韩信的中军大帐环绕了一圈后进入大帐,这时韩信和张耳还在睡梦中。刘邦上前将韩信的元帅大印拿在手里,到别的军帐中召集众将会议,改换他们的职守,调整他们的岗位,然后让他们回到自己的新岗位上去。这时韩信和张耳等人才在士卒的催促下醒来,穿戴好衣服来见汉王,向刘邦请罪。但刘邦并没有收回对韩信

---

① 《史记·萧相国世家》。
② 《史记·萧相国世家》。
③ 《史记·萧相国世家》。

的授权，只是给予了口头责备。随后他又加封韩信为相国，封张耳为赵王，留张耳守赵地，自己带领韩信训练的大部分精兵赶回荥阳前线，而让韩信招募新兵东向攻齐。

刘邦对其他将领或臣属的授权也保持了相当长时间的稳定性，除非有特别明显的错误、明显表现出不称职，或别有用途，一般不在中途收回授权。

授权的稳定性是相对的，而不是永久的。像萧何那样终其一生获得同一个授权的现象是不多见的，大多数人是被授权领导或从事一项事业、完成一件事情，达成目标后，将被收回授权或改授别的权限，如楚汉战争后，大部分将领如韩信、彭越、英布等人被收回了指挥军队的权力。韩信、彭越、英布等人作为异姓诸侯王，被授权去管理自己的封国；曹参、王陵、张苍等人被授权担任封国的相国或中央政府的官吏，走上新的权力岗位，从事新的工作。

叔孙通的授权最能说明这一点。刘邦登上帝位的初期，由于文武群臣多来自草莽，接受教育不多，性格粗豪，且大多是和刘邦从小一起长大的伙伴，彼此间毫无顾忌。他们也根本不懂得什么是朝廷礼仪，平时慑于刘邦的威严，还能表现得恭恭敬敬，一旦醉了酒，仗着自己有功，就什么都表现出来了。因此，每次入朝宴会，都闹成一团，吵得人听不见对方说话，彼此夸功，或是自我炫耀，粗话连篇。若是喝多了酒，就更难看了，有的大呼小叫，有的胡乱起舞，有的拔剑击柱，实在不成样子。看到这些，刘邦很苦恼，想改变这一现状。

叔孙通得知刘邦正为朝臣们不守礼仪而烦恼时，趁机提出："夫儒者难与进取，可与守成。臣愿征鲁诸生，与臣弟子共起朝仪。"刘邦问："得无难乎？"叔孙通回答："五帝异乐，三王不同礼。礼者，因时世人情为之节文者也。故夏、殷、周礼所因损益可知者，谓不相复也。臣愿颇采古礼与秦仪杂就之。"刘邦答应："可试为之，令易知，度吾所能行为之。"① 授权叔孙通去做。

叔孙通于是招收鲁地的儒生30人，与刘邦左右为学者与其弟子百余人"为绵蕞野外"。习之月余，请刘邦观礼，刘邦认为可以，下令群臣学习。汉七年，长乐宫成，诸侯群臣朝10月，叔孙通的朝仪首次正式使用。"仪：先平明，谒者治礼，引以次入殿门。廷中陈车骑戍卒卫官，设兵，张旗志。传曰'趋'。殿下郎中侠陛，陛数百人。功臣、列侯、诸将军、军吏以次陈西方，东乡；文官丞相以下陈东方，西乡。大行设九宾，胪句传。于是皇帝辇出房，百官执戟传警，引诸侯王以下至吏六百石以次奉贺。自诸侯王以下莫不震恐肃敬。至礼毕，尽伏，置法酒。诸侍坐殿下皆伏抑首，以尊卑次起上寿。觞九行，谒者言

---

① 《汉书·叔孙通列传》。

'罢酒'。御史执法举不如仪者辄引去。竟朝置酒，无敢哗失礼者。"① 刘邦非常高兴："吾乃今日知为皇帝之贵也！"拜叔孙通为太常，赐黄金五百斤，并封叔孙通聘用的儒生全部为郎一类的官职。叔孙通的任务完成了，对他的授权自然而然也就终止了。

3. 授权适度与监控

授权具有较强的针对性，多是针对某一领域或某一目标而定的，是将领导者在某一领域或某一部分的权力授予下属或执行者。执行者的能力和道德品行、授权的范畴和权限是否合适都关系到授权的最终结果。为了使授权达到最佳结果，聪明的领导者一般在授权时，都就事论事，具有一定的适度性。并通过一定的程序进行监控。而且在授权的领域有所选择和保留，重要的人事任命权、决策权等，应继续保留在领导者手中，不能无目的、无节制地随便授权，否则，就会导致下属滥用职权或带来更大的麻烦。

刘邦在向部属授权时很注意适度性，在授权过程中注意监控。一般问题，放手让受权者自己去拿主意、想办法，付诸实施，重要的决策问题、人事任命等，都紧紧抓在自己手里。

如对韩信，他授予的是操练和调动军队、战场决策和行使军事指挥的权力。而将军中的人事任命权、封赏权和最终决策权留给了自己。在 5 年的楚汉战争中，韩信带领众将东征西讨，立下了汗马功劳。但他的军队都是刘邦原来带领的军队和招收的新兵，他手下的将领都是刘邦任命的，刘邦可以随时征调或调换他率领的军队。东出陈仓还定三秦时，韩信率领部队的主要将领如先锋、军正、监军等都是刘邦任命的；还定三秦和河南等地后，刘邦留韩信守卫关中等地，把他率领的大军接过来自己率领，和诸侯军一起东出攻打项羽的都城彭城；韩信攻占魏、代两地后，因为荥阳一线紧张，刘邦将韩信率领的精兵调回，而让韩信自己用部分兵力和招募的新兵去攻打赵、燕等国；汉王四年驰入营帐夺印后，刘邦再次征调了韩信训练的精兵；刘邦还多次应韩信的要求派兵增援，也曾多次从韩信那里抽调部分兵力。韩信营中主要将领的赏罚升迁，都是先报告刘邦，刘邦予以批准的。

战场的临时指挥由韩信负责，因为战场的形势瞬息万变，不可能提前决定，所以刘邦也不干涉，完全放手让韩信自己去做主。但大的行动计划和战略决策却得先报刘邦批准。平定魏地之后，韩信立即把自己下一步的战略行动计划送给刘邦，请他核准。韩信的设想是：请求刘邦再增兵 3 万人，去平定赵国，然后由赵入燕，从燕入齐，东北地区可望一气扫平，然后再挥师专力击楚，南下

---

① 《汉书·叔孙通列传》。

与刘邦会师。刘邦认为这是一步好棋,当即表示同意,并调拨所属部队3万人,由张耳带领,前去和韩信会合。

萧何受权留守关中时,设立治理机构,制定法律条令,建造宗庙、社稷和宫殿,组建郡、县、邑的政权机构,等等,每次都请示刘邦,等刘邦批准后再施行,如果没来得及请示,就先按最有利的情况办,刘邦回去后再汇报。

无论在军营还是政府里,刘邦都注意人员搭配,使其互相配合、监督。在韩信的军队中,设有监军和对刘邦负责的机密人员。在韩信的领导班子里,无论怎样变化,都有刘邦的亲信将领和家人,他们在某种程度上带有监控的使命。韩信初掌军权时,刘邦自己统率部分军队,做韩信部队的后备力量;同时樊哙、周勃、灌婴等亲信将领在韩信军中任要职;北伐魏、赵有亲信将领曹参和故交好友张耳随行;东向平齐时,派曹参、灌婴随同前往等。

在纷繁的战争年代,为了更好地监控受权者,刘邦还通过经常派使者慰问受权者的方式监控受权者。在刘邦的身边,聚集了一批像张良、陈平、郦食其、陆贾、叔孙通等富有计谋的幕僚,平时为刘邦出谋划策,急用时就充任使者,到受权者那里,安抚受权者,兼有监控的作用。张良、陈平曾多次作为刘邦的使者到韩信军营中。

刘邦还通过使者的频繁往来,暗示自己对受权者的关注,加强监视和控制。汉三年,刘邦和韩信率军与项羽在京、索之间对峙,萧何受命辅佐太子刘盈镇守关中。其间,刘邦一次次地派使者回关中慰问萧何。萧何的门客警告萧何这是刘邦对他起了怀疑,要他把同族子弟中能参军作战的人都送到了刘邦亲自指挥的部队中,刘邦非常高兴,才减少了派回使者的次数。同样,汉十二年秋,刘邦亲自带兵南下平定英布的叛乱,授权萧何留守关中。其间,刘邦也是一次次派使者回京询问萧何在做什么事,只到萧何强买百姓田产自污名声才作罢。这样,刘邦既有效地监控了受权者,又使授权按照自己的意愿延长下去,保证了授权的稳定性。

4. 能放能收

授权的目的是通过让予下属部分权力,调动下属的工作积极性,节省领导者的精力,更好地达成总目标。但由于个人的素质不同、道德修养不同,能力不一样,受权者在授权过程中的表现也不一样。其中不乏忠心耿耿、又有才干者;但也有其他的情况发生:如有的忠心耿耿,勤于职守,但工作的效果不一定最佳;有的虽然能力较强,但不一定甘心处于被领导者地位;还有的既没有工作能力,也桀骜不驯。因此,为了确保授权的效果,领导者既要在授权前认真调查,对受权者有比较充分的了解;在授权过程中善于平衡,加强监控,还要准备充足的力量和手段,在可能出现问题时收回授权,迅速解决问题,把事故消灭在萌芽状态。这一做法，人们通常称为能放能收。

在战争年代决定胜负的主要是军队，因此军队指挥权是否能放能收，不仅决定了刘邦的事业，而且还关系到刘邦和亲属的生命。秦末农民战争中，陈胜就遇到了这样的情况。陈胜派陈人武臣和张耳、陈余徇赵地，武臣趁机称赵王自立；陈胜派魏人周市徇魏地，周市扶魏公子咎为魏王而自立；韩广受赵王之遣略燕地，自立为燕王。陈胜因无力处理只得默认他们自立。武臣也因无力而承认韩广的自立，还将韩广的家属送还。这些事情都不远，刘邦很清晰，因此他对授权很慎重。楚汉战争中，刘邦收回军事授权的重要行动有两次，都是针对韩信，都很顺利。

刘邦第一次收回韩信的军权是汉王二年平定关中后。当时，韩信带兵平定了三秦和今天河南境内的广大地区，收服或击杀了项羽分封的章邯、司马欣、董翳、司马卬、郑昌等诸侯王。刘邦率领汉军主力到达洛阳，听从董公的意见，为被项羽害死的义帝发丧，诏告天下，要为义帝报仇。韩信认为项羽的力量还很强大，汉军还不足以与项羽对抗，主张稍待时日，训练甲兵，再行伐楚。刘邦不听韩信的劝阻，认为项羽带兵在外，腹地空虚，正是偷袭的好时机，坚持伐楚。刘邦见韩信有不同意见，便让韩信交出大将军印，收回授予的指挥权，自己亲自统率大军伐楚。韩信当即交出了军队的指挥权，带领自己的本部兵马回关中了。

第二次收回韩信的军权是垓下之战结束后。垓下之战，韩信亲自领兵30万，同时受命指挥各路诸侯和将领的军队，与项羽对阵，他用十面埋伏打败了项羽，并乘胜追击，迫使项羽自杀，楚汉战争结束。回到定陶庆祝胜利的时候，刘邦便服进入韩信的军营，收回了军队的指挥权，随后刘邦又以韩信熟悉楚地风俗为由改封韩信到地瘠民贫的淮北之地为楚王。

刘邦之所以能顺利地收回对韩信的授权，主要原因是韩信指挥的军队多数是由刘邦的亲信率领的，如曹参、灌婴、孔聚、陈贺、傅宽等人，真正属于韩信的亲信部属不多。而且在韩信受权领兵的过程中，刘邦根据需要不断调配韩信的部属，不让自己的军队与韩信形成亲密关系。

对韩信如此，至于其他独立领兵的将领，刘邦处理起来就更容易了。因为这些将领虽然有领兵打仗的能力，能达到韩信、彭越、英布三人水平的不多，能赶上刘邦的军事指挥能力的也不多。况且他们的利益诉求在刘邦这里已经得到满足，与背叛和投敌相比，他们更珍惜在刘邦阵营的生活。从多数功臣侯的情况看，能够被刘邦授权独立领兵打仗的将领，多数是与刘邦亲如兄弟的丰沛子弟，即使后来加入刘邦阵营的，也与刘邦有着深厚的友情或君臣情谊。

对于没有军权的文臣，刘邦对于授权的收放更容易。汉王四年，韩信已平定魏、赵、代、燕等国，彭越等人在项羽的后方游击偷袭，刘邦在荥阳等地与项羽的争斗中也逐渐扭转了劣势，楚汉之争的天平已倾向汉。这时郦食其向刘邦进言："昔汤伐桀，封其后于杞。武王伐纣，封其后于宋。今秦失德弃义，侵伐诸侯社稷，灭六国之后，使无立锥之地。陛下诚能复立六国后世，毕已受印，此其君臣百姓必皆戴陛下之德，莫不乡风慕义，原（通愿）为臣妾。德义已行，陛下南乡称霸，楚必敛衽而朝。"刘邦认为他说的对，就让工匠刻制6国的印玺，令郦食其带着这些印玺去加封6国的后人。张良知道此事后，极力反对。刘邦听完张良的分析，大骂郦食其坏了自己的大事，下令工匠销毁已经刻制好的印玺，收回了对郦食其的授权。

刘邦之所以能顺利地收回授权，是因为他做到了两点：一是确立自己的绝对权威，二是保留了足够的力量，足以控制受权者。刘邦在将军队的指挥权授予韩信等人时，并没有全部交给他们，只是给予了部分。在楚汉战争中，刘邦始终在自己手里保留了大量的军队，其数量远远超过了受权诸将指挥的军队，他还多次将各将领训练和指挥的精兵抽调过来，归自己指挥。如前所述，就是这部分军队的指挥权，刘邦也没有完全给予各受权将领，而是有所保留。因此，在需要时，刘邦就授权韩信等将领，没有必要时就非常顺利地将授权收回。

汉初异姓诸侯王的设立，也是一种特殊意义的授权。在这些诸侯国内，诸侯王被授权率领封地内官吏管理百姓、保护地方安全、收取租税和指挥中央政府允许的部分军队等，但封国的相国、将军等重要官吏由中央政府任命和委派，他们是中央政府设在诸侯王国的有力监控者。而且各诸侯王国的地方相对偏远，且犬牙交错，相互牵制，其综合实力无法与中央政府抗衡。在军事上，刘邦在中央保持了强大的常备军，远远超过了各诸侯王国的总和，加上在长期战争中形成的绝对威信，刘邦对异姓诸侯王国的授权真正做到了能收能放。

汉初异姓诸侯王的来源有两种情况，一是刘邦对有重大军功的将军的酬劳，如楚王韩信、梁王彭越、燕王卢绾、韩王信、赵王张敖等；一是项羽所封诸侯王的延续或继承，如燕王臧荼、衡山王吴芮等。淮南王英布原为项羽分封的九江王，投奔刘邦后改封为淮南王。对刘邦而言，分封异姓将军为王并非心甘情愿，而是楚汉战争大形势下采取的权宜之计，像韩信、彭越的分封，还是在刘邦情势危急时用手段要来的，刘邦心中更为不满。因此，刘邦即帝位不久，就开始了消灭异姓诸侯王的斗争。

各诸侯王中，韩信是因为功劳极大被刘邦分封为王的，也是刘邦一手提拔重用的将领。按理说，在所有的异姓诸侯王中，他应该是刘邦最信任的人。但他足智多谋，擅长领兵作战，在当时无人能够与之匹敌。韩信的这些优点，在战争年代是刘邦胜利的关键。但战争结束以后，韩信拥有这些优点就不是好事了。刘邦害怕韩信的长处，害怕他不满足于现状，起兵造反，而自己手下的其他将领没有一个人能控制得了韩信，因此他对韩信很不放心，加上韩信几次在刘邦危急时不前往救援，反而趁机邀功请赏，刘邦对他就更不相信了。因此，刘邦首先琢磨的就是如何对付韩信。汉六年12月，有人告发韩信谋反，刘邦趁机用陈平的计策，假称巡游云梦泽，要各诸侯王到陈县相见。韩信一到，刘邦就将他擒获，剥夺封国，带回洛阳，贬为淮阴侯，让他在京城居住，放在自己眼皮子底下，以便控制。韩信后被吕后杀死。

彭越是另一个有勇有谋、能独当一面的诸侯王。汉十年刘邦征伐叛将陈豨时，曾派使者至梁要彭越带兵参战。彭越害怕刘邦会像伪游云梦抓捕韩信那样暗算自己，就装病没有前往，而是派大将领兵前往。刘邦非常愤怒，就派使者前去谴责彭越。彭越很害怕，决定前往刘邦驻地请罪。但将军扈辄劝他："王始不往，见让而往，往则为禽矣。不如遂发兵反。"但彭越思虑再三，觉得起兵造反势必失败，前去谢罪也难免被擒。因而采取了一条既不前往谢罪、也不起兵谋反的中间路线，以求保住封地和性命。但不久，彭越的太仆因畏罪逃往刘邦军营，诬告彭越谋反。刘邦趁机作为借口，派使者前往逮捕彭越。蒙在鼓里的彭越见刘邦的使者到来，按惯例恭听使者宣召。使者一使眼色，所带随从一拥而上把彭越按在了地上。彭越认为自己没有谋反，便和刘邦的使者一起前往洛阳。结果一到洛阳就被严刑拷打，最后以"反形已具"的罪名被夺去封国，贬为庶人，流放蜀郡青衣道，后被吕后设计害死。

张敖的封地和授权被夺，则是另一种方式。赵王张敖是大将、故赵王张耳的儿子，在张耳死后继承王位，还是刘邦的女婿，吕后亲生的女儿鲁元公主的丈夫，可以说是刘邦的近亲。他身材高大、相貌英俊，且恭谨谦让，非常孝敬。汉高祖九年，张敖手下的大臣告赵相贯高等人和张敖曾阴谋刺杀刘邦，刘邦非常气愤，派人把张敖和赵相贯高等人捉到京城。原来，刘邦从匈奴人的包围圈里出来后，回长安途中经过赵国，在张敖的府中歇息。这时张敖和鲁元公主还没有结婚，但看到未来的岳丈、当今的皇帝来了，张敖认为是表现自己孝心的机会来了，亲自端汤送饭，侍奉刘邦，忙得把袖子都卷起来了。但刘邦却不买这份情，他认为张敖不像男人，张敖对他越谦恭，他就越反感，"箕踞詈，甚慢易之"，骂着拂袖而去。张敖不知哪里得罪了刘邦，跟在刘邦后边恭谨地解释。张敖自己没觉得有什么，在场的赵国老臣们却不干了，尤以相国贯高、赵午等人极为气愤，嚷着要杀掉刘邦报仇。张敖当即制止了他们，并让他们今后莫谈此事。贯高等人当场答应了张敖，但背后仍不死心，他们决定寻找机会，一定杀掉刘邦，为张敖雪耻。

第二年，刘邦再次带兵北上打击叛军，路过赵国。贯高等人买通了杀手，等在刘邦准备经过的柏人旅舍准备暗杀刘邦。谁知刘邦到了柏人旅舍后，一听这个名字不吉利，吃过饭没有住下就走了。贯高等人非常惋惜，有时与谋划这件事的人在一起悄悄议论一下，不想被一个与贯高有仇的大臣听到了，他到刘邦那里告了状。刘邦就派人把张敖家人和朝中大臣押进了京城。

贯高到达京城后，极力为张敖开脱，把一切责任都揽到自己身上，刘邦确信张敖不是刺杀自己的主谋，加上吕后求情，便赦免了张敖，但把他的赵王封号和封国及相关的授权全部剥夺了，改封张敖为宣平侯，原赵地封给自己最亲信的小儿子刘如意。

韩信、彭越被夺地夺王位后，英布起兵造反，兵败国除，自己被杀。而在此前，燕王臧荼、韩王信因叛乱被杀，连刘邦的好友、新燕王卢绾也在刘邦去世前发动了叛乱。到刘邦去世为止，汉初分封的异姓诸侯王，除少数如衡山王外，都被剥夺了王位和封地。刘邦又把这些地方封给了自己的兄弟和子侄。

诸侯王的授权说收就收了，其他列侯和臣子的授权就更容易了。

汉帝国建立以后，刘邦和臣下探讨汉兴楚亡的得失时，曾经对自己的授权艺术做了简单总结，他说，张良、萧何、韩信这三个人，都是人中俊杰，我能任用他们，这是我所以取得天下的原因。刘邦提及三人中，张良追随其身边，为其出谋划策，属智囊性人物。萧何和韩信则是接受刘邦的授权，在战争年代独当一面的人物。刘邦在称赞三人、自诩得人的同时，无形中也肯定了自己的授权做法。

总之，授权可以充分调动下属的积极性，增强他们的自信心，同时可以使领导从日常事务中解脱出来，集中精力抓大事。有助于在实现多层目标的基础上实现总的目标。作为领导者，要敢于授权。

但授权又是一个举足轻重的决策，在实现目标的过程中起着决定性的作用，授权的正确与否，直接决定了整体目标的命运，因此，作为领导，不仅要敢于授权，而且还要善于授权，要掌握授权的艺术，要当众授权，授权以据，要坚持授权适度和授权过程中的适时监控，要保持授权在一定时期内的稳定性。还要注意对受权者的控制，做到能放能收，以免出现尾大不掉的形象。

成功的领导者都是善于授权的大家，他们既下放一定的权力给部下，又不能给部下以过度重视的假象；既大胆信任，又对他们有一定的牵制。

第六篇　协调的能力与艺术

协调关系是领导活动中一项重要的工作，是展现领导者领导能力的重要环节。俗话说："搞好关系办大事"，人是社会的人，无论你持什么样的人生观、价值观，都离不开"关系"，都生活在"关系"中，需要与上下、左右建立各种各样的关系，协调彼此的关系。作为一个领导人，组织的代表者，所要面对的"关系"更多，必须在"关系学"上磨炼成为一个游刃有余的能手。只有这样，才能做到无论左突右闪、东走西颠、上传下达，都能把大事变成小事，把不必要的恩怨弄得清爽一点，让整个集体形成一股合力，共同对外。因此，有人称领导的天职就是建立关系和协调关系，在评价一个领导的水平和能力时，把其协调关系的能力作为一个重要的方面。如能做到与上级风调雨顺，与下级宽严有度，与同僚远近结合；与反对派进退有序，与支持者恪守原则，与中间派打成一片，与两面派明辨是非，就能成为成功的领导者。

一、上行协调的能力和艺术

在各种社会关系中，与上级领导的关系是每个领导者首先要解决好的问题。每位领导者都需要与上级领导打交道，作为下级，他们都希望能够与上级有良好的关系，因此，每个领导者都需要协调与上级关系的能力。

刘邦的一生，大部分时间在家乡，任侠交游，壮年后做亭长之类的小官，其后参加秦末农民战争，打进咸阳，被项羽分封为汉王，暗度陈仓平定三秦，直到洛阳发丧，公开与项羽决裂。这一时期，无论名义的还是实际的，他一直处在别人的领导之下，其协调关系的能力是全方位的，不仅要统驭属下，更要协调与事实或名义上的领导的关系。

刘邦与其领导的关系，可以分为不同的时期，流亡芒砀山之前，特别是任泗水亭长期间，与领导是纯粹的上下级关系；沛县起义之后的一段时间，刘邦属于反秦义军中的一支，独立自主；在反秦过程中，刘邦为了生存，先后依存秦嘉、项梁等人，后又与项梁等人共同尊奉义帝，刘邦与秦嘉、项梁是依附与被依附的关系，不完全是单纯的上下级关系，与项羽是平级关系，与义帝则是名义上的君臣关系；从受封汉王到洛阳公开反对项羽期间，刘邦和项羽是诸侯与名义上的共主之间的关系,既有上下级关系,又是平级关系。不同的时期,由于和领导者的关系不同,刘邦在协调与上级的关系时也采取了不同的方式。

1. 办好分内事

"分内之事"本意是本分之内的事情,通常指自己应负责任的事,是自己职权范围的事情。相对于上级领导者,基层领导者是受权处理自己管辖范围内的事情的。无论基层领导者和上级领导者的关系如何,做好本职工作是基层领导者的应尽职责,只有把自己职责内的事情做好了,才是对上级领导者的最大的支持。那些耕了别人的田荒了自己的地的基层官员,无论能力有多大,都不能得到上级领导的认同。

刘邦在青年时期,不愿从事农业生产和商业经营,终日爱好与脾气相投的人来往,呼朋引类,任侠使气,但处事公平,为朋友不吝惜自己的钱财和力气,有士者之风,因此深得朋友的爱戴。进入壮年,在朋友、当时的沛县主吏掾萧何的帮助下,做上了泗水亭长这样的小官,负责缉捕盗贼、维持地方治安、调解民事纠纷和迎送过往官员。从此刘邦和沛县的官员,如县令、吏掾、狱掾等发生了直接的上下级即领导与被领导的关系。

刘邦做亭长后,他的处事公平和为人豪爽的性格派上了用场,他把大部分的精力放在了处理自己辖区内事务上。乡村的琐事很多,如乡民为地界吵架,为男女之事斗殴,偷盗猪羊,等等。应付这些事,刘邦非常在行,都能处理得井井有条、让人心服口服。上面摊派下来的徭役和赋税,刘邦能够公平合理的分配,人们也没有意见。因此,刘邦上任不久就成了泗水亭不可缺少的人物。这样的亭长自然令上司们放心和高兴。

至于迎来送往,更是刘邦的拿手好戏,他热情、周到、讲义气,没有小家子气、敢作敢为、有气量,加上可夸的政绩和好朋友萧何的帮助,刘邦很快就和县里的管理者们混熟了,他们都喜欢他,愿意和他这个下级官吏交朋友。逐渐地,刘邦的精明传到了县里,有时县里有些事需要到郡里、中央政府去处理,县令也会想到他这个有眼色、持重、办事利索的小亭长。因此,当县里需要派人押送一批刑徒到咸阳服徭役时,在萧何的推荐下,县令把这个见世面的好差使交给了刘邦。刘邦对这趟差使非常上心,毕竟这是自己第一次离开郡县,到咸阳这样的大都市去。一路上他不敢大意,和刑徒们吃住在一起,晓行夜宿,终于按照规定的时间到达了咸阳。

到达咸阳后,刘邦的队伍被分配到距都城咸阳不远的近郊从事劳役,作为带队的头目,刘邦并不从事具体的劳作,只承担队伍的管理责任。从此后刘邦多次被县令派遣赴咸阳公干来看,他和都城的相关官员处得不错。

正是这次到咸阳,触发了刘邦心中的理想。作为带队的管理人员,刘邦利用职务之便，多次到咸阳城中，瞻仰雄伟的咸阳城墙和城楼，游览城中繁华的市场。有一次还亲眼看见了秦始皇的出行。这次见闻改变了刘邦的命运，见到秦始皇的威仪后，他心中产生了另一个"理想世界"，那就是像秦始皇那样，成为最高统治者。从此他开始有意识地磨炼自己，为将来的大业做准备。

因为刘邦的稳重能干，他后来多次被沛县县令派往咸阳公干，史书上说"常徭咸阳"。而每一次到咸阳，都强化着他的理想，督促他为未来做更多的准备。

志趣相同、仗义豁达，是刘邦同早期的萧何、曹参等人相处的秘诀之一。

刘邦年轻时好任侠使气，与志趣相同的人交游。后来干了亭长，特别是从咸阳公干回来以后，产生了建功立业的念头，于是他有意识地和那些有能耐的干练之人和豪爽义气之人交往。志向和兴趣的相同，逐渐使他和萧何、曹参、夏侯婴、任敖这些沛县有名的豪杰，也是他的上级领导成为好朋友。

萧何和刘邦的相知源于一次偶然的机会。当时，刘邦已开始注意自己今后的生活了，决定利用自己的长处，学习为吏之道，以后有机会时好到官府里谋个一官半职。他经常到县里去走动一下，主动结交县衙里的人。当时萧何在沛县衙中做吏掾，是个有权力的肥差，但他并不像其他官吏那样贪婪，利用自己手中的职权榨取钱财，而是办事公道，尽力帮助每一个熟悉的人，因此深得人们的称赞。他和刘邦一样，也是丰邑人，家庭条件比较好，自幼饱读诗书，因此很早就被县里选拔为吏。

某年夏天的一天，天气很热，萧何下班后和同衙的几个小吏到城外一段比较偏僻的护城河里游泳，正巧刘邦和几个朋友也在那里游泳。刘邦等人先上岸。萧何他们游完上岸，发现刘邦他们还在岸上的树下纳凉闲聊，萧何等人也坐在草地上。从刘邦等人的说话中，萧何猜测他们可能是中阳里人，他转过头看他们，发现靠自己最近的一个人左腿上有几排黑痣。他大吃一惊，知道传说中古代赤帝的身上有72颗黑痣，凡身上有这样的痣的人都是了不起的人，将来肯定兴旺发达，便走上前向他们打招呼。

那个身上有黑痣的人正是刘邦，他原来曾听别人介绍过萧何，见萧何走向前来打招呼，便站起来回答。作为同龄人，萧何原来也听说过刘邦的名字和事迹，但并不认识，听说他就是人们所说的仁义之士刘邦，非常高兴，与刘邦攀谈起来。攀谈过程中，萧何看清刘邦腿上的黑痣正是72颗，便产生了与他深交的想法。后来，萧何多次帮助刘邦，带他认识结交县中的豪杰，并帮助他当上了泗水亭的亭长。

此后两人的交往就更多了，两人经常在一起探讨各种问题，有一次萧何像是自言自语地对刘邦说：刘兄已过而立之年，是打算像水中的浅草一样平平静静地随波逐流地虚度一生呢，还是想打破常规，奋力建功立业呢？两人的心连到了一起，从此交往更深了。

曹参是沛县的狱掾，是县一级政府主管监狱工作的主官，他是在萧何的介绍下与刘邦结识的。一次，曹参和萧何办完公事路过泗水亭，见到时任亭长的刘邦。当时刘邦刚帮身有残疾的乡农盖过房子，光着脚，裤腿卷得很高，两脚都是泥，上衣灰蒙蒙的，还敞着怀。曹参当时心里嘀咕："这是个亭长吗？"

当听到萧何非常随便地问刘邦又给谁帮忙去了，刘邦回答："人生在世，不就是个义字。为我自己，我才不会这样辛苦。走，上酒馆去，今儿能有幸认识曹参兄，也是兄弟的福分"，并对自己拱手行礼时，曹参非常吃惊，一是为刘邦的乐于助人，二是初次相见刘邦就知道自己的名字。吃饭间听到刘邦的谈话，曹参肃然起敬，认为刘邦将来可能是个人物。

交往了一段时间后，萧何问曹参对刘邦的印象，曹参脱口而出："是个仗义疏财之士，够朋友。三十多岁没家小却不急不躁的，似乎胸有高谋。"

正是由于志趣相同和刘邦的仗义豁达，他和萧何、曹参、夏侯婴、任敖等官阶比他高的领导结成了至交好友，这些人成为他以后起兵反秦、与项羽争夺天下的得力助手。

2. 适度有原则的抗争

上下级关系是一对特殊的关系。上级领导者喜欢下级维护自己，但不喜欢完全的奴才，而是喜欢有个性的人才。单纯唯唯诺诺，见了上级领导连屁也不敢放的人，是没有主见的人或喜欢耍阴谋诡计的人。一个真正的人，应该主动说出自己的心声，并在必要的情况下进行适度有原则的抗争，让上级领导者了解自己的真实想法。

在年轻时，刘邦非常崇拜战国时期魏国的信陵君。信陵君是战国末期魏昭王的小儿子，魏安僖王的同父异母弟弟，与齐国的孟尝君、赵国的平原君、楚国的春申君合称战国四大公子。"公子为人仁而下士，士无贤不肖皆谦而礼交之，不敢以其富贵骄士。士以此方数千里争往归之，致食客三千人。当是时，诸侯以公子贤，多客，不敢加兵谋魏十余年。"[①] 影响力超过了当时四大公子中声望最高的齐国孟尝君。

刘邦喜欢信陵君礼贤下士的侠义精神和令人赞赏的领袖魅力。他对信陵君的崇拜一直延续到建立汉帝国后。称帝后每次到大梁，刘邦都不忘去信陵君墓前吊祭。汉十二年，特别封给信陵君五家守墓人，世代奉祀。

因为崇拜信陵君，他有时就模仿信陵君的作为、思想和风范。他对当时的

---

① 《史记·魏公子列传》。

沛县县令平常鱼肉百姓、巧取豪夺的行为看不惯,就想找个机会治治他。不久,这个机会来了。

沛县县令是单父人,父亲早亡,他与寡母过日子,生活很贫困,有时吃了上顿没有下顿,但他很有志气,苦读不辍。他的邻居吕公看他好学上进,经常帮助他,给他送点粮食和衣服之类的东西。后来终于被推荐当上了官吏。

吕公一直在家乡居住生活,后来因与乡邻结仇,怕遭人暗算,就举家来投奔沛县县令。吕公有两男两女,长男名吕泽,次男名吕释之,都曾读过多年诗书,很有修养。长女叫吕雉,不仅人长得漂亮俊俏,脾气也倔强得出奇,平日里哥哥弟弟都让着她,她也特别有主见,凡事都喜欢自己拿主意,有时连娘的话也不听。曾有不少人登门求亲,但她谁也看不上眼,她相信父亲的话,自己将来肯定要嫁个不平凡的人,吕公也不勉强她。因此,高不成,低不就,早就过了当时姑娘出嫁的年龄,她还待字闺中,没有许配给人。

沛县县令借新年来临的机会,给沛县的各级官吏和辖下的乡绅富户下了请帖,说要给吕公接风洗尘,其实是趁机聚敛钱财。

刘邦早就对沛县县令巧取豪夺的行为不满,一直苦于找不到机会。对沛县县令这次别出心裁、肆无忌惮的敛财,刘邦非常气愤,便借机前往。负责接待的正是刘邦的朋友、沛县的主吏萧何。萧何对所有的来客说:礼物满一千钱的,坐在堂上,不满一千钱的,坐在堂下。

刘邦走进大门一看,堂下已经黑压压地坐了一大片人,都是那些平日喜欢趋炎附势、攀龙附凤的势利小人,自己平常就看不起他们,不屑与他们为伍。大堂上设有雅座,还有几个空座。于是刘邦就取过礼帖,伸手在上面写了"贺礼一万钱",交给了负责接待的侍者。

侍者立即回禀吕公,吕公正忙于应酬。当时,多数人都送三百钱、五百钱,上千钱的不多。听说有人送万钱,吕公很吃惊,当即上前接待刘邦。吕公曾经听说过刘邦的名字,到门口迎接刘邦。刘邦也不谦让,挺胸阔步,坐在了贵宾席,一点也不谦让。在酒席中,刘邦谈笑风生,潇洒自如,史称"狎侮诸客,遂坐上座,无所诎"①,把沛县县令冷落在一边。

刘邦的这种做法,在多数人看来有些出格,太过狂妄,但对刘邦来说,对待沛县县令这种鱼肉乡里的人就应该给予适当的惩戒。结果,不仅给了沛县县令难看,还因独特的相貌被吕公相中,将吕雉许配给他,成就了一门好姻缘。

3. 以诚相见,推心置腹

"推心置腹"的本意是把赤诚的心交给对方。语出范晔《后汉书·光武帝

---

① 《史记·高祖本纪》。

本纪》:"萧王推赤心置人腹中,安得不投死!"比喻真心待人。在与上级领导者相处时,应该出自真心,以诚相待。只有下级与上级真心相待,才能人心换人心,上下级之间拧成一股绳,形成合力,共同把事情做好。如果上下级之间相互猜疑,互相拆台挖坑,是不能形成合力的。

刘邦起义不久,手下大将雍齿利用刘邦让他驻守根据地丰邑的机会据丰邑背叛了刘邦,刘邦非常气愤,亲自带兵攻打雍齿。由于城高墙厚,刘邦几次进攻都没有取得胜利,于是他带领自己的队伍去依附另一支反秦义军——秦嘉、景驹率领的义军。

刘邦到达秦嘉的驻地,直截了当地说明来意。秦嘉佩服刘邦的以诚相见,当即答应。正当双方商议借兵事宜时,探马前来报告说秦将章邯正率兵向秦嘉等人驻守的留县攻来。

刘邦意识到当时情况下再谈借兵的事不合时宜了,当务之急是双方联起手来,共同对付前来进攻的秦军,于是,他果断地对秦嘉说:"我愿与秦将军共同击敌。"刘邦的诚恳让秦嘉非常感动,他立即赞同,并称赞刘邦:"沛公真乃仁义之士也。"

虽然因为双方军队配合不好,刘邦和秦嘉在迎战秦军时没有取胜。但刘邦的真诚还是让秦嘉佩服。因此,当刘邦提出:"章邯领兵作战最喜欢攻击战,现在砀城秦军守兵不强,只是因为你我配合不当才吃败仗",提出再攻砀城,以挫秦军锐气时,秦嘉立即带兵和刘邦一起前往围攻砀城。两人率军把砀城围了3层,经3天3夜激战,攻占了砀城。随后,秦嘉又听从刘邦的意见,一起攻占了下邑,并很痛快地借了部分兵力给刘邦,让他带领去打丰邑。

但刘邦仍未能攻下丰邑。这时,项梁、项羽叔侄两人率领在江东起义的一支起义军一路攻城略地,到了刘邦的家乡沛县附近的薛。这支义军在进军过程中勇猛善战,攻无不克,战无不胜,沿途收容陈胜和其他义军的残部,到达薛时已发展到七万余人,声势比较大。于是刘邦转而去投奔项梁。项梁很喜欢举止大度、谈吐豪爽的刘邦,当即借给他5000人马和10员将领。刘邦借助这一力量很快就攻下了丰邑,赶走了雍齿。

这一时期,刘邦和项羽相识,两人谈得非常投机。旁边的偏将见两人挺投机,便提议:"项将军既然和沛公一见如故,何不结为异姓兄弟?"当时刘邦的军队总数不过数千人,与项梁叔侄的势力不可同日而语,如能与项羽结拜为兄弟,便会成为项家的亲信,这对刘邦的事业和未来发展肯定会有很大的帮助,好处是无法估量的。刘邦非常同意,于是禀告过项梁之后,两人当众摆开香案,扫清空地,对天起誓,结拜为兄弟。

刘邦和项羽的结拜确实起了很大的作用。在当时情况下,群雄蜂起,互相之间争夺地盘或鲸吞，许多势力小的义军被势力大的吃掉是常事。刘邦和项羽结拜为兄弟，在众人的眼里，就成了项家叔侄的亲信，在许多时候就让着刘邦，也愿意和他交往。

刘邦与项梁叔侄仍然以诚相待，推心置腹。每次战斗前，项梁就自己的战斗部署向刘邦咨询时，刘邦都把自己的意见说出来，或赞成，或反对，赞成有理由，反对也有说法。在当时的战争环境中，胜利代表了一切。刘邦的意见多数都很有见地，又是从双方的长远利益出发，因此项梁对刘邦的意见大都耐心听取。

在战斗中，刘邦率领自己的军队跟随项梁左右，根据项梁的命令作战，项羽则与刘邦并肩作战，两人互相支持、互相支援，配合得很好。

项梁在定陶城下被章邯杀死后，逃走的士兵跑到正在外黄城下的项羽、刘邦的军营，报告了项梁的死讯。项羽非常痛苦，发誓要为项梁报仇。刘邦思虑再三，对项羽说："项将军刚刚去世，又损失了几万军队，军心难免有所动摇，我军不能再在外游击了，应迅速返回，以防卫都城为妙，贤弟认为如何？"

项羽认为刘邦的意见很对，就和刘邦一起率军回到了楚国的临时首都盱眙。到达盱眙后，刘邦与项羽、另一个统兵将领吕臣商议今后的行动方略。刘邦提出：彭城是军事重镇，具有优越的地理位置，城防也坚固，不如迁都彭城，他和项羽、吕臣3人分别带兵驻守彭城的周围，可以防止秦军来犯。

项羽、吕臣认为刘邦的话很对，赞同他的意见。三人一同去见楚怀王，怀王也赞同刘邦的意见，于是迁都彭城。

4. 亲而不近，同流而不合污

"亲近"本意指双方关系密切。"同流合污"本意指思想、言行与恶劣的风气、污浊的世道相合。"同流合污"语出《孟子·尽心下》："同乎流俗，合乎污世。"多用来指跟着坏人干坏事。在上下级关系中，使用"亲而不近""同流而不合污"多指双方保持适度的距离。即在正确的事业上，双方进行亲密的合作，以诚相见；但在一些不正确的事务上，双方保持一定的距离。双方的关系是既合作又保持距离，在紧密合作的同时又保持适当的独立性。

刘邦托庇于项梁帐下，和项羽结拜为兄弟，既有英雄惺惺相惜的真情，也有虚与委蛇、背靠大树的想法。因此，在与项梁叔侄交往时，有利于反秦大业又无损自己的事情，刘邦都很积极，和项氏叔侄配合得很好，但同时又表现出一定的独立性，对项氏叔侄所做的不利于反秦大业的事情，表现出应有的距离。

项梁占领薛城后，针对陈胜死后，各路义军各自为战，彼此间矛盾不断，甚至互相攻击，抢夺地盘的情况，就召集部将和刘邦等人开会，商量尊立新王的事情。

起初，众将领考虑到推立国君是个大事，不好随便说话，后在项梁的一再催问下，一位将领省悟了项梁的意思，知道项梁是想自立为王，便说："项将军英明果断，德高望重，何不自立为王？"有几个人连声附和。

项梁觉得是时候了，但还得谦虚一下，就问刘邦，"沛公以为如何？"

刘邦并不愿让项梁自立为王，自己今后永远做他的臣属，但在这种情况下，又不能提出反对意见，便笑了笑，对项梁说：

"将军知晓楚国内情，又仁德服人，自有定夺。我乃局外之人，唯将军是听。"

刘邦的话看似完全尊重项梁的意见，但并没有直接同意项梁自立为王，更没有向项梁劝进，而是通过称赞项梁的方式把皮球踢了回去。这显示刘邦和项梁叔侄虽然亲近，但仍保持自己的独立性，与项氏叔侄有意地拉开一定的距离。

后来，在范增的劝说下，项梁放弃了自立为王的企图，和众将一起拥戴战国时楚王的后裔心为王，称楚怀王，都城一开始设在盱眙。

在许多方面，如对待敌军和俘虏、对待帮助秦军守城的百姓和军队的纪律等方面，刘邦也注意保持自己的"宽大仁慈"，不与项氏叔侄的滥杀屠城同流合污。

5. 展示自我美德

展现美德是在现实中把自己做得好的那一方面展示给大家。展现美德是基层领导者在与上级领导者相处时必须进行的工作，目的是让上级领导者看到自己的长处，从心理上亲近自己。

在楚怀王手下的将领中，项羽勇猛善战，敢打敢冲，对秦军必欲置之死地而后快，每次攻城，项羽都率领所属部队进行凶残的屠城，不把秦军和秦军官吏杀光决不收刀，连老人小孩也不放过。有时他还迁怒于协助守城的百姓，对手无寸铁的百姓也大肆杀戮。其他义军将领在屠城这件事上与项羽大同小异，而刘邦对此则持相反的态度，他认为要成就大事业，只顾一味乱杀滥伐，没有远见是不行的，于是他时时处处注意树立自己的良好形象。对于秦军和秦军坚守的城池里的百姓，刘邦认为只有顽抗的秦军才是杀戮的对象。因此，他尽量约束自己的队伍，减少杀戮。对于普通百姓，则持爱护态度，尽量保护他们的生命和财产。因此，每次攻下城池，他首先做的是发布安民告示，稳定社会秩序，与项羽的只顾杀戮形成明显的差别。

应齐国田荣的要求解除章邯对东阿城的围困后，刘邦和项羽根据项梁的命令追击章邯，在城阳追上了章邯。章邯见项羽和刘邦紧追不放，赶紧丢下城阳，率领主力部队向西逃去。项羽和刘邦决定攻下城阳。

项羽犹如脱缰的野马一样，冒着守城秦军的如雨点般稠密的箭头和碎石，向城头冲击,第一个登上了城楼。随即,项羽下令手下尽情砍杀,屠戮所有秦军。一天下来,城阳城里血流遍地,惨不忍睹,城中的无辜百姓也大多死于刀下。

项羽攻城时,刘邦也率军跟进,他看到项羽刀下血光四溅,深为惊异,感叹项羽的凶悍无情,但项羽的勇猛冲杀是为了反秦大业,他无法说什么,便命令自己的部下,进城后只击杀拿着武器抵抗的秦军,对放下武器的秦军一律不杀,对无辜百姓给予保护,因此,在刘邦军队占领的区域,杀戮很少,老百姓都很感激。

正是由于刘邦注意约束自己的军队,爱护百姓,很少杀戮俘虏和屠城。在当时的义军中,他逐步树立起了自己"忠厚长者"的形象,楚怀王也对他产生了好感。也正是这种好感,在选派将领西去攻打秦军根据地时,楚怀王就听从众老将的意见,派刘邦率兵向西入关,而没有同意项羽西向入关。

史载:赵数请救,怀王乃以宋义为上将军,项羽为次将,范增为末将,北救赵。令沛公西略地入关。与诸将约,先入定关中者王之。当是时,秦兵强,常乘胜逐北,诸将莫利先入关。独项羽怨秦破项梁军,奋,原(通愿)与沛公西入关。怀王诸老将皆曰:"项羽为人僄悍猾贼。项羽尝攻襄城,襄城无遗类,皆坑之,诸所过无不残灭。且楚数进取,前陈王、项梁皆败。不如更遣长者扶义而西,告谕秦父兄。秦父兄苦其主久矣,今诚得长者往,毋侵暴,宜可下。今项羽僄悍,不可遣。独沛公素宽大长者,可遣。"卒不许项羽,而遣沛公西略地,收陈王、项梁散卒以伐秦。①

借助现在留存的资料,进一步分析,我们会发现刘邦与项羽更多的不同:项羽对部属极重礼节,加上出身贵族世家,深得部属崇拜,但年纪轻,经验不足。对内部来说,项羽具有足够的领导魅力,工作效率又高,但这种领导魅力只能让人仰视,不容易让人亲近。他作战时英勇无比,身先士卒,他率领的军队因此特别勇敢,士气高昂,打击敌人时也特别有效率,经常毫无顾忌地残杀对方,因此,他的震撼力虽强,残忍的杀戮却严重伤害了楚军的形象,坚定了秦军的抵抗之心,这是楚怀王身边的老将军反对他带兵西进的主要原因。

刘邦与项羽相反,他出身农家,仅担任过数年最基层的亭长职务,几乎不懂得那些"繁文缛节",因此,从内部来看,除了少数深知其个性而喜欢他的人外,刘邦的领导能力并不特别突出,但正是这种不突出的领导能力,让人觉得在他面前没有压力,如夏侯婴就认为,刘邦的"无为"的领导方式,让人觉得他需要帮助,从而产生一种让人喜欢接受的领导魅力。对敌人而言,总觉得

---

① 《史记·高祖本纪》。

刘邦是个温和而容易协调的对象，他没有强力的主见，可以随圆就方，随时摆出一种"可以谈"的姿态，使敌人觉得和他接洽投诚比较容易，投诚以后也有可能得到重用。可能正是考虑到了以上的种种因素，楚怀王最终拒绝了项羽带兵西征的要求，下决心派刘邦带兵西征。

6. 结交关键人物

"关键"的本意是门闩或关闭门户的横木。常用来喻指事物最关紧要的部分，对情况起决定作用的因素。在人际关系的处理中，关键人物所起的作用是决定性的。作为领导者，在处理人际关系尤其是对上平衡关系时，要善于找准对事务起决定作用的关键人物。关键人物找对了，关系的处理可以事半功倍；关键人物找不对，或者找错了，不仅起不到应有的作用，甚至可能带来灭顶之灾。

刘邦历尽艰险，打拉结合，终于抢在项羽之前进入了咸阳。但这时的刘邦心里并不轻松，因为他知道项羽即将到达。

项羽与宋义等人接受楚怀王的命令后，率军北上救援被秦军包围的赵国。但宋义不愿冒险与秦军开战。他带着十万大军到达安阳后，就止步不前，听任赵国的使者走马灯似地前来求援，就是不动弹，终日躲在大帐和亲信喝酒，在安阳一直待了四十多天。项羽实在忍不住了，就杀了宋义，自己代理宋义原来受封的上将军，率军前往救赵。

当时赵王因迫于章邯大军的压力，已在相国张耳的保护下，放弃都城邯郸，退守邯郸东北的巨鹿城。巨鹿城地处华北平原的中央，自古就是粮食集中的地方，城池虽不大，但城墙厚，防卫力量强，易守难攻。赵王和张耳退入巨鹿后，不断派出使者到各诸侯国去求援。各国相继派了一些救兵，到达了巨鹿附近。但这些救兵害怕章邯，不敢和他对阵，只是在巨鹿周围利用地形扎起营寨，深沟高垒。赵国的将军陈余和张耳的儿子张敖也率军来援，同样不敢与章邯对阵。由于补给困难，秦军短期内也难以发动大规模进攻，双方一直相持着。

项羽自领上将军后，抱着为叔父项梁报仇的急切心情率军北上。他先派英布和蒲将军率两万精兵作为先锋，渡过漳河攻击秦军运粮的甬道，取得了小胜。随后"项羽乃悉引兵渡河，皆沈（通沉）船，破釜、甑，烧庐舍，持三日粮，以示士卒必死，无一还心。于是至则围王离，与秦军遇，九战，大破之，章邯引兵却。诸侯兵乃敢进击秦军，遂杀苏角，虏王离；涉间不降，自烧杀。当是时，楚兵冠诸侯军。救巨鹿者十余壁，莫敢纵兵。及楚击秦，诸侯将皆从壁上观。楚战士无不一当十，呼声动天地，诸侯军无不人人惴恐。于是已破秦军。项羽召见诸侯将。诸侯将入辕门，无不膝行而前，莫敢仰视。项羽由是始为诸侯上将军。诸侯皆属焉。"① 后来项羽率诸侯联军与章邯决战，连续击败章邯，迫使章邯等秦军将领投降，并封章邯为雍王，让他们带路向咸阳进发。

项羽率领的诸侯联军到达函谷关时，前锋发现关门紧闭，关上有重兵把守，谁也不许进入。一打听，原来是刘邦早已入关攻下咸阳，在这里设兵守卫。项羽大怒，因为在他的心里，并没有把刘邦放在眼里，他也从来没有设想过刘邦会率先占领咸阳，因为他认为刘邦与自己相比，势力太小了。在尚未听说刘邦占领咸阳的消息前，他心中只盼着自己能尽快扫清通往咸阳的道路，进入关中，根据与楚怀王的约定称王关中。现在势力比他弱得多的刘邦却抢先进入了关中，他怎能不气愤，于是他决定火速进入咸阳，利用自己的武力把刘邦置于自己的控制之下，于是下令英布和蒲将军攻关。关上的刘邦军队很快就被英布等人打败，项羽率军到达与刘邦驻军地点不远的戏地扎营。

项羽破关而入的消息，在刘邦军中引起了很大震动。刘邦的偏将左司马曹无伤看到项羽人多势众，就派人去告诉项羽："沛公欲王关中，令子婴为相，珍宝尽有之。"欲以求封。② 这使项羽更为气愤，当即下令：旦日飨士卒，为击破沛公军！③ 项羽的军师范增又用当时颇能迷惑人的"云气"刺激项羽，他说："沛公居山东时，贪于财货，好美姬。今入关，财物无所取，妇女无所幸，此其志不在小。吾令人望其气，皆为龙虎，成五采（通彩），此天子气也。急击勿失。"④ 要求项羽坚决杀掉刘邦。

正跟从在刘邦身边的张良，从自己的好友、项羽的叔叔项伯那里得知项羽要攻打刘邦的消息后，立即告诉了刘邦。刘邦非常着急。张良问他："料大王士卒足以当项王乎？"

当时项羽拥有大军 40 万，号称百万，驻在新丰鸿门；刘邦的军队仅 10 万，号称 20 万，驻在霸上。项羽的军队，几乎全部是从血和火的洗礼中滚打出来的，富有战斗力，而刘邦的军队基本上没有打过硬仗恶仗，双方的对比是非常明显的。

刘邦老实地回答："固不如也，且为之奈何？"

张良提议在项伯身上想办法。刘邦让张良把项伯请到自己营帐里，他在帐门口亲自迎接，称之为兄长，把项伯让到上座，自己和张良陪坐。刘邦在劝酒的过程中，委婉地对项伯解释自己派兵防守函谷关的初衷："吾入关，秋毫不

---

① 《资治通鉴》卷八。
② 《资治通鉴》卷九。
③ 《资治通鉴》卷九。
④ 《史记·项羽本纪》。

敢有所近，籍吏民，封府库，而待将军。所以遣将守关者，备他盗之出入与非常也。日夜望将军至，岂敢反乎！原伯具言臣之不敢倍（背）德也。"①

刘邦的态度感动了项伯，他觉得刘邦是天下少有的义气之人，便对刘邦说："沛公如此大量、义气，真是君子风度，我实在佩服！如果有机会进言，我一定尽力将您的意思认真转达。"

张良见项伯还不太坚决，便找借口询问项伯的家庭情况，听说项伯有未成年的子女，就劝他和刘邦联姻。机智的刘邦抢着表态："项兄重义气，性情宽厚，我早有所闻。今夜一番肺腑长谈，我更加佩服兄长，我也有心与兄长缔结进一步的关系，不知项兄可看得起小弟？"嘴里说着，满脸真诚地看着项伯。项伯不忍拒绝，便满口答应。

既然成了儿女亲家，刘邦的事就成了自己的事，项伯便拍着胸脯答应一定向项羽禀明刘邦派兵守关的原委，打消项羽的进攻决心。同时他对刘邦说："旦日不可不蚤（通早）自来谢项王。"

于是项伯复夜去，至军中，具以沛公言报项王。因言曰："沛公不先破关中，公岂敢入乎？今人有大功而击之，不义也，不如因善遇之。"② 项王许诺。

在刘邦与项羽交锋的第一个回合，刘邦明显地处于劣势。在这时，项伯的到来可以说是为刘邦送来了救星。刘邦在张良的帮助下，果断地通过尊敬、表明心迹和联姻的方式，把项伯拉到了自己一边，成为沟通自己与项羽的重要桥梁，获得了避免覆亡的机会。不仅如此，在鸿门宴和广武山对峙时，忠厚的项伯还多次救了刘邦及其老父亲的性命。项伯由此成了刘邦人生中的贵人之一。

7. 暂时退避，委曲求全

"退避"的本意是退后躲避。"委曲求全"的本意是勉强迁就，以求保全。语出《汉书·严彭祖传》："何可委曲从俗，苟求富贵乎！"喻指在形势不利时，可暂时采取后退迁就的态度，以渡过眼前的难关，保全自己。这是一种迂回的态度和做法，目的是保全有生力量，以备东山再起。当然，作为领导者，在委曲求全时要能拉得下脸，做好受屈辱的准备。

在项伯的帮助下，刘邦暂时避免了覆亡的危机。但为了彻底打消项羽的怀疑，第二天，刘邦在张良、樊哙、夏侯婴、靳强、纪信等人的陪同下亲自前往项羽的大营。

在双方关系紧张的情况下，刘邦前往项羽的大营是非常危险的，不排除被扣留或被杀的可能。但为了保住自己的力量，刘邦还是冒险前往。

---

① 《史记·项羽本纪》。
② 《史记·项羽本纪》。

此前，在楚怀王的朝廷中、项梁军中和并肩对敌的过程中，刘邦和项羽的关系是亲密的，项羽很尊重刘邦这位结拜兄长，刘邦也以自己有这样一位贤弟而骄傲，有时也不自觉地摆出大哥的样子，直接称呼项羽的表字。但今天，时移世易，大哥的架子是摆不得了。

刘邦把自己完全装扮成下属的样子，当到达项羽营帐前时，他先派人向项羽通报，得到项羽同意后，才带领张良等人进入。一进入项羽的大帐，他快步走到项羽的座位前，以臣子拜见君王的礼节，低头垂目，非常谦恭地对上行礼，对项羽说：罪臣刘邦不知上将军入关，未能迎接大驾，今天特来登门谢罪。

刘邦进来时，项羽只是身子稍微耸了一下，表示看见刘邦等人了。听完刘邦的话，他冷笑一声，说：沛公也自知有罪吗？

刘邦见项羽的将士虎视眈眈，年龄比自己小很多的项羽傲慢无礼，知道今天就是自己的关键时刻，发挥好了还有回去的希望，否则自己的人头就得留在这里了。于是按照在路上和张良商量好的方法，条理清晰地向项羽陈说自己的苦衷："臣与将军戮力而攻秦，将军战河北，臣战河南，然不自意能先入关破秦，得复见将军于此。今者有小人之言，令将军与臣有郤（通隙）。"

项羽听刘邦讲得头头是道，与项伯所说的大致相同，而且刘邦自称"臣"，对他却是一口一个"将军"，叫得他心里得意，他心中开始觉得自己此番表现太过于做作，对不起面前的这位结拜兄长，便起身下座，拉起刘邦的手，一起走到座位上坐下，和颜悦色地对刘邦说：这是您帐下的左司马曹无伤派人来告诉我您要封闭函谷关自己做关中王，否则我今日怎么会这样无礼呢？并命人摆上酒宴为刘邦压惊。

刘邦靠着卑躬屈膝、委曲求全取得了项羽的信任，基本解除了项羽对自己的怀疑，摆脱了与项羽兵戎相见、被消灭的危险。

8. 自绝后路

"自绝后路"常用来表达自己的决心，一般是面向自己的部属的，如项羽的"破釜沉舟"就是通过凿沉船只、打破锅具的方式来表达自己不击败秦军绝不回头的决心的。有时也通过相关的动作，向自己的敌对者表达自己的决心，以示自己再不回头。无论是前者，还是后者，表达的都是自己决绝的态度。

项羽进驻咸阳后，对秦的深仇大恨爆发出来，他对秦朝的皇族、官吏大肆杀戮，先后有八百多皇族、四千多名官员被杀，连秦的降王子婴也被推出斩首。随后项羽进入秦朝的宫殿和府库，把能够拿动的财物和珠宝，全部装上车子，一半留给自己，一半分给随自己征战多年的将领；秦宫中的美女也被他和手下的将领分享。剩下的搬不动的宫殿，项羽也不放过，一声令下，凝聚着无数人工血汗、生命，闪烁着能工巧匠无数智慧巧思的建筑笼罩在士兵们肆意燃起的熊熊大火中，魏峨壮丽的阿房宫一连烧了三个多月。项羽还不解恨，又派士兵去挖秦始皇的陵墓。几个月的时间，原本富庶繁华的咸阳地区变成了一座巨大的废墟和坟场。

随后，项羽按照自己的喜好和各个将领在反秦战争中立下的功劳分封了18个王。他自己占据以彭城为中心的大片富庶地区，自称西楚霸王。对刘邦的分封，颇费了项羽一番心思。

虽然刘邦依靠交结项伯、委曲求全取得了项羽的信任，躲过了项羽的攻击。但项羽心里对刘邦已有了成见，处处提防刘邦，两人也不再像以前那样亲近了。

项羽认为关中是个富庶的地方，是秦国得以发达和对外扩张的基地，且土地广阔富饶，如果分给刘邦会增加他的力量，便想把刘邦迁徙到别的地方去。他派人回彭城面见楚怀王，希望怀王能够收回"先入关者王关中"的成命，谁想被楚怀王一个硬钉子顶了回来："如约。"①

后来范增给项羽出主意，把刘邦分封到偏僻的巴蜀之地，巴蜀之地属于关中的范围，封刘邦到这里并不违背楚怀王的约定，但巴蜀之地山川险峻，易入难出，是秦发配犯人的地方。把刘邦封到这里就等于发配充军了。同时把投降的原秦军将领章邯、董翳和司马欣分封在关中为王，让他们挡住刘邦从巴蜀之地出来的通道，为项羽守住第一道防线。

项羽以天下已经安定为名削减诸侯的军队，刘邦的军队被削减到3万人，刘邦知道自己还不能与项羽对抗，虽然心里很不痛快，在萧何、樊哙、周勃等人的劝谏下，也假装痛快地答应了。后来又通过张良和项伯，获得了汉中郡全部，总算有所补偿。军队虽然只剩下了3万，但剩下的都是精锐，是刘邦军队中的精髓，是他今后争夺天下的种子。

刘邦明白，虽然把自己分封到巴蜀这样的偏远地方，又有章邯等3人看管，项羽对自己仍然不放心，说不定什么时候会派人前来探听自己的动静，一有风吹草动就会派兵前来攻打自己。因此他一踏上前往封国的道路，就琢磨如何彻底消除项羽的疑心。走到褒中后，见到架在悬崖峭壁上的栈道，刘邦和张良计议，决定烧掉栈道，向项羽表示自己今后将老死在封地。同时也可以借此阻止项羽手下的人追击刘邦和进入汉中探听刘邦的动静。

果然，项羽听说刘邦放火烧了栈道后，认为刘邦安心待在汉中、巴蜀做他的汉王了，对刘邦不再怀疑，放心地率领大军回彭城去了。而被项羽分派监视刘邦的章邯认为，从汉中到以咸阳为中心的关中地区只能通过栈道，栈道烧毁容易修复难，从此自己只要注意汉军修复栈道的消息就可以了，便放松了对刘

---

① 《资治通鉴》卷九。

邦的防备。而后来的刘邦和韩信正是利用明修栈道的方法迷惑章邯，率领大军从陈仓小道出击，攻了章邯一个措手不及。

二、平级协调的能力与艺术

与平级的关系和与上级的关系不一样。无论哪一级领导者，他和平级的地位都是平等的，两者可能有共同的事业，有共同关心的问题需要协调，也可能没有任何牵涉。彼此间的关系不同，协调处理的方法也不相同。一般应做到彼此尊重，平等相待；真诚相待，不要权术；相互信任，不猜疑；为人正直，光明正大；彼此宽容，平心静气，等等。

刘邦的政治生涯，和上级打交道的时间不多，和平级打交道的时间多。其中，既有项羽这样以强大势力做靠山自封霸主、实际同为诸侯王的平级者，有冒顿单于这样的少数民族君王，更有和刘邦地位不相上下或不如刘邦的各位诸侯王、义军将领。根据不同的利害关系，刘邦在与他们相处时采取了不同的协调关系的方法。

1. 既合作又斗争

农民起义军是典型的创业团队，彼此在反抗和消灭统治者这一大目标上有着共同的利益，但在现实中存在着各种各样的分歧，尤其是现实利益的争夺。此时如何更好地处理协作团队之间的关系就是主要的。创业团队的领导者必须对两者之间的关系有清醒的认识，采取适当的态度和方法，既能保证自己在双方合作中发展壮大，也能保持适度的独立性。既要合作也不忘适度的斗争。

除秦嘉、项梁叔侄这样势力相对较大的起义军外，当时在全国各地还有多支反秦义军。在西进咸阳的过程中或此前，刘邦曾同他们发生联系。在与他们相处时，刘邦从反秦的大业出发，和他们真诚合作、相互配合，但在危及自己利益时，他又毫不客气地予以反击。

与刘邦首先发生联系的是周市率领的魏地反秦义军。周市的魏军之所以和刘邦发生联系，是因为两者距离较近。但周市不是来帮助弱小的刘邦，而是来挖刘邦的墙脚的。他趁刘邦率主力出征的机会，用封侯拉拢刘邦的部将、本来对刘邦就心怀不满的雍齿背叛了刘邦，并胁迫刘邦的家乡父老帮助雍齿对抗刘邦。

对于周市这样只顾自己、不惜挖别人墙脚的义军将领，刘邦毫不含糊，坚决还以颜色。他立即率主力回师，攻打周市和雍齿坚守的丰邑。第一次攻打丰邑失败后，刘邦并不灰心，他连续向秦嘉、项梁借兵，直到打下丰邑为止。正是因为周市引诱雍齿背叛刘邦，刘邦需要借助外力对付他们，才使刘邦先后与秦嘉、项梁、项羽发生了关系。

在向咸阳进军的途中，刘邦在昌邑和彭越相识。这时彭越在周围弟兄的推动下，已经举起义旗反秦。他听说刘邦率军西征咸阳路过昌邑，就率领自己的兵马来和刘邦相会。刘邦听说当地的义军来见，取下披挂，换上常服，彬彬有礼地把彭越让进军帐。两人都为对方的豪迈气质所佩服，真诚相见，决定合作，攻打昌邑。于是两人将部队合在一起，联手攻昌邑。由于昌邑城高墙厚，守军的弓箭和滚石擂木密集，两军没有成功。刘邦和彭越商议，决定先扫清周围郡县，再回攻昌邑，于是两人暂时分开。但这次相见给双方均留下了良好的印象。楚汉战争爆发后，汉王二年春，彭越率其兵三万余人归汉于外黄。刘邦对他说："彭将军收魏地得十余城，欲急立魏后。今西魏王豹亦魏王咎从弟也，真魏后。"于是刘邦拜彭越为魏相国，擅将其兵，略定梁地。刘邦彭城大败后西归荥阳、成皋一带，彭越占领的城池也被楚军收复。但他没有跟从刘邦西归，而是率领其军队退居河上，从此成为刘邦安插在项羽后方的一支奇兵，辗转作战，袭扰项羽的后方，成为刘邦战胜项羽的一支不可缺少的决定性力量，彭越也因此成为汉朝的开国功臣之一，与韩信、英布一起被分封为诸侯王。

在灭秦战争中，刘邦攻取陈留后继续西进，在开封附近与张良率领的韩军相见。原来张良和刘邦在刘邦去向项梁借兵的过程中相会，两人都为对方所吸引，惺惺相惜，张良曾随刘邦前往项梁军中借兵，随刘邦攻打雍齿坚守的丰邑，和刘邦一起参加项梁召集的薛城大会。后来张良见战国时期的各诸侯国后裔都起兵复国，便以恢复韩国、壮大反秦阵营为理由向项梁借兵，回韩地经营。张良辞别刘邦回到韩地后，以韩国司徒的名义辅佐韩公子成称韩王，率领手下的1000多人攻略韩地，起初取得了不少胜利，但后来秦军援兵到达，张良无力对敌，就和韩王成在颍川一带打游击，得知刘邦率军西征后，张良立即带兵前来相见，而且碰巧遇到刘邦率军和秦将杨熊作战，张良带领自己的兵将冲击杨熊的中军，把杨熊军一截两段，随后与刘邦一起打败了杨熊。刘邦投桃报李，当即提议帮助张良去攻打颍川。张良非常高兴。

攻下颍川后，刘邦得知秦将因战败被秦朝廷杀害，觉得开封地区已经平定，向张良提议攻打韩地。韩地是张良的父母之邦，平定韩地、兴复故国是张良的志愿，刘邦此议他当然欢迎。当然刘邦明白张良的志向是恢复韩国，帮助他打下韩地可以获得张良对自己的真心帮助，像张良这样的人才，是自己成就大业不可缺少的人才，能让他死心塌地地为自己出谋划策是自己的梦想，同时韩地也是进军咸阳的必经之路，一举两得，何乐而不为呢。

于是刘邦和张良率军翻过轩辕山，进入韩地，势如破竹，一连攻下十几座城池。正在韩地游击的韩王成带兵前来相见，对刘邦表示感谢，把自己的大部兵马交给刘邦指挥，告诉刘邦阳城有秦军的骑兵部队，使刘邦和张良偷袭阳城，获得了上千匹良马，组建了一支骑兵。韩王成还把张良借给刘邦，让他协助刘邦西进咸阳，这是刘邦最大的收获，从此，张良追随刘邦左右，为他出谋划策，帮助刘邦打进咸阳、打败项羽、建立汉帝国，张良在刘邦创业的过程中厥功至伟。

刘邦还曾经和魏将皇欣、武蒲，楚将陈武、吕臣等义军将领并肩作战，都以自己的真诚获得了信任，后来这些将领纷纷带兵投入他的麾下，成为他的军队的一部分。

2. 阳奉阴违，积蓄力量

"阳奉阴违"的本意是表面上奉命背地里违反，后世常用以喻指耍两面派的做法。也指创业者在实力不济的情况下不得不采取的方法，以保存和发展自己的力量。刘邦在受封汉王的初期，因实力弱小，在面对实力强大的项羽时不得不运用这一手段与之周旋。

刘邦受封汉王后，虽然内心百般的不愿意，但慑于项羽的强大势力，不得不装得高高兴兴的样子，带领手下将领和士卒前去巴蜀和汉中就任汉王，并在经过后烧毁栈道，向项羽表达自己的忠心。

但刘邦并没有忘记争夺天下的大业，上述的一切都是做给项羽看的。到达汉中后，他就甩开膀子干开了。首先设官立属，健全各种治理机构；其次，派将出征，平定叛乱，对辖区进行有效管理，第三，劝课农桑，组织社会生产；其目的是把汉中和巴蜀建成自己的坚固的后方基地。这些做完了以后，他就让樊哙、周勃、曹参等将领招兵买马，训练军队。继而筑台拜将，任命韩信为大将军，操练兵马和阵法。

当一切准备就绪，而项羽在东部地区因各地叛乱而应接不暇，忙得焦头烂额时，刘邦趁机和韩信带兵明修栈道，暗度陈仓，一举消灭章邯主力，围章邯于废丘，逼降董翳和司马欣。随后东出函谷关，收申阳，招魏豹，降司马卬，为义帝发丧，占领彭城。

如果说刘邦以前的动作，特别是收复关中三王的土地还是遮遮掩掩，打着要遵照楚怀王的前约，收回关中的旗号的话。东出取两河，占领河南和河内两郡，在洛阳为义帝公开发丧，就是公开与项羽对抗，不承认项羽的霸主地位，与项羽平起平坐了。

彭城战败后，刘邦委托韩信带兵在荥阳、成皋一带与项羽的军队对峙，自己回到关中。在关中，刘邦采取了进一步的行动，他立吕后生的儿子、刚刚从逃难的流民中找回的刘盈做太子，设立汉的宗庙社稷，表示要与项羽周旋到底。

然后，刘邦委托萧何辅助刘盈镇守关中，大赦罪犯，充实军队，刘邦本人又带兵回到了荥阳前线。从此，刘邦率军在地势险要的荥阳、成皋一带，与项羽展开对峙，同时派韩信出奇兵，向东北方向攻灭魏、代、赵、燕、齐等国，与刘邦一起对项羽形成合围之势，派彭越袭扰项羽后方，派英布、卢绾、刘贾等将领攻占楚国的南部，最后在垓下一战大败项羽，打败项羽的八千江东精锐，迫使项羽自刎于乌江。

3. 软硬兼施，远交近攻

"远交近攻"语出《战国策·秦策三》："王不如远交而近攻，得寸则王之寸，得尺则王之尺。"本是范雎为秦昭王建议的外交策略。本意是交好远方的诸侯国，攻打邻近的诸侯国，在交好部分诸侯国的同时还能兼并更多的土地，实现利益最大化。"远交近攻"与"软硬兼施"是指在针对自己的竞争对手特别是项羽分封的诸侯王这些所谓的平级时要善于使用各种手段，以使自己的利益最大化。

刘邦出汉中争夺天下，首先要与项羽分封在关中和两河地区的诸侯王打交道，与其他地区的诸侯王早晚得有个说法。根据形势的发展，刘邦确定了远交近攻的策略，在具体执行时又针对不同的人，用打和拉两手，软硬兼施，最终使他们的封地都成为自己的国土或盟邦。

对项羽分封在咸阳以西、重点防备自己的雍王章邯，刘邦坚决打击，用武力消灭。章邯原是秦朝的著名大将，曾参加秦始皇攻灭山东6国的战争，秦统一后任少府令，负责督修骊山陵墓。陈胜、吴广起义后，他自告奋勇，率领修建骊山陵墓的刑徒东出函谷关攻打起义军，先后攻灭了周文、吴广等人率领的陈胜义军，魏咎率领的魏军，田儋率领的齐军，击杀项梁，后渡河北上将赵王歇和丞相张耳围困在巨鹿城中。后来项羽率军救赵，破釜沉舟，在巨鹿大败章邯，章邯开始走下坡路。其后项羽连续击败章邯，秦二世在权臣赵高的挑唆下把失败的原因完全归结到章邯身上。章邯在走投无路的情况下被迫投降了项羽，带领投降的秦军充作项羽的前军，向咸阳进发。但在新安，项羽借口章邯带领的秦军企图叛乱，让英布等人把章邯率领的20万秦军全部坑杀，仅剩下章邯和董翳、司马欣等少数将领。

进入咸阳后，项羽封章邯为雍王，以废丘为都城，带领分封在关中的董翳、司马欣两人防备刘邦。章邯因投降项羽、手下20万将士全部被坑、自己仅以身免造成关中百姓的反对，他自己也心中有愧，心甘情愿地把自己绑在项羽的战车上。因此他对防备刘邦一事非常热心，派自己的弟弟章平守住刘邦可能出汉中的栈道口。刘邦烧毁栈道后他才放松了警惕。

对这样一个人，刘邦理所当然地采取了武力消灭的措施。他和韩信率领大军出陈仓后，很快就打败了章邯率领的军心不稳的军队，把章邯围困在废丘城中，最后引河水灌城。章邯在逃跑途中被迫自杀。

董翳、司马欣两人，一被封为翟王，一被封为塞王，两人也因新安20万秦军将士被坑遭到关中百姓的唾骂，手下军心不稳。刘邦抓住百姓对他们的愤恨心理，在消灭章邯主力的同时，派出大军向两人杀去，同时为了显示自己的仁德，减少伤亡，刘邦还派使者前去劝说两人投降。刘邦攻击章邯时，章邯曾派人向董翳、司马欣求救，两人见汉军进军神速，不约而同地采取了自保的态度，拒不发兵救援。现在刘邦带兵来攻，两人自知不敌，为保全性命，便先后投降了刘邦。

随后刘邦举兵东向，河南王申阳、魏王魏豹、殷王司马卬，有的不战而降，有的在重兵围困之下不得不降。韩王郑昌不愿投降被消灭。关中之战和两河之战不仅打开了东向与项羽对敌的通道，刘邦还通过改设郡县的方法把这些地区全部纳入自己的直接统治之下。

对其他不与自己接壤的诸侯王，刘邦则用派使者结好的方式，把他们团结在自己一边。刘邦在洛阳为义帝发丧后，先后派使者带着自己的信件和讨伐项羽的檄文奔赴齐、赵、燕等国。齐国、赵国都派使者回访，派军参与刘邦的东征，和刘邦结成了盟友关系。

后来，刘邦又派人游说英布等人，让他们和自己结成同盟，共同对付项羽。

4. 以诚相见，适当授权

"以诚相见"的意思是真心实意地对待别人。两个平等的人在一起，需要的是真心实意，虚心假意或者欺骗往往会带来双方关系的破裂。在楚汉战争中，对待投奔自己的诸侯王，刘邦一般能做到以诚相见，展示了他良好的心态和娴熟的领导技巧，这为他带来了很大的收益。

在先后归附刘邦的诸侯王中，无论是兵败投降，不战而降，还是自动归附，刘邦都待之以礼，真诚相见，还根据需要授权他们带领一定的军队，跟从自己对付项羽。

翟王董翳、塞王司马欣、河南王申阳是在刘邦和韩信大军的逼迫下，不战而降的。殷王司马卬是兵败被擒后投降的。对于他们，刘邦只是把封国改为郡县，纳入自己的直接统治之下，对他们的军队基本上不动，仍然让他们自己带领，跟随刘邦东去攻打项羽。

魏王魏豹是不满项羽把自己从魏地改迁到西魏，在刘邦还定三秦后自动归附刘邦的。刘邦对他礼敬有加，不仅让他带兵随从自己讨伐项羽，还让彭越辅佐他，恢复他对整个魏地的统治。占领彭城后，刘邦等人被胜利冲昏了头脑，忘记了远征在外的项羽，在彭城放纵自己，导致了汉军和诸侯军的大败，56万人马被项羽杀得落花流水，殷王司马卬等人战死，翟王董翳和塞王司马欣重新投降项羽，刘邦和魏豹等人逃回洛阳，各路军队溃散。遭遇了这样的大败，魏豹觉得无脸见刘邦，找借口请假回封国。刘邦应允。谁知魏豹回去后截断河口，派兵驻守，并联络附近的楚军，反叛了刘邦。为保障自己侧翼的安全，刘邦派韩信率领曹参、灌婴两军渡河击魏，生擒魏豹。但刘邦顾念他曾经追随过自己，没有杀他，只是把他的家人罚做苦役，让他自己继续带兵，跟随自己征战。

赵王张耳是被自己的好友陈余攻占封国、走投无路的情况下投奔刘邦的。刘邦曾经与张耳有旧交情。那是秦朝末年，刘邦还没有当泗水亭长，行侠仗义，爱好交游，慕张耳的贤名前往拜访。二人一见如故，谈得十分投机，每日走东串西，拜友喝酒，谈古论今。刘邦在张耳家里一直住了半年多，后来因秦王朝要捉拿张耳，张耳被迫逃亡，刘邦才离开。

张耳隐姓埋名逃到外地，后来参加了陈胜、吴广起义，被封为校尉，和好友陈余一起随将军武臣北上攻打赵地。攻下赵地后他们劝说武臣自立为赵王，张耳被任命为右丞相，陈余为大将军。武臣死后，张耳和陈余又拥立原赵国国君的后裔赵歇为赵王。

章邯率领秦军讨伐起义军，击杀项梁后，北上围攻赵国，陈余战败，张耳手中没有多少兵将，只得护卫着赵王歇退出邯郸，退守城高墙厚的巨鹿城，被秦军包围。陈余收拾残兵驻扎在离巨鹿城不远的地方，慑于章邯和秦军的凶猛，不敢带手中的几万残兵败将去救巨鹿。张耳派人督促陈余派兵营救，陈余却龟缩不出。后来项羽率领楚兵破釜沉舟，英勇冲杀，才解了巨鹿之围。但陈余和张耳的裂痕却无法消除，两人发生了激烈的争吵，陈余一气之下扔下将军印绶，要张耳收回。张耳在部下的劝说下收回了将军印绶，陈余带领自己的亲信离开张耳，回到南皮老家，从此和张耳绝交。

项羽分封诸侯时，因张耳拥立赵王、跟从自己入关，功劳较大，封张耳为恒山王（后世为避汉文帝刘恒讳称常山王），领有原来的赵国封地；迁原来的赵王歇为代王，陈余却因为没有跟随项羽入关，仅被封给三县之地。陈余愤愤不平，便联合同样未被封王的田荣、彭越等人造反，陈余带领自己的兵马和田荣借给的兵马突然出现在张耳的都城襄国城下。张耳兵少，又被打了个措手不及，仅一天的工夫，陈余就攻占了襄国。张耳知道陈余怨恨他，不敢恋战，带着队伍和家人逃出二十多里地，才商量去投奔谁。张耳提议去投奔项羽，因为项羽势力强大，张耳的常山王是他封的。但张耳的部属不同意，他们认为张耳和刘邦有交情，而且刘邦虽然现在势力比项羽弱，但刘邦忠厚爱人，是可以依附的长者。项羽却为人凶暴，自以为是，听不进别人的劝导，其强大是不会持久的，因此都劝张耳去投奔刘邦。

张耳听从了部属的建议，于汉王元年正月到达关中。老朋友来投，刘邦非常高兴，热情招待，让他辅助韩信带兵打仗，并不把张耳当部属看待。司马迁在《史记》中记载这件事："张耳来见，汉王厚遇之"。这在当时是不多见的。可见刘邦对张耳的重视和礼遇。

后来刘邦让张耳率军和韩信一起去攻打代国和赵国，当时的代国国王是张耳的仇人陈余，赵国国王是原来的赵王歇。韩信和张耳先是攻占代地，随后在井陉口背水列阵，击败赵军，斩杀陈余，俘虏赵歇，攻占了赵国。刘邦不忘老友对自己的恩情，封张耳为赵王，统辖赵地。在刘邦的军中，除了原来项羽分封的诸侯王外，张耳是第一个被分封为王的人。

5. 以和亲之法行羁縻之实

"和亲"的本意是联姻，即双方结成婚姻、成为亲眷。语出《左传·襄公二十三年》"中行氏以伐亲之役怨栾氏，而固与范氏和亲"。后来特指中原王朝的统治者派公主到边疆与少数民族首领结亲。"羁縻"是后世唐宋时期的一种政策，也是中原王朝统治者对边疆少数民族实施的政策。"羁縻"就是一方面要"羁"，用军事手段和政治压力加以控制；另一方面用"縻"，以经济和物质利益给予抚慰。刘邦是和亲政策的最早实行者，也是"羁縻"政策的首倡者。

战国秦汉之际，匈奴一直是威胁中国北部边境和平的主要因素。为了防备匈奴的进犯，战国时的秦、赵、燕三国在北部边境修建长城，设常备军守御。秦始皇统一全国后，派蒙恬率30万大军北击匈奴，连接原来秦赵燕三国的长城，迁徙内地的豪强百姓屯田实边。秦末农民战争和楚汉战争中，因中原战祸频仍，无力北顾，匈奴趁机强大起来。冒顿单于夺得匈奴部落联盟首领地位后，向东消灭了东胡，向西赶走了大月支，向南击破楼烦、白羊，重新占领了蒙恬夺取的河套地区，势力大增。

当时，匈奴进入奴隶制社会，冒顿单于在自己之下设立了左右贤王、左右谷蠡王、左右大将、左右大都尉、左右大当户、左右骨都侯等。"自如左右贤王以下至当户，大者万骑，小者数千，凡二十四长，立号曰'万骑。'"① 这些人各拥有部众万骑或数千骑，是国中的显贵。他们之下，分别设置有千长（千骑长）、百长（百骑长）、什长（什骑长）等官职，组织非常严密。匈奴习惯以左为尊，左贤王一般由王储担任。单于把自己的国土分成3部分：左贤王统治东方，右贤王统治西方，自己统辖中央部分。每年召集各地首领举行三次大会，分别祭祀天地、祭祀祖先和举行军事技术比赛，同时考察各地人畜增长的情况。

匈奴人从小就学习骑射，"儿能骑羊，引弓射鸟鼠；少长则射狐兔；用为食。士力能用弓，尽为甲骑。其俗，宽则随畜，因射猎禽兽为生业，急则人习

---

① 《史记·匈奴列传》。

战攻以侵伐,其天性也。其长兵则弓矢,短兵则刀鋋。利则进,不利则退,不羞遁走。苟利所在,不知礼义。"① 匈奴人崇拜天神,单于每天早上要敬拜初升的太阳,晚上拜月亮。举事而候星月,月盛壮则攻战,月亏则退兵。②

匈奴人的法律比较简单,其中规定偷盗他人财物的,没收其财产,本人罚做奴隶,持刀斗殴者处以死刑,犯有轻微过失者用车轧断腿骨节。因此国内犯罪很少。"其攻战,斩首虏赐一卮酒,而所得卤(通掳)获因以予之,得人以为奴婢。故其战,人人自为趣利,善为诱兵以冒敌。故其见敌则逐利,如鸟之集;其困败,则瓦解云散矣。战而扶舆死者,尽得死者家财。"③ 他们在战争中实行缴获归己政策,军卒每斩杀一个敌人,上级领导一般赏给他们一杯酒,但缴获的所有财物都归自己,抓到的俘虏也是自己的奴隶,因此他们为掠夺财物和奴隶,经常对外族发生战争。

汉帝国建立初期,匈奴骑兵多次进犯汉朝的北部边境,烧杀掠夺,而且千方百计引诱和招纳汉朝的将领叛变,对汉朝的北部边境形成了严重的威胁。为了对抗匈奴,刘邦先后派二哥刘仲、韩王信、亲信将领陈豨等驻守北部边境,结果刘仲在匈奴的攻击下丧师失地,逃回洛阳;韩王信和代相陈豨在匈奴的引诱下,先后叛变。韩王信叛变时,刘邦曾亲自带兵北上平叛,虽然打败了韩王信和匈奴的左右贤王,但被冒顿单于率领的匈奴骑兵围困在平城的白登山,一连被围了7天7夜,冰天雪地,粮尽无援,多亏陈平反使美人计,利用冒顿单于阏氏的嫉妒心理才解了围。

从此,如何对付匈奴成为刘邦的一大心病,匈奴骑兵来去如风,忽进忽退,汉军多是步兵,无法与骑兵的快速相比,打,取胜的可能性不大。在刘邦闹心的时候,熟悉边境情况的娄敬献上一计。

娄敬指出:"天下初定,士卒罢于兵,未可以武服也。冒顿杀父代立,妻群母,以力为威,未可以仁义说也。独可以计久远子孙为臣耳,然恐陛下不能为。"刘邦问:"诚可,何为不能!顾为奈何?"刘敬对曰:"陛下诚能以嫡长公主妻之,厚奉遗之,彼知汉适女送厚,蛮夷必慕以为阏氏,生子必为太子、代单于。何者?贪汉重币。陛下以岁时汉所余彼所鲜数问遗,因使辩士风谕以礼节。冒顿在,固为子婿;死,则外孙为单于。岂尝闻外孙敢与大父抗礼者哉?兵可无战以渐臣也。若陛下不能遣长公主,而令宗室及后宫诈称公主,彼亦知,

---

① 《史记·匈奴列传》。
② 《史记·匈奴列传》。
③ 《史记·匈奴列传》。

不肯贵近，无益也。"①

　　刘邦思虑一番，慨然说：此计大可行得。后来刘邦与吕后商量，想把鲁元公主嫁给冒顿。谁知吕后爱女心切，当即表示反对，说："妾唯太子、一女，奈何弃之匈奴！"说罢大哭不止，刘邦心中也确实不愿把女儿嫁给冒顿，又值新年，朝中庆贺的事情较多，便临时放下了这件事。

　　吕后心疼女儿，刘邦去后便决定趁新年、鲁元公主原许配的丈夫赵王张敖来朝之际，给两人完婚。刘邦看到鲁元公主和张敖比较恩爱，也很高兴。刘邦便从宫女中选出一位非常漂亮的封为公主，让他远嫁匈奴。同时派娄敬作为使者护送这个"嫡长公主"前往匈奴与冒顿单于完婚，娄敬还带着许多金银、丝绸和珍奇宝物。冒顿单于见汉朝皇帝把这么漂亮的女儿嫁给他，还送了那么多宝物，非常高兴，也不辨真假，把汉朝的公主立为阏氏，答应不再侵犯中原，还同意在边境地区设立"关市"，允许两国民众在边境地区贸易。和亲之策既成，汉朝和匈奴的冲突少了，边境安宁了一段时间，匈奴人来到边境，用自己的牛、马换回铁器和粮食，汉朝人则获得了恢复生产急需的牛、马等牲畜，为汉初恢复经济、增强国力起了十分重要的作用；双方的友谊也增加了。刘邦之后，和亲政策一直持续了几十年。

　　对于在南越自立为王的赵佗，刘邦采取了羁縻政策。

　　赵佗原为秦朝的官吏，秦末农民战争中趁机割据南海、桂林等郡自立，杀掉秦朝派遣的官吏，另选贤能之人担任，派将守关，阻断了南越和中原的联系，自称南越武王。因为中原战火不断，他经常派将领带军队骚扰周边郡县。汉帝国建立后，他稍微收敛了一下，但还时不时地派兵骚扰汉朝的南部边境，掠夺人口和财物。刘邦想派兵征讨，但考虑到南越地处偏远，北有南岭之险，南有大海之利，赵佗在当地经营已经有十几年，根本已固，难以动摇，而且当地气候湿热，北方军队到那里后水土不服，派军攻打成功的可能性有，但肯定要遭受很大的损失，于是便决定采取怀柔政策，派陆贾做使臣前往招抚。

　　陆贾带着大量的珍宝前往南越，为赵佗仔细地分析了当时的形势，使赵佗认识到了汉朝的强大和南越的不足，决定接受汉朝的招抚。于是陆贾代表刘邦封赵佗为南越王，送给他带来的珍宝。赵佗从此控制自己的部队，不让他们骚扰汉朝的地方，并且每年派使者到汉朝送上南方的各种物产，也得到汉朝皇帝的封赏，从此作为汉朝的一个藩属，与汉朝相安无事了。

---

① 《史记·刘敬列传》。

三、下行协调的能力与艺术

作为一个领导，要成就一番事业，重要的不是自己能干多少事，而是能否聚集一批在各行各业有专长的人才，把他们的主观能动性发挥出来，为着一个共同的目标奋斗。

但自古至今，举凡有才者，都有个性。如何把有个性的人聚集在一起，让他们把个人的奋斗目标统一到集体目标上，是比较困难的问题，也是作为领导首先要解决的问题。

有人说，领导是天生的"职业外交家"，他不仅需要协调与上级领导、平级同僚的关系，更重要的是要协调自己领导的集体内部各个部门、各个岗位之间的关系，既要使行政人员职权分明，又要精心呵护业务骨干；既要使内部反对派进退有序，又要与支持者恪守原则，还要与中间派打成一片，与两面派明辨是非；既要照顾内部各个成员的个人利益，又要坚持原则。从而使不同利益、不同个性、不同岗位的人员抛弃个人的恩怨、个人的成见，把个人的利益放在集体的整体利益下，把个人的奋斗目标与集体的整体目标结合起来，使整个集体凝成一股绳，劲往一处使。

刘邦是个协调关系的大家，不仅与上级领导、平级同僚的关系处理得很好，统御下属的手段也很高明。

刘邦有政治家的胸怀和大志，又存在着许多市井无赖的品行，他从谏如流，知人善任，但又慢而侮人，使气好骂，他有慷慨大度的一面，却又极为自私刻薄，刘邦本身是一个性格矛盾的综合体。

1. 充分信任，适当授权，放手使其施展才能

对于下级，最重要的是政治上充分信任，工作上大胆使用，生活上关心帮助，切不可用其人而不信其人，任其职而不给其权，使其能而不解其难，更不能像俗语所言："有事有任，无事无人。"这种有事就想到下级，无事就忘了下级的实用主义做法，实质上是不尊重下级。领导干部应十分注意避免这一现象。

刘邦从小任侠仗义，爱好交游，打抱不平，为朋友不吝惜自己的钱财和力气。年轻时经常带着一帮子朋友到家里吃喝，被老父亲骂出门后，就去寡居的大嫂那里寄食，仍然带着自己的狐朋狗友前往，全不顾念大嫂一个人带着孩子生活的艰难。

壮年出任泗水亭长后，虽然官职不大，但刘邦凭自己的聪明才智和豪爽仗义不仅获得了上级领导的认可，而且很快和县中的主要头面人物建立了良好的关系。多年的交游和下级官吏生涯，使他对世间人情世故非常了解，他知道人

们最看重的是别人对自己能力的重视,是别人对自己价值的认可和自己能够凭借自己的能力成就一番事业。因此,反秦起义被推为沛公后,特别是楚汉战争中,出于战争的需要,他把自己的好朋友萧何、曹参、樊哙、任敖,前来投奔的韩信、陈平等人按照才能的大小,纷纷推上管理岗位,授予他们权力,让他们充分发挥自己的聪明才智。

刘邦对授权的人非常信任,除非真有谋反的证据或确实不能承担重任,刘邦一般不中途收回授权或撤换他人,如对萧何、韩信等人的任用和授权。其他将领或谋臣,刘邦在给予授权时也充分信任,保持一段时间的相对稳定。

刘邦对部属的信任并不单纯表现在授权上,更主要的是在授权以后。很多领导,授权以后,唯恐部属的力量有限,智力不如自己,有些事情办不好,因此授权以后还要不断询问、指导。一般来说,适当的指导是应该的,但过度指导就有超越职权的嫌疑,使下属放不开手脚。刘邦正确地掌握了授权的尺度,他在授权后只是掌握大政方针,具体的方法、战术指挥、排兵布阵等均由受权者自己去处理。

这样的授权不仅刘邦省心,而且受权者高兴,他们能够根据实际情况作出决策,能够充分发挥自己的聪明才智,体现自己的价值,这是受权者愿意干的,无论是成功还是失败,对他们本人都是一次很好的磨炼,都有助于他们的发展,其结果不仅充分发挥了受权者的主观能动性,而且有助于受权者磨炼自己。

这方面,韩信应该是明显的例子。在刘邦拜他为将以前,他没有发挥的余地。在项羽军队中,他曾多次向项羽上书,都没有得到重视,因此才弃项归刘。等待了一段时间,得不到刘邦的重用,他又选择了离开。刘邦郑重其事地筑坛拜将,给予了他充分的肯定,这使韩信非常感动,他把这件事看作自己人生转折的重要一幕,以后经常提到。韩信也下定决心报答刘邦,把自己所学的知识奉献给刘邦。首先运用到军队的训练上,很快就出现了成绩,也使刘邦手下的老将,如樊哙、周勃等人从心眼里佩服他。但具体的战术指挥,人们还没有看到。

平定三秦之战,刘邦把全国的主要兵力和将领都交给了韩信,由他决定战场的临时指挥,自己不加任何干涉,只是带领部分军队在后策应。韩信从陈仓小道出奇兵,用计击溃章邯率领的军队,围攻好畤城,水淹废丘,充分显示了自己的能力。从此,刘邦更为放心大胆,连在后方策应也不做了,只是让他把行动的大体计划告诉自己就行,具体方案的制定和执行都交给了韩信。

正是由于刘邦的充分信任和放权,才成就了萧何、韩信、彭越、曹参、灌婴等人的功劳,使他们很快地就进入了独当一面的领导者的角色。

2. 解衣推食，感情留人

"解衣推食"的本意是把穿着的衣服脱下来给别人穿，把正在吃的食物让给别人吃。语出《史记·淮阴侯列传》："汉王授我上将军印，予我数万众，解衣衣我，推食食我。"韩信是用这句话来表达刘邦对自己的关怀，后用来比喻对人极为关怀，慷慨帮助。刘邦在现实中也是这样做的。

在创业阶段，刘邦很注意感情的力量。他在同手下的文臣将士相处时，不仅以利诱之，舍得把土地和人民分封给有功的将士和文臣，把战争中获得的金银珠玉等宝物赏赐给他们，赐给他们相应的军功爵，还经常和他们通过谈话、结亲等方式交流感情，并不把他们当作下属对待，拉近双方的距离，使手下的文臣武将真正和自己站在一起，为共同的目标奋斗。

刘邦任泗水亭长之前，在丰沛家乡或外地仗义游侠，特别喜欢和人交朋友，为朋友舍得钱财，因此结交了很多朋友。他率部起义，特别是势力发展之后，这些朋友都前往投奔。刘邦手下主要的文臣武将多是刘邦青年时的朋友，如萧何、曹参、樊哙、周勃、张耳、卢绾、王陵、夏侯婴、任敖等。

在与其他将领或文臣相处时，刘邦也真诚相待，以感情相处。

韩信在汉中被拜为大将后，为刘邦出谋划策，训练军队，指挥部队打仗，建立了很大的功劳。刘邦认识到了韩信的能力，从拜将开始就真诚相对，不仅放心地授权韩信，还和韩信经常进行心与心的交流。在日常生活这些小事上，刘邦想得也很周到，有时自己有了地方特产，或做了特别可口的饭菜，或有了什么好的衣服或其他日用品，只要来得及，刘邦都把它分给或送给韩信，让他同自己一起享用。

在具体的战役指挥上，刘邦放手让韩信行使自己的权力，同时不忘记自己的职责，时时给予提醒，如还定三秦战役后，韩信带领大军很快攻下了陈仓、桃林等章邯军队驻守的城池，把章邯围困在废丘。这时，刘邦提醒韩信，章邯是秦朝有名的战将，足智多谋，要注意他的行动，防备他突然反扑，让韩信注意约束部队不要因为胜利而产生骄傲情绪，同时提醒他多研究一下废丘周围的地形，制定周密的作战方略。韩信愉快地接受了。不久，就利用废丘地处两条河下游的特点，在河的上游围堰，用河水淹了废丘。

刘邦的真诚相待换来了韩信的忠心。楚汉战争中，韩信长期自己带领一支大军在外征战，取得了无数的胜利，可以说汉朝的天下，二分之一是韩信亲自指挥部队打下来的，虽然也有求封齐王这样令刘邦痛恨的事情，但从来没有背叛过刘邦。从我们今天掌握的材料看，不管别人怎么说，韩信在整个战争期间始终是忠于刘邦的，没有背叛的迹象。

韩信之所以对刘邦这样忠心，和刘邦对他的重用有关，更主要的是刘邦的感情交流起了积极的作用。韩信攻占齐地,杀死项羽的悍将龙且后,项羽曾经派韩信的老朋友武涉前往韩信营中游说韩信。

当时韩信听说武涉作为楚军的使者前来,估计是为了策动他反叛刘邦,但老朋友前来,又不能不见。便打定主意,让武涉进见。武涉进门后向韩信表示祝贺。韩信一语揭破他的来历。武涉见韩信明白自己的意思,也就不再遮掩,开门见山直接劝说韩信背汉投归项羽。

韩信知道武涉的底牌已全部亮完,不愿再让他待下去,就稍微动动身子,对武涉说:"臣事项王,官不过郎中,位不过执戟,言不听,画(通划)不用,故倍(通背)楚而归汉。汉王授我上将军印,予我数万众,解衣衣我,推食食我,言听计用,故吾得以至于此。夫人深信我,我倍(通背)之不祥,虽死不易。幸为信谢项王!"①

武涉无功而去后,韩信帐下的谋士蒯彻也来劝说韩信。蒯彻是齐地人,富有才智,对天下大势有深刻的认识和了解,他和当时的文人学者一样,幻想着能辅佐圣君贤相,成就一番伟业,自己也好青史留名。跟随韩信后,他就为韩信着想,幻想着能辅佐韩信成为一代伟人,自己好攀龙附凤。自韩信灭掉齐国开始,他就想劝韩信背汉自立,此刻见武涉来劝说韩信,他认为是个机会,就紧接着来劝说韩信。

蒯彻先以相术蛊惑韩信,说韩信之面不过封侯,韩信之背贵不可言。然后为韩信分析天下的形势:"天下初发难也,俊雄豪桀建号壹呼,天下之士云合雾集,鱼鳞襍鹓,熛至风起。当此之时,忧在亡秦而已。今楚汉分争,使天下无罪之人肝胆涂地,父子暴骸骨于中野,不可胜数。楚人起彭城,转斗逐北,至于荥阳,乘利席卷,威震天下。然兵困于京、索之间,迫西山而不能进者,三年于此矣。汉王将数十万之众,距巩、雒,阻山河之险,一日数战,无尺寸之功,折北不救,败荥阳,伤成皋,遂走宛、叶之间,此所谓智勇俱困者也。夫锐气挫于险塞,而粮食竭于内府,百姓罢极怨望,容容无所倚。以臣料之,其势非天下之贤圣固不能息天下之祸。当今两主之命悬于足下。足下为汉则汉胜,与楚则楚胜。臣原披腹心,输肝胆,效愚计,恐足下不能用也。诚能听臣之计,莫若两利而俱存之,三分天下,鼎足而居,其势莫敢先动。夫以足下之贤圣,有甲兵之众,据强齐,从燕、赵,出空虚之地而制其后,因民之欲,西乡为百姓请命,则天下风走而响应矣,孰敢不听!割大弱强,以立诸侯,诸侯已立,天下服听而归德于齐。案齐之故,有胶、泗之地,怀诸侯以德,深拱揖让,则天下之君王相率而朝于齐矣。盖闻天与弗取,反受其咎;时至不行,反

---

① 《史记·淮阴侯列传》。

受其殃。原（通愿）足下孰（通熟）虑之。"

蒯彻一开口说话，韩信就明白他的意思。耐着性子听他说些什么。从内心讲，韩信佩服蒯彻的精明和对天下大势的把握，但他想到刘邦对自己的信任和重用，不愿就此背叛刘邦，于是沉默一会，毅然回答：汉王遇我甚厚，载我以其车，衣我以其衣，食我以其食。吾闻之，乘人之车者载人之患，衣人之衣者怀人之忧，食人之食者死人之事，吾岂可以乡利倍（通背）义乎！①

蒯彻看韩信不为所动，为了达到自己的目的，就继续劝说：足下自以为善汉王，欲建万世之业，臣窃以为误矣。始常山王、成安君为布衣时，相与为刎颈之交，后争张黡、陈泽之事，二人相怨。常山王背项王，奉项婴头而窜，逃归于汉王。汉王借兵而东下，杀成安君泜水之南，头足异处，卒为天下笑。此二人相与，天下至骧（通欢）也。然而卒相禽（通擒）者，何也？患生于多欲而人心难测也。今足下欲行忠信以交于汉王，必不能固于二君之相与也，而事多大于张黡、陈泽。故臣以为足下必汉王之不危己，亦误矣。大夫种、范蠡存亡越，霸句（勾）践，立功成名而身死亡。野兽已尽而猎狗烹。夫以交友言之，则不如张耳之与成安君者也；以忠信言之，则不过大夫种、范蠡之于句（通勾）践也。此二人者，足以观矣。原（通愿）足下深虑之。且臣闻勇略震主者身危，而功盖天下者不赏。臣请言大王功略：足下涉西河，虏魏王，禽（通擒）夏说，引兵下井陉，诛成安君，徇赵，胁燕，定齐，南摧楚人之兵二十万，东杀龙且，西乡（通向）以报，此所谓功无二于天下，而略不世出者也。今足下戴震主之威，挟不赏之功，归楚，楚人不信；归汉，汉人震恐：足下欲持是安归乎？夫势在人臣之位而有震主之威，名高天下，窃为足下危之。②但韩信却阻住他说：您不要再说了。韩信最终没有听从蒯彻的劝说。

韩信对刘邦的忠诚是个明显的例子。用韩信的话说，刘邦不仅从平庸中选拔出韩信，授之高位和权力，而且推衣衣之，推食食之，是刘邦用感情感动了他。这从另一个方面反映了刘邦运用感情手段，用真情待人，用真情留人的协调手法。

刘邦与张良的感情则从另一个方面反映了刘邦在同下属相处时的感情力量。

刘邦与张良自下邳相会后，彼此都为对方的才智所倾倒，双方交往十分融洽。刘邦凭知觉认识到张良是自己打天下的得力助手，因此想尽一切办法与之交往。刘邦当即任命张良为厩将，让他追随自己左右，并请他协助自己去攻打雍齿驻守的丰邑。行军打仗和各种计划安排，刘邦都同张良商量。

---

① 《史记·淮阴侯列传》。
② 《史记·淮阴侯列传》。

项梁致信刘邦，请刘邦前往商议拥立盟主的事情，刘邦邀请张良和自己一起前往，张良满口应允。项梁等人拥立楚怀王后，张良向楚怀王借兵回韩地兴复韩国，刘邦前往送行，依依不舍，一直送到岔路口。张良明白刘邦的心情，一段时间的相处，也使他明白，刘邦是自己可以付出全部智慧的对象，刘邦是他遇见的第一个和自己如此相知的人。

此后，除刘邦被封为汉王的初期，因项羽的阻止，张良一度离开外，在秦末农民战争和楚汉战争中，张良一直辅佐刘邦，为刘邦出谋划策，在很多大事上为刘邦提出了准确可行的计谋，并出奇计使刘邦避免了在弱势情况下与项羽直接对敌的可能，多次救了刘邦。刘邦则对张良言听计从，两人在战火中建立了深厚的感情。

项羽分封诸侯后，为了防备刘邦，对韩王成提出了条件：如要得到封国，必须让张良离开刘邦。韩王成无奈答应。张良知道项羽对自己成为刘邦的谋臣非常嫉恨，为缓解项羽对自己的仇恨，让自己的祖国韩国不致成为项羽攻击的对象，也为了能在关东为刘邦找个同盟，张良便借口送刘邦一程，跟随刘邦的汉军到了褒中。到褒中后，张良对刘邦说自己明天要先回韩国。张良告诉他：自己与汉王情同手足，心灵相通。这次离开并不是汉王亏待了自己，而是韩王刚刚受封，势单力孤，自己作为韩国人，应该落叶归根，即使汉王待自己情深似海，也应该回到韩王身边去尽份辅助之力。走之前，张良向刘邦献了火烧栈道的计策。

楚汉战争结束后，张良知道历代帝王的通病是能共患难，不能共享乐，自己足智多谋，在战争年代为帝王师，战争结束后就容易被帝王嫉妒。因此采取了游离于朝堂之外的做法，称病不问朝政，对外说在家跟仙人练辟谷。但刘邦忘不了张良，他经常召张良进宫，叙谈战争年代的往事，谈论朝中人物，并留张良在宫中饮酒吃饭。两人的感情一直很好。

英布叛乱后，刘邦带病出征，张良和其他大臣前往送行，并一直把刘邦送到曲邮（今陕西临潼）。刘邦见张良抱病前来，非常感动。当时的张良一心修炼辟谷之术，瘦弱不堪，脸色苍白，白发点点，目光也失去了往日的光芒。看看张良，再看看自己的满头花白头发和胡须，刘邦感慨万千。张良说："臣宜从，病甚。楚人剽疾，原（通愿）上无与楚人争锋。"[①] 受命辅佐太子刘盈坐镇关中。张良功成身退，两人是心照不宣，也是相互知之甚深的表现。

刘邦和其他亲信臣属也建立了非常深厚的情谊，这其中不仅包括萧何、曹参、樊哙、王陵、夏侯婴等人这样的老朋友，还有陈平、张耳、灌婴这样的后

---

① 《史记·留侯世家》。

来投奔者。刘邦通过与这些臣属联络感情来加深双方的了解，加强彼此的信任，从而赢得了臣属的心。

3. 打拉结合，收服其心

在现实中，许多人因为性格或地位的原因，桀骜不驯，难以驾驭，对于这样的人，只有真正收服其心，才能使其为自己所用。不同的人，收服桀骜不驯的人使用的方法不一样。刘邦使用的方法是比桀骜不驯的人更傲慢，先给他一个下马威，再以礼相待，即所谓的打拉结合，让他心悦诚服地归顺自己。

刘邦运用计谋收服手下将领的心的典型事例是汉帝国建立以后。代相叛变后，刘邦亲自前往平叛，因自己所带兵将不多，各地的诸侯和郡县兵马还未到，便与赵相周昌商量，让周昌举荐赵地的勇士做先锋将领。周昌推荐了四个人。

刘邦召见这四个人时，见他们个个气度不凡，知道是才智之士，但为了便于调遣使用，便决定先给他们一个下马威，于是他召见四人，谩骂曰："竖子能为将乎?!"四人惭，皆伏地。经过这样一个阵势，四人早已没了刚进来时那种顾盼自如的气概，对刘邦的吩咐诺诺连声。刘邦感觉自己的目的达到了，便趁四人恭敬地感谢自己时宣布：封四人为将军，食邑一千户。四人并没有什么大的功劳，却凭空获得这么大的赏赐，内心当然感激万分，千恩万谢地拜辞刘邦，出去找周昌领人马御敌去了。

刘邦周围的人不解，问道："从入蜀、汉，伐楚，赏未遍行，今封此，何功?"刘邦回答："非汝所知。陈豨反，赵、代地皆豨有。吾以羽檄征天下兵，未有至者，今计唯独邯郸中兵耳。吾何爱四千户，不以慰赵子弟!"[①]

实际上，刘邦在收用郦食其、英布等人时也使用了同样的手段。

4. 奖惩分明

林子大了什么鸟都有。随着一个集体的发展壮大，参与进来的人越来越多，各种各样的思想和利益集团就会产生。这时集团内部很容易分化，有的人一如既往，把自己的智慧和汗水统统贡献出来，为整体的利益付出自己的一切；有的人开始打自己的算盘，想自立山头或利用自己掌握的集体内的部分权力换取更大的利益，还有的消极观望。在这种时候，作为领导者，首要的就是分清敌我，对有功者奖，有过者罚，投敌叛变者严厉惩处，消极观望者鞭策，做到赏罚分明，调动集体内部所有人员的积极性。

刘邦的一生，虽然由于地位的变化，其前后的思想和做法有所不同，但赏罚分明的主线一直贯穿其中。

刘邦对叛变者非常痛恨，必欲置之死地而后快。

[①]《汉书·高帝纪（上）》。

雍齿是刘邦手下第一个被授权者，也是第一个背叛刘邦的人。刘邦对他非常痛恨。得到雍齿叛变的消息后立即带领大军回去攻打雍齿，独自攻打失败后，不顾及自己的名声，前后两次依附别人，其目的都是借兵消灭雍齿，虽然最终没有将雍齿杀死，但作为叛变者或"仇恨者"的代名词，雍齿这个名字深深地嵌入了刘邦的脑海，以至于他建立汉王朝后，张良等人问起他最痛恨的人时，他毫不犹豫地几乎脱口而出：雍齿。且在建立汉朝十多年后还因丰县子弟曾跟雍齿反叛自己不肯给予丰县这个自己的出生地和沛县同样的赋税优惠。

魏豹是项羽分封的诸侯王，因仇恨项羽剥夺了自己的统治地区而转向刘邦，参与了彭城战役。但他后来找借口回到自己的封国后背刘归项。刘邦不能容忍在自己主力军的侧翼出现一股反对力量，立即派韩信等人带兵前去征讨。结果魏豹及其家属都被韩信等人俘虏。

魏豹虽然跟随过自己，可以说是自己的部下，也可以说不是自己的部下。由于魏豹的特殊地位，刘邦当时没有杀他，让他到军营中戴罪立功，却把他的全家八十多口人，除去他的老母亲外，不管女人孩子都罚做官府的苦役，实际就是官府的奴隶。对于出身王侯世家的魏豹来说，这样的惩罚比杀死他还要难过。因此，当他后来受命协助周苛等人守荥阳时，积极活动企图向楚军献城投降，结果被守城主将周苛等人发觉，被周苛处死。

汉帝国建立以后，刘邦为保卫自己打下的一统江山，对叛变者一律实行武力镇压。韩王信、代相陈豨、淮南王英布的叛乱都被镇压，韩王信和英布被杀，他们的家族都被捉拿处死。韩信和彭越曾经对汉朝的建立立下了大功，刘邦考虑到他们的功劳，不忍亲自下手杀害，只是削去他们的王爵，收回封地，特别是韩信，还封为淮阴侯。但最终都被吕后杀死。

与严厉处罚叛变者形成明显对比的是：刘邦对有功者舍得赏赐和奖励。

高起和王陵曾对刘邦的赏功公开表示赞赏，在刘邦与群臣讨论项羽灭亡、汉朝兴盛的原因时，高、王二人指出：陛下平日待人，多是粗犷随便，不如项羽。但是，陛下派人攻城略地，每下一城，都会封赏有功之人，能够与人利益共享，所以，将士们一般都乐于效命，使陛下得到了天下。而项羽呢，却是嫉贤妒能，喜好猜疑，有功者嫉之，贤能者害之，这就是他失去天下的原因。作为亲身经历者，应该说，高起、王陵的话是有代表性的。

刘邦的赏功从几个例子上明显地显示出来。

灭掉秦国后，项羽一共封了18位诸侯王，其中章邯、董翳和司马欣是投降的秦将，魏豹、赵歇、韩广、韩成、田市等人是原来就称王的诸侯王，申阳、张耳、司马卬、臧荼、田都、田安等人分别为原来赵、燕、齐等诸侯王的将领，刘邦是半独立的义军将领，吴芮为番君，共敖为楚怀王的上柱国，只有英布一人是长期跟随项羽作战,立有很大战功的。这次分封诸侯王是在完成灭秦这一艰巨任务后进行的,有的重新确认,有的是新封。

在楚汉战争中,为了与项羽对峙,刘邦先后封了几个诸侯王,都是在战争中立了很大战功的,如楚王韩信、梁王彭越、赵王张耳、淮南王英布、燕王臧荼等,汉帝国建立后,又分封了衡山王吴芮和闽越王无诸。汉初各诸侯王中,除臧荼、吴芮是沿用项羽的封王、韩信和彭越完全是因为功劳而被刘邦封为王,张耳和英布在项羽时都曾封王,但他们因被别人攻击或反对项羽而失国,前往投奔刘邦,在刘邦帐下立了大量的功劳,然后又被重新封王的,和项羽的分封几乎没有任何关系。

在汉初的封侯中,刘邦第一批共封了 25 个侯爵,除最末的审食其是家奴,萧何负责镇守后方外,其他基本上都是有战功的将领。

在排定功臣座次时,刘邦力排众议,将萧何排在第一,曹参第二。同时赐予萧何带剑穿鞋上殿、上朝不用小步快走的特权。后来,刘邦又多次封赏萧何,以表彰他的功劳。

张良是刘邦的第一谋臣,楚汉战争中的多数谋略都出自他之手,刘邦早在得天下之前就封他为留侯,在谈论自己得天下的原因时,把他放在首位,与萧何、韩信并列,称自己之所以得天下,是因为用了张良、萧何和韩信三个人才。但张良为人恬淡,知道皇帝容易与人共患难,不容易共富贵,在刘邦建立汉朝不久,就借口与赤松子游仙访道,不参与朝政。但刘邦不会忘记张良的功劳,就把他请入朝中,对他说:你为朕运筹帷幄,多出计策,朕才有了天下,你自己选齐地的三万户为食邑吧。

张良竭力推辞,他说:"始臣起下邳,与上会留,此天以臣授陛下。陛下用臣计,幸而时中,臣原(通愿)封留足矣,不敢当三万户。"刘邦不容张良再推辞,当下说那就封你为留侯,食邑三万户。

陈平自从归顺刘邦后,多出奇计,数次为刘邦解围,刘邦很感激,便封他为户牖侯,并赐给推荐陈平的魏无知黄金千两,感谢他为自己推荐了陈平这样的人才。刘邦被匈奴骑兵围在平城白登山长达 7 天 7 夜,后来靠着陈平的奇计才安全脱险。他对陈平很感激,回军途中经过曲逆县。该县非常壮观,城内房屋鳞次栉比,而且多数是飞檐的楼房,街道宽阔,商家一户紧挨着一户,房间里、店门口,到处摆放着各类货物,琳琅满目,行人来往不绝,衣着鲜活,几条主要街道上住的似乎都是大户人家,高大的门楼护着深宅大院,门口一律雕放着两个石狮子,街道两边种着高大的白杨树。刘邦为有这样繁华的县城感到高兴,发出了"壮哉此县"的感叹,并对左右说:"天下的县城,朕到过的太多了,没有哪一个能与此相比。就是跟洛阳相比,怕也不逊色呢!"于是下令改封陈平为曲逆侯,把曲逆县作为他的封邑。

不仅有战功者和张良、萧何、陈平这样日常追随左右、出谋划策的人得到了赏赐,对于那些偶然有所表现、对刘邦的事业有所帮助者,他都给予封赏,或封侯赐土,或赏赐金银财物,或晋升官职。如娄敬以边境戍卒的身份进见,陈说定都关中的优势,被刘邦采纳,刘邦就拜他为奉春君、郎中,赐姓刘。在平定韩王信叛乱和北击匈奴过程中,娄敬仗义直言,劝阻刘邦不要冒险深入匈奴境内,刘邦没听,才有了平城白登山之围。刘邦安全脱险后,想到娄敬,就封他为关内侯,食邑 2000 户,号建信侯。

夏侯婴因功被封为侯。北击匈奴之战中,刘邦因他一路上小心护驾,明察秋毫,多次提醒刘邦,刘邦便加封他食邑 1000 户。

张苍曾任秦朝御史,刘邦经过南阳时开始追随,曾任常山郡守、代王相国、赵相等职,燕王臧荼叛变时,他以代相的身份率领军队配合刘邦攻击臧荼,因功被封为北平侯,食邑 1200 户。

周勃是刘邦手下最有名的战将之一,自沛县起义起就追随刘邦,功劳极大,刘邦就汉王位后,以军功赐给周勃威武侯的爵位。还定三秦后,把怀德作为周勃的封邑。汉初,刘邦因为他军功极多,把钟离之地赐给周勃和夏侯婴做共同的封地。刘邦平定臧荼之乱后,分封功臣为列侯,周勃被封为绛侯,食邑 8280 户,仅次于萧何和曹参,名列第三。

刘邦对自己的赏功也很自负,高祖十二年(公元前 195 年)3 月,刘邦在诏书中提到:吾立为天子,帝有天下,十二年于今矣。与天下之豪士贤大夫共定天下,同安辑之。其有功者上致之王,次为列侯,下乃食邑。而重臣之亲,或为列侯,皆令自置吏,得赋敛,女子公主。为列侯食邑者,皆佩之印,赐大第室。吏二千石,徙之长安,受小第室。入蜀、汉定三秦者,皆世世复。吾于天下贤士功臣,可谓亡(通无)负矣。①

5. 善于纳谏

举凡能人智士,都有建功立业的思想,都希望凭借自己的聪明才智和武艺技能成就一番功业,他们不仅希望自己的聪明才智和武艺技能在适当的岗位上充分发挥出来,还希望通过各种方式表达自己的策略建议,劝谏上级领导的不当之处。因此,在提供良好的发展机遇的同时,能否听得进下级的劝谏之言和根据下级的劝谏改正错误,是一个领导能否获得下级尊重和支持的一个重要因素。

从谏如流是刘邦的一大成功之处,也是他处理与下属关系的一种方法。在

---

① 《汉书·高祖纪(下)》。

刘邦那里，不仅臣属对敌对方情况的分析他能听从，提出的好的战略战术和治国方法能听，对于自己所犯错误的劝谏也能痛快地听从。

刘邦的纳谏表现在各个方面，《史记》中的《高祖本纪》就记载了刘邦多次纳谏的事实，其中最典型的是进驻咸阳后接受樊哙和张良的劝谏，退出秦朝皇宫，还军霸上；另一典型是太子的废立事件。

刘邦晚年，溺爱戚姬。戚姬出身于小户人家，本身没有多少修养。她为刘邦生了个儿子，取名如意，聪明伶俐，深得刘邦的喜爱。戚姬见刘邦偏爱如意，就想让刘邦废掉吕后生的太子刘盈，改立如意为太子。刘邦自己也比较宠爱如意，认为如意比刘盈聪明，更像自己的儿子。而刘盈比较柔弱，害怕他即位后难以治理天下，同时他对吕后也很厌烦，实际上他自己早就产生了改立太子的想法，他曾经明确地说：朕总不能让不肖子居我爱子之上。

汉高祖十年，刘如意10岁，按规定应该到封国去就藩。但戚姬看到刘邦喜爱自己生的儿子，就不让刘如意到封国去，而是一门心思想让他做太子，日夜在刘邦面前哭泣，刘邦被他哭得心烦意乱，就劝戚姬，说自己也有改立太子的心，但废长立幼，肯定会遭到群臣的反对，而且太子虽然仁弱，终究没有大的过失，提出要从长计议。但戚姬已经等不及了，刘邦被她哭得没有办法，就答应改立太子。

第二天，刘邦在朝堂上对群臣提出改立太子的事，谁知朝廷上跪倒一大片，都说：废嫡立幼，不合古今通例，而且太子已册立多年，仁孝卓著，臣民共睹，如果无端被废，怎么能够让臣民心服呢，还望陛下三思。

刘邦已经答应戚姬，不好反悔，而且对群臣异口同声地反对有反感，特别是看到朝臣中的吕氏子弟也在激烈反对，就更加反感。他认为吕氏子弟比较强横，刘盈仁弱，如刘盈即位，吕氏子弟用权，刘氏皇权必定变成吕氏的天下，因此，下定决心要改立太子，就不顾群臣的反对，让侍奉的词臣草诏。

词臣正要写废立的诏书，突然殿下一人高呼"不可"。刘邦仔细一看，原来是周昌。周昌在丰沛起义不久就和兄长周苛一起追随刘邦，在战争中立功无数，他的兄长周苛在荥阳战役中被项羽俘虏，因拒不投降被烹死，其后，周昌接替兄长的职务，继续跟随刘邦。周昌天生口吃，以强直著称，连萧何、曹参也惧他三分，刘邦拿他没办法。因此刘邦一见他出来，就冷冷地问：你说"不可"是什么意思？

周昌被刘邦一问，更加着急，加上盛怒，口吃也更厉害，憋了半天，才憋出几句话来："臣口不能言，然臣期期知其不可。陛下欲废太子，臣期期不奉诏。"① 周昌的"期"实际是"极",该字在楚地方言里读"綦",周昌连说两个,口齿不清,就变成了"期"。刘邦见周昌那又着急又严肃又口吃的样子,不仅哈哈大笑,觉得拿周昌实在没办法,就宣布散朝。废立太子一事也就不了了之了。

刘邦征讨英布回长安后,箭伤加重,戚姬精心伺候他,但愁眉不展,刘邦知道他是因为上次废立太子之事和吕后结下了仇,害怕以后遭到吕后的毒手。刘邦思考再三,对戚姬说:你不必过于悲伤,此事我已经思虑很久了。皇后为人刻薄、阴毒、寡恩,而且有胆略,周昌虽然强直,恐怕于大事无补,如果你母子想脱除灾厄,只有改立太子。朕决定坚决进行。

吕后得信后非常害怕,便去拜请张良劝说刘邦。张良勉强前往。正在病中的刘邦见张良带病前来看自己,感到诧异。当得知张良是来做说客时,便有点生气,但他对张良一直十分尊重,从不加以辞色,就把自己的忧虑和盘托出:对太子废立一事,朕已思虑多年了,太子太过仁弱,而皇后阴沉奸诈,做事果决,吕氏一族多在朝中做官。朕想改立太子,不只是如意外表和行事像我,而是为了使吕氏一族无所依靠。朕万岁之后,不至于皇权旁落于吕氏一族,危及我刘氏的天下。先生是当世的大才,难道还不了解朕的用意吗?婉言谢绝了张良。

张良刚刚出去,太子太傅叔孙通进见刘邦,他进来后,跪在地上,劝谏说:"昔者晋献公以骊姬故,废太子,立奚齐,晋国乱者数十年,为天下笑。秦以不早定扶苏,故亥诈立,自使灭祀,此陛下所亲见。今太子仁孝,天下皆闻之;吕后与陛下攻苦食啖,其可背哉!陛下必欲废適(通嫡)而立少,臣愿先伏诛,以颈血污地。"② 说罢抽出身上的佩剑就要自刎。刘邦见叔孙通如此刚烈,连忙制止住他。叔孙通不依不饶,继续向刘邦陈说他反对废立太子的理由。刘邦被他缠不过,就答应不废立太子了,他才离去。

刘邦虽然还想废立太子,但想到满朝文武都反对,看样子不是吕后操纵的,可能群臣说的也有道理,张良平时不问朝中的事情,却也来力谏,肯定是出于一片忠心。于是他决心要看看刘盈有多大的能耐,能让满朝文武维护他。

于是他第二天召见了刘盈。刘盈到达时,身后跟着四位鹤发童颜的老人。经询问,刘邦得知他们是自己多次派人礼请不到的"商山四皓",便问他们:"吾求公,避逃我,今公何自从吾儿游乎?"四人曰:"陛下轻士善骂,臣等义不受辱,故恐而亡匿。窃闻太子为人仁孝,恭敬爱士,天下莫不延颈愿为太子

---

① 《汉书·周昌传》。
② 《汉书·叔孙通传》。

死者，故臣等来耳。"刘邦认为他们的话很对，频频点头。刘邦拜托他们："烦公幸卒调护太子。"①

此后刘邦告诉戚姬，像"商山四皓"那样的贤能之人都做了太子的侍从，太子的羽翼已经形成。从此不再提改立太子的事情。

刘邦之所以想改立太子，固然有喜爱戚姬和刘如意的因素，但更重要的是觉得刘如意像自己，聪明机智，认为他能够撑得起刘氏的江山，而刘盈柔弱，不容易控制朝臣，加上吕氏的势力比较强大，为了刘氏的江山社稷着想，才出此计。当看到刘盈有"商山四皓"这样的贤能之士辅佐时，他的担心消失了，也就不再提改立太子的事了。

6. 倡导忠义，以德报怨

"忠义""忠君爱国""以孝治国"等原则是封建帝王尊崇的道德情操，是维护自己统治、协调君臣关系的原则。在战争年代，为了胜利，领导者曾经千方百计地拉拢对方的将领和人员，将其拉到自己一边；战争胜利后，领导者坐上了皇位，天下一统，想的就不是拉拢、收买对方叛臣的事情，而是树立典型，宣称"忠义"和"仁孝"了。刘邦也是这样做的。

"以孝治国"从自己做起。虽然父亲因为自己不事产业，整天游荡而曾经经常骂自己，讨厌自己，总认为自己是个不成器的儿子，自己也不太喜欢父亲，但刘邦还是非常孝顺的。当皇帝后，刘邦非常注意细节，每天都按照沛县乡间的风俗礼节去侍奉太公，早晚都问候一次，像普通家庭的父子一样。每到父亲生日，刘邦还在大殿上举行隆重的庆典，为父亲祝寿。因为刘邦知道，自己已经是天子，是天下百姓的父母，一言一行都被人注视着，忠孝仁义应该样样俱全。

为了使父亲生活得舒心，他封父亲为太上皇，在咸阳附近建了一个和丰邑中阳里村一模一样的新村，取名新丰，新丰的农舍结构、房屋样式、街道等都是按照丰邑的样子照搬的；随后刘邦又把村里的左邻右舍、熟人朋友，搬迁了几十户。让太上皇每天在这里和乡邻们说说笑笑。太上皇心里高兴，生活过得舒适，刘邦也高兴。

宣传"忠义"则从项羽和各国诸侯的忠臣身上找典型。

韩信灭齐后，自称齐王的田横等五百余人躲在山东沿海的田横岛上。刘邦害怕他重返齐地，威胁自己在齐地的统治，就派使者前往田横岛召田横到都城洛阳去。使者到达田横岛后，宣布赦免田横过去的罪责，敦请田横为天下黎民着想，入朝为官。田横信不过刘邦，就借口当年曾烹死郦食其一事回绝刘邦，

---

① 《汉书·张良传》。

他说:"臣亨(通烹)陛下之使郦生,今闻其弟郦商为汉将而贤,臣恐惧,不敢奉诏,请为庶人,守海岛中。"①

使者回报刘邦,刘邦特地下了一道诏书,诏令满朝文武特别是卫尉郦商:"齐王田横即至,人马从者敢动摇者致族夷!"②然后又派使者前往田横岛,告诉田横:"田横来,大者王,小者乃侯耳;不来,且举兵加诛焉。"田横知道再也无法拖延下去了,就带了两个门客,前往洛阳。

距洛阳还有30里时,田横告诉使者:为了拜见皇帝,自己想进馆舍沐浴更衣,以示对皇帝的尊重。在"沐浴"的过程中,田横哭着对门客说:"横始与汉王俱南面称孤,今汉王为天子,而横乃为亡虏而北面事之,其耻固已甚矣。且吾亨(通烹)人之兄,与其弟并肩而事其主,纵彼畏天子之诏,不敢动我,我独不愧于心乎?且陛下所以欲见我者,不过欲一见吾面貌耳。今陛下在洛阳,今斩吾头,驰三十里间,形容尚未能败,犹可观也。"说完,田横就自杀了。刘邦见到田横的首级后,感叹"嗟乎,有以也夫!起自布衣,兄弟三人更王,岂不贤乎哉!"为之流涕。拜田横的门客为都尉。但田横的两个门客在埋葬完田横后在田横的墓旁自杀。

刘邦对田横及其门客的壮举和义气很钦佩,对居留在田横岛上的其他五百多个门客产生了更深的敬意,于是派使者再去岛上,骗他们说田横等人在洛阳做了大官,召集他们前往洛阳一起做官。这些门客信以为真,就跟随前往。但到达洛阳后,他们得知了真相,就一起去了田横的墓。他们悲痛欲绝,便为田横扫墓,唱着凄凉的挽歌。随后他们都拔出佩剑,在田横的墓前自杀了。刘邦很羡慕田横能够笼络士人的心,也为这些门客的忠心感动,便下令隆重厚葬这些门客,让他们和田横永远在一起。

对于忠于主人、持义绝不反诬主人的贯高和赵臣,刘邦不仅赦免其罪,还为其中的人加官晋爵。

刘邦在征伐匈奴回洛阳的途中,因心情不好侮慢赵王张敖,张敖手下的老臣贯高等人愤愤不平,想杀死刘邦。张敖当时制止了这件事。后来东窗事发,刘邦拘禁张敖和赵国的主要大臣。朝廷的兵将到达赵国时,许多大臣因愧悔而自杀身亡。贯高认为:赵王张敖没有谋反,刺杀刘邦的谋划全是他们一帮老臣私下计议的,是他们连累了张敖,如果大家都死了,就没有人为张敖辩白冤屈了。于是他自己坚决不自杀,束手跟张敖前往京城。

在狱中,无论狱吏怎样用刑逼供,贯高都一口咬定刺杀刘邦的计议是自己

---

① 《史记·田儋列传》。
② 《史记·田儋列传》。

和一帮老臣所为，张敖本人并不知道。刘邦看贯高只有一个说法，就派贯高的老熟人绁公前去探监，希望通过老朋友的劝说能让贯高说出真相，弄清张敖是否是刺杀事件的同谋。

绁公带着酒菜到狱中见了贯高，假说是作为老朋友来探监。喝酒的过程中，绁公不断劝导贯高。想让他说出张敖是否参与谋划杀刘邦的谋划。贯高把头一仰，朗声回答："人情宁不各爱其父母妻子乎？今吾三族皆以论死，岂以王易吾亲哉！顾为王实不反，独吾等为之。"①

绁公把贯高的话告诉了刘邦，刘邦才确信赵王张敖确实与谋刺一事没有关系，当即让人把张敖从狱中放出，用好言好语抚慰。同时刘邦也为贯高的忠心感动，决定不再追究贯高等人的罪状，赦免贯高无罪。虽然后来贯高听说张敖被赦免无罪后自杀，刘邦没有追究参与其事的其他赵国大臣的罪责，把他们全部赦免，"贤张王诸客，以钳奴从张王入关，无不为诸侯相、郡守者"②。

栾布也因忠于旧主获得加封。吕后诛杀彭越后，下令将彭越的头悬挂洛阳城门示众，张贴榜文，称谁若收敛彭越的头颅或祭拜彭越，其罪与彭越相同。但彭越的头挂出不几天，梁国大夫栾布身穿素服，带了祭品，不顾吕后的严令在悬挂彭越头颅的地方祭拜痛哭。栾布幼时与彭越友善，因家境贫困，长大后流落到齐地做酒保，后被人卖到燕地做奴仆，受到燕王臧荼的赏识，做了都尉。臧荼叛汉被杀，栾布做了俘虏，被彭越赎出，不仅没有受罪，还做了梁国的大夫，因此对彭越感恩戴德。彭越被抓时，栾布在外公干，得到消息赶回时，彭越已经被杀，于是不顾吕后的禁令，赶来祭拜。

栾布被卫士抓住带往朝中，刘邦对他违反朝廷诏令的行为非常反感。栾布说："方上之困于彭城，败荥阳、成皋间，项王所以不能西，徒以彭王居梁地，与汉合从（通纵）苦楚也。当是之时，彭王一顾，与楚则汉破，与汉而楚破。且垓下之会，微彭王，项氏不亡。天下已定，彭王剖符受封，亦欲传之万世。今陛下一征兵于梁，彭王病不行，而陛下疑以为反，反形未见，以苛小案诛灭之，臣恐功臣人人自危也。今彭王已死，臣生不如死，请就烹。"刘邦听完，心里不好受，感觉对不起彭越，更为栾布的豪气和对彭越的忠心所感动，乃释布罪，拜为都尉。③

7. 保持距离宽严有度

在领导和管理实践中，成功的领导有时会以一种超然的、不受感情影响的

---

① 《史记·张耳列传》。
② 《史记·张耳列传》。
③ 《史记·彭越列传》。

方式，来看待同下属的关系。因为提拔人才应以有为者为先，不能凭一己的喜恶。应着眼于所用之人能力的大小，而不在于所用之人是否肯顺从己意。所以要选适当人才，与僚属应保持适当距离，这样才能营造一个团结大多数人的环境，共同把事业搞上去。

刘邦很重视沟通的作用，不仅和张良、萧何、韩信这些重臣经常坐在一起沟通感情，还经常召集夏侯婴、樊哙、周勃这些亲信和一众臣子到宫中叙谈，交流感情。每逢各种节日，刘邦都举办盛大的宴会，邀请文武群臣与会饮宴。

由于刘邦出身农家，从小喜好仗义游侠，四处交友。后来又长期做亭长之类的小官，处于社会的底层，基本上没有受过贵族式的等级教育，因此在他身上表现出来的更多的是普通百姓的平易近人，架子小，即使做了皇帝，有时摆摆架子，拿出做皇帝的样子来，但大多数时间仍和平常一样，没有架子，因此便于和群臣沟通，群臣也愿意与他沟通。

刘邦善于沟通从下面几件事上明显地表现出来。

韩信被贬为淮阴侯后，长期居住在京城。刘邦经常召他进宫，赏赐点东西，谈谈天，聊聊战争年代的各种事。有一次，两人聊得很高兴，刘邦就同韩信评论起朝中将领的优劣来。在谈论了夏侯婴、樊哙等人的领兵能力后，刘邦问韩信："如我能将几何？"

韩信不假思索，脱口而出："陛下不过能将十万。"

刘邦又问："于君何如？"

韩信又是不假思索："臣多多而益善耳。"

刘邦本是心思机灵之人，不甘心居韩信之下，就笑着反问韩信："多多益善，何为我？"

韩信稍加思索："陛下不能将兵，而善将将，此乃信之所以为陛下禽（通擒）也。且陛下所谓天授，非人力也。"[①]

刘邦询问栾布和彭越的友情是另一个例子。

栾布违旨祭奠彭越被任命为都尉后的一天，朝中无事，群臣散去，刘邦留下栾布陪自己闲谈。突然，刘邦提起彭越，并问栾布："当时你冒死祭奠彭越，这绝不是一般臣子的行为，你与彭越莫不是有什么特殊情分吗？"

见刘邦问起，栾布便将自己从小和彭越是好朋友，在生活上常常互相接济；自己流落齐国和匈奴后，彭越又帮助、接济自己的家人；后来自己做了臧荼的将军，因参加臧荼的叛乱被擒获，彭越向刘邦求情，不仅赦免了自己，还让自己做了梁国的大夫等事，一五一十地告诉了刘邦，并说："士为知己者死！有

---

① 《史记·淮阴侯列传》。

恩不报非君子！陛下试想，臣能不为彭越祭奠吗？"刘邦为栾布和彭越两人的真挚感情所动。

刘邦与家乡父老的谈话，从另一个侧面反映了他的善于沟通。

刘邦征伐英布之后班师回朝的路上，特意到丰邑和沛县看望家乡的父老乡亲。当地的官吏为刘邦准备了行宫，并在行宫中准备了盛大的宴会。刘邦让里中的父老子弟都来参加宴会，并在宴会中免除一切礼节，就像乡下人家宴请宾客一样聚会饮酒，刘邦和父老们频频举杯，开怀畅饮，还随口问问乡亲们的生活、地里的收成和劳作的状况。刘邦借着酒兴，令人取筑放在面前，边击边唱，声音悲壮苍凉，形成了流传千古的《大风歌》。后来，他又拔剑而起，边歌边舞，父老子弟同声随和。刘邦百感交集，想起从前的艰苦生活，征战的艰辛和今日的显贵，止不住老泪纵横。

随后，刘邦对父老们说："游子悲故乡。吾虽都关中，万岁后吾魂魄犹乐思沛。且朕自沛公以诛暴逆，遂有天下，其以沛为朕汤沐邑，复（通覆）其民，世世无有所与。"① 第二天，刘邦又召见了村中亲戚故旧家中的老太太们。这些老太太们不懂礼节，只知趴在地上磕头。刘邦让左右扶她们起来，一一赐座。刘邦亲切地问起了各人的儿孙情况，打开了老太太们的话匣子。刘邦又提起旧时的一些往事，大家都记起了许多可笑的逸事，言谈中不时爆发出阵阵欢笑，气氛更融洽了。

刘邦虽注意和臣下沟通，交流感情，在和下属相处时，他本人没有架子。但这并不说明他对属下放任不管。他对属下在宽容的同时也有严厉的一面，做到了宽严适度。

汉朝建立初期，刘邦命萧何定律令，韩信申军法，张苍定章程，叔孙通制礼仪，其目的都是申明上下尊卑的关系、确定共同遵守的社会准则。其中，叔孙通制礼仪完全是为了确定君臣上下的尊卑关系和彼此间的礼仪，这一事件在历史上也最有影响。

刘邦之所以让叔孙通制定礼仪，主要是有感于汉帝国建立初期，出身贫穷的亲信将领们不了解君臣尊卑的关系，在朝堂上有时露出原形，狂言滥语，形态不谨，甚至喝醉了酒，在朝廷上争功斗殴，没有大臣应有的风度。同时，他感觉自己做了皇帝，是至高无上的君主，而樊哙、周勃、王陵这些人仍然和在沛县老家时一样，和他称兄道弟，没有君臣尊卑。正是因为这样的原因，刘邦在初次接触了叔孙通制订的礼仪，尝试到了为人君王的尊严后，由衷地发出了"我今天才知道做皇帝的乐趣"的感叹。

---

① 《史记·高祖本纪》。

刘邦建立的汉朝延续了秦朝的立法司法体系，汉律是在秦律的基础上加以修正而成形的，秦律以残酷苛刻著称。汉律虽然减轻了刑罚，但与后世的法律相比，仍有繁苛残酷的一面。因此，刘邦的宽厚与宽容是与法律的严厉相联系的。经历过秦朝统治的文武大臣们从刘邦与暴虐秦朝的对比中看到了新朝的宽容，看到了自己在新朝的地位，他们对刘邦的宽厚是充分认可的。

8. 大度慷慨吝啬有则

自古成就大事者，莫不在起事时慷慨大度，不吝惜钱财和土地，处处表现出君子的风度，而成事后则从自己的境遇出发，吝啬异常，表现出小人的特征。个人性格的君子与小人的变换在刘邦身上表现得最为明显。

项羽分封诸侯后的初期，刘邦虽有心东出关中，与项羽争夺天下，但手下只有曹参、樊哙、周勃等人率领的部队，根本无法与项羽抗衡。如果没有韩信的征战，彭越的游击和英布、周殷等人的归顺，就不会有项羽与刘邦的鸿沟分界、两分天下，更不会有决定楚汉命运的垓下大战。因为就是在项羽兵疲食尽的时候，没有韩信、彭越等人的协助，刘邦亲自率领的军队还在固陵被项羽击败。但当韩信、彭越、英布等人率军到达后，项羽陷入了汉军的四面包围中，最后在四面楚歌中兵溃将散，项羽本人被迫乌江自刎。可见，没有韩信、彭越、英布等人的参与，刘邦是不可能战胜项羽的。

刘邦之所以能把韩信、彭越、英布等这些当时著名的将领团结在自己周围，让他们为自己效力，主要的是他不吝惜手中的土地和钱财，对各路诸侯和将领授予爵位，封赏王侯。他的目的是争夺天下。为了达到这个目的，他可以让出能够让出的一切。当然，刘邦内心也不愿这样做，不甘心把土地和人民分封给韩信、彭越、英布等人，但他最终这样做了，于是他成功了。相比之下，项羽舍不得手中的爵位和土地，就成了孤家寡人，最终落得灭亡的下场。

但到了项羽灭亡之后，以韩信、彭越、英布等人为代表的异姓诸侯王却成了刘邦的眼中钉。这些异姓诸侯王的封国跨州连郡，几乎占据了战国时期关东六国的全部土地。这些诸侯王不仅拥有土地和人民，而且都拥有相当数量的军队，贪婪成性，甚至自恃功高，对中央政府的权威公然提出挑战，因此，当了皇帝的刘邦，对他们的举动异常关注。

从韩信入手，刘邦或运用权谋，或运用军事手段，先后消灭了臧荼、韩信、韩王信、张敖、彭越、英布等几个势力较大的异姓诸侯王，剥夺了他们的封国，将这些诸侯国的土地和人民分封给自己的兄弟子侄。至于那些占地不过几个县的侯爵，刘邦则乐得让他们享受，既不危及自己的统治，又能显示自己有功必赏，何乐而不为呢！

刘邦的前半生，大部分时间是在沛县的家乡度过的，任泗水亭长后，与政府打上了交道，开始了他与上级相处、协调关系的经历。从沛县起义开始，刘邦率领的起义军是作为独立的一支义军存在的。后来因为实力的原因，他先后依附秦嘉、项梁，后来与项梁一起拥立共同的领导者楚怀王。灭掉秦朝后，项羽以自己的势力压制刘邦和其他义军将领，自立为西楚霸王，刘邦因为势弱不得不听从项羽的摆布，因此，无论是秦嘉、项梁，还是后来的项羽，刘邦与他们的关系都不是真正的上下级领导关系。这使刘邦在和他们相处时，既有上下级之间的隶属关系，又有彼此间相互容让的客情，还随时有可能因利益关系发生冲突。至于楚怀王，是反秦义军为了统一行动而尊奉的盟主型的上级，刘邦、项羽、吕臣等人和怀王有名义上的上下级关系，更有实实在在的独立性。正是由于这种特殊的上下级关系，刘邦在协调其同秦嘉、项梁、项羽、楚怀王等人的关系时，表现出的不仅有上下级之间推心置腹、以诚相见的真诚，还有保持自己独立性、不与其同流合污，为保全自己临时退避、委曲求全或自绝后路等特殊做法，甚至在某些做法上让人感觉他们不是上下级关系，而是盟友或敌人关系。

　　在长期的战争中和汉帝国建立以后，因为刘邦的身份不是义军的主要将领、就是诸侯王和皇帝，所以他的平级基本都是拥有相当自主权的义军将领、诸侯王和少数民族首领，他和他们的关系不是简单的平级关系，在他们之间，相互协作的时候有，但不是很长，除秦末农民战争中作为义军将领与其他义军将领彼此间有协作外，其他大多数时间，刘邦和平级的诸侯王、少数民族首领或地方割据势力要么是盟友关系，要么是敌对方的关系，这使刘邦在协调平级关系时更像是外交手段，而不是内部的平级协调。

　　对于盟友，特别是秦末农民战争中的义军将领，双方为了共同的目的走到一起，他与之真诚合作，相互配合，但由于各人的修养不同，利益和目标有区别，他又在合作中保持自己的独立性，与合作者进行有原则的斗争。

　　对那些和他差不多的诸侯王，他则从自己争夺天下的大业出发，根据需要远交近攻，以诚相待，尽量把他们拉到自己的一边，成为自己的盟友或部属，如果不能成为自己的盟友或部属，就坚决消灭。

　　对项羽这个既是平级、又是霸主的主要对手，他是坚韧不拔，坚决消灭。

　　对于边境外的少数民族首领或地方割据者，他审时度势，采取怀柔政策，用和亲或招抚的方式进行羁縻。

　　尽管刘邦在协调平级关系上有其特殊的地方，但他协调平级的原则和方法却是通用的，如以诚相待、真诚合作、远交近攻、软硬兼施、羁縻政策等，都是具有典型意义的，可供后人参考。

　　刘邦的下行协调，也就是驭下，确切地说，应该分为两个阶段：楚汉相争阶段和汉帝国建立以后。在不同的阶段，由于自己的地位不同，所处的环境不同，对下属的要求不完全一样，刘邦在驭下上所使用的手段表现出明显的不同，但并不是完全不同。

楚汉战争期间，刘邦的势力有限，要与项羽争夺天下。这时他的主要目的是争夺天下，为此他不惜慷慨大度地把土地和人民分封给主要将领，对有功者赏，背叛者严惩，对臣下充分信任，从谏如流，解衣推食，广泛授权，与主要将领谋士以真情相待，把他们紧紧地团结在了自己的周围，共同为着建立汉帝国的目标奋斗。

汉帝国建立后，刘邦成为皇帝。作为天下的共主，他的地位变了，对待臣下的态度和方法也悄悄地发生了变化。这时他的目的是守住天下，把整个中华大地牢牢地控制在自己手里，传之后世。出于保全帝位的考虑，他开始吝啬起来，不惜采用一切手段在不到10年的时间里把他自己在战争期间分封的异姓诸侯王一一剪除，利用敌人的例子在臣民面前树立"忠义"形象。当然，这一时期他仍能纳谏，仍能与臣下定期交流沟通，但相对于战争时期，他的这些优良品德逊色多了。

无论是楚汉战争时期，还是汉帝国建立以后，无论刘邦采取那种方法与臣下相处，他采用的方法如何变化，有一点是共同的，那就是，他采用的驭下方法都是围绕自己的目的进行的。

第七篇　激励的能力和艺术

在整个领导活动中，最关键的环节是人。领导者将面对形形色色的部下，他们在工作中的主动性、心理需求、价值观、人生观和业务素质等存在着巨大的差异。如何最大限度地发掘他们各自的潜能，充分发挥他们的积极性和创造性，使之焕发出旺盛的工作热情，是领导者的主要任务。现代管理学认为，激励是领导的职责之一，激励的源泉是人未满足的需求，而人的需求是多样化的，分层次的。领导者必须有目的地研究下属的心理需要，结合不同的场合，在适当的时机，灵活远用物质激励、目标激励、荣誉激励、情感激励、榜样激励等各种激励方法，取得最佳效益。

一、激励原则

1. 了解和满足属下的心理需要

激励是从心理上激发人的积极性的艺术。作为被领导者，他们都有着相似或相同的心理特征：愿意与领导保持一致的心理，在涉及重大原则问题和切身利益问题时，绝不与上级发生矛盾；希望通过自己的努力能得到上级的认可，进而受到赞扬；追求公平的心理；渴望获得理解和信任；希望通过参与领导过程来实现自己的美好愿望；在实现"大目标"的过程中实现自己的"小目标"。面对种种需求，领导必须善于从体察人心入手，摸准部下的心理需要，把工作做到人的心坎上，才能获得理想的激励效果。

刘邦作为一代政治家，对人心理特别是需求的把握是极其准确的，"对症下药"的激励措施也是恰如其分的。

陈平，乃天下英才，自然不甘于平庸而老于户牖之下。陈胜、吴广起义后，为了实现自己"得宰天下"的远大理想，投奔了魏王魏咎。这是一种期望实现人生价值的积极的心理需求。这种动机促使着他，去尽量展示自己的才能。他热情地为魏咎出谋划策，以期得到魏咎的认可。但魏咎很少采纳他的建议，这严重挫伤了陈平的积极性。加之有人诬陷陈平，良好的外界环境已不存在了。陈平带着一种"怀才不遇"的伤感，逃离了魏王，投奔了当时最具实力的项羽，以期大展宏图。在项羽处，陈平的理想得到了部分实现——因功被项羽赐爵。刘邦还定三秦时，殷王司马卬反楚，陈平又被封为信武君，率军攻打司马卬，迫使司马卬重新归顺项羽，陈平再次因功被任命为都尉，并获赏赐黄金二十镒。陈平的需要得到满足。项羽的激励与奖赏也是及时而丰厚的。陈平对项羽的认同感越来越强烈。

但司马卬再次反叛项羽，让陈平惶恐起来。刘邦在司马卬归楚后派兵再次攻占殷地。项羽得知后，要追究责任——杀陈平及其部下的脑袋。项羽作为一个领导，此时犯了一个致命的错误。上级的理解和信赖是推动部下积极工作的强大动力。有上级的理解和信任，再苦再累的工作，他们也心甘情愿地去做。反之，则会丧失热情和归属感，甚至会采取极端措施。项羽没有大度地去宽容陈平，而是采取了极端措施。陈平的心理受到了伤害。为了避免被诛杀，他封好印信和金钱，派人送还项羽，自己带着一支剑，再寻出路。

刘邦在修武接见了陈平等7个来投奔的人，饭后单独召见了陈平，并向他请教。礼贤下士是每一位贤才希望遇到的。特别的礼遇和虚心的倾听不仅仅是对他们的尊重，更是对他们的激励。刘邦十分清楚他们此时的心理，这是在告诉他们，我这儿有你们充分施展才华的环境。所以陈平大胆献言："大王要打败项羽，现在正是时候，趁他现在正在攻打齐王，大王可以发兵攻打其根据地——彭城，如果一举攻下，楚军必然军心大乱，项羽也就容易打败了！"

刘邦立即采纳了此提议，并任命他为都尉。这是第一次见面，陈平的建议就得到了采纳，后来的事实证明了此提议的正确性，这极大地激励了陈平的创造性。关系到刘邦生命安全的都尉一职的授予，让陈平感到自己成为刘邦的亲信，受到了极高的待遇，更坚定了他跟随刘邦的决心。尤其是自己被诸将怀疑时，刘邦仍一如既往地重用他。刘邦用人不疑的风格与项羽截然相反，陈平心存感激，出计献策，不遗余力。在他心中，刘邦的善解人意，是一种最好的激励，他满足了自己心理上的需要——理解信任、重用，等等。于是在以后经略天下的过程中，陈平常出"奇计"，一次次地挽救刘邦于危难之间，忠心耿耿地辅佐刘氏政权，未再变志易主。

韩信，好带刀剑，能忍胯下之辱，自非常人所能知其志向。他开始投奔了项梁，希望能实现心中的梦想。但千万军中，他只不过是一个小卒，虽然项羽看他比一般小兵强，封他做了个持戟郎中，跟随自己，但和他心中所要求的相距甚远。他几次向项羽献计，因为人微言轻，都没被采用。于是怀着此处不留爷、自有留爷处的心理，投入了汉营。天大的希望只结得一枚苦果。满腹经纶的韩信仍然没有受到重用。便与十几个伙伴喝了点酒，发了点牢骚，被怀疑谋反，定了死罪。幸得夏侯婴营救了他，免了死罪，嘉奖一级，任治粟都尉。此时，刘邦已知道了韩信这个人。但韩信仍不满足，认为仍是"大材小用"。于是连夜逃离汉营,可以说刘邦在这个时候还不能充分了解韩信的心理。没有采取激励人心的挽留措施,差点导致了这位重量级人才的流失。

萧何与韩信交谈过几次,知道他是不可多得的人才,也知其志向不小。曾多次向刘邦推荐,刘邦没有充分重视。萧何听说韩信跑了,来不及请示刘邦,便连夜追赶韩信。许诺如果刘邦再不重用韩信,就结伙出逃,韩信这才答应回来。萧何再次郑重地向刘邦推荐。刘邦听完萧何的介绍后,完全了解了韩信的心理,他几次辗转易主,都是为了一个目标——能寻找一个适合自己大展宏图的环境。刘邦当即满足了他的要求,不仅答应任命他为将军,而且隆重地委任韩信以"托国"之职——大将军。至此,韩信的心理需求,才第一次得到了较为充分的满足。在以后的军事行动中,刘邦一次又一次地满足着韩信拜将封侯的要求,激励他充分发挥自己的潜能,为自己的帝王之业冲锋陷阵。

二人的境遇相似,目标相同,刘邦在充分了解他们的心理需求基础上,采取许愿、封侯、封地或重金赏赐等手段去满足他们的要求,使之获得了一种成就感、责任感,心甘情愿地付出自己的热情,并永葆向前拼搏的积极性。其他将领和谋臣也是如此,刘邦充分了解他们的内心需求,通过有针对性的激励措施,激发了他们的工作热情。

2. 把握激励最佳时机

人的情绪具有积极和消极两种,积极的情绪可以让人忘我工作,蒸蒸向上,人消极时则会萎靡不振。这种情景性、短暂性和时效性,要求领导者要及时把握住激励的最佳时机,或在对某种工作有较强烈的愿望时,或在部下在物质和精神得到某种程度的满足还有更大的需求时,或者他们对自己的过错有了悔悟之意时,把握好情绪的转化,强化激励,做到雪中送炭,而不是雨后送伞。

当一个人进入新环境,便会有强烈的新鲜感。而且为了得到承认,他们总是提醒自己,要作出样子给领导和同事留下好的印象。同时也对领导抱有期待,希望得到认可。高明的领导要善于利用人们进入新环境所表现出的这种美好的心愿,恰如其分地向他们宣传新环境的价值观,给予重用,以示奖励。刘邦对来投奔的人才,像陈平、韩信、张良、郦食其无不是利用了他们初来乍到时的新鲜感,或大胆委以重任,或请教天下大计,或倾听他们的建议,而后言听计从,放手使用,以示激励。在第一时间,也就是最佳时机,即他们在对事业有强烈愿望的时候,主动地为他们提供条件。他们在实现自我价值的同时,也为刘邦制定的目标服务了。

刘邦做了沛公以后,面对的是强大的秦兵。面对强敌,如何树立自己的威信,壮大军威以及鼓舞士气成为一个重要的问题。刘邦在这个时机,选择先打几个小胜仗作为激励军心的方法。先是在丰邑打败四川郡御史监平的围攻,取得了起义后第一次胜利,接着又在薛县打败秦军的地方部队。这样四川郡内已没有威胁他生存的秦朝军事力量了,他在此建立了根据地。大大鼓舞了这支年轻的队伍。应该看到,这些都不是什么巨大的胜利,但刘邦追求的就是攻必克、战必胜,以此来增加义军的信心。新兵对打仗还心存恐惧,打几场胜仗是最佳选择。当胜利如约而来时,将士们对刘邦的信心增强了,士气由此高涨。刘邦再发布命令,将士们将会争先恐后地听从。

刘邦被封汉中,一到南郑就忙活起来。追随刘邦的人不少是原楚地的人,他们出生入死,一路征杀,目的是光宗耀祖,生活得好些。但汉中是个交通闭塞、流放犯人的地方,与他们的想象有着天壤之别。看到刘邦安于现状,于是不满的情绪开始蔓延,及至后来,每天都有人逃跑,军心和民心受到了影响。如果不将消极、失望的情绪及时转化,刘邦的实力将大打折扣。刘邦决定采用韩信建议,东归争夺天下,以此转移部下的不满情绪。这是利用军士们的东归情绪化消极因素为积极因素。果然,东归决策大大刺激了将士们,思乡情化作巨大的战斗力,部下们个个争勇,人人抢先。一时间入关汉军势如破竹,捷报频传。

3. 把握激励的度

激励的度把握能否适宜,将直接影响着激励的效应。奖惩过滥,就弱化了激励的威慑力;奖惩没有对应性,不兑现,就会弱化激励的信任度和积极性;奖惩方法不合理,就会缺乏科学性和可行性,调动不了多数人的积极性;仅凭长官意志,则降低了奖惩的权威性和公平性,失去奖励的应有作用。这就要求激励有针对性,否则将会走向反面。

刘邦当了皇帝之后,自然要与跟随自己多年、征战南北的属下们分享胜利的成果。分封功臣和将领是必不可少的。但在确定功劳的大小次序上,让刘邦着实费了一番脑子。一些人,尤其是文臣们的功劳如果从历史的角度来讲,可能较大,但在争天下的进程中,却不是如此。评功和分封直接关系到每个人的切身利益。如果掌握不好尺度,将会闹出大乱子来。

就刘邦而言,他认为从整个战争过程来看,萧何的功劳最大。从起事前,到起事后,再到建立汉朝,萧何无时无刻不在兢兢业业地忙着。刘邦有些武断地从萧何开始封赏。封他为酂侯,划给很多食邑。但其他大臣对刘邦的这个决断非常不满,认为刘邦所评比的功劳不公平,同时也怀疑刘邦又会像项羽那样只封自己亲近的人,于是向刘邦提出了自己的看法:"臣等身被坚执锐,多者百余战,少者数十合,攻城略地,大小各有差。今萧何未尝有汗马之劳,徒持文墨议论,不战,顾反居臣等上,何也?"

刘邦心里不高兴,仍然和颜悦色地说:"诸君知猎乎?"曰:"知之。""知猎狗乎?"曰:"知之。"刘邦曰:"夫猎,追杀兽兔者狗也,而发踪指示兽处者人也。今诸君徒能得走兽耳,功狗也。至如萧何,发踪指示,功人也。且诸君独以身随我,多者两三人。今萧何举宗数十人皆随我,功不可忘也。"①

众功臣不再说什么,但私下里却总是有不同的声音存在。他们又把曹参推出来与萧何攀比:"平阳侯曹参身被七十创,攻城略地,功最多,宜第一。"刘邦一时无可辩驳。可见此事虽是好事,若处理不好,就会影响功臣们的情绪,只有找出一个强有力的理由去说服他们才好。这时鄂千秋挺身而出,指出了萧何的功劳并将其与曹参对比,指出了萧何功劳的独特性,句句说在了刘邦的心坎上,也使众功臣哑口无言。刘邦借坡下驴,正式拍板定案,将萧何的功劳定为第一。并给了萧何可以配剑、穿鞋进殿的特殊礼遇。

利益是敏感的问题。刘邦这次有针对性地分封,是以功劳大小为标准的,但文人之功和武将之功的评价标准是不一样的,俗语"文无第一,武无第二"说的就是这个道理。要将以文治为主的功臣和在战场上攻城略地的武将放在一起评价,一个是稳定内部、输送粮草和兵员,一个是冲锋陷阵、打击敌人、攻城略地,确实很难相提并论。但在谁是第一的问题上,刘邦采取了适当的方式,进行了平衡。没有凭长官意志而强制执行,维护了奖励的公平性、严肃性。

二、激励方式

1. 以身作则,躬先表率

"火车跑得快,全靠车头带"。领导在工作中处于领头雁的位置,在部下眼中是学习的榜样,是行动的标尺。只有领导以身作则,表率群伦,树立良好的形象,才能给下属以信心、以勇气,才能推进整个团队的进步。"上有好者,下必甚焉"。当部下有一种认同感,并愿意勇往直前时,领导的身教便产生了效应。

刘邦是马上得的天下。从起事到建立汉朝后,一生戎马生涯,身经百战。他作为最高统帅,没有安居后方,总是身先士卒,与将士们一同出生入死,南征北战。灭秦前,因实力有限,刘邦要靠显著的军功来证明自己,宣传自己,所以他与项羽同为先锋,取得了一个又一个胜利。他的冲锋陷阵就是最好的鼓舞,士卒无不奋勇向前。在胜利的光环中,他奠定了自己领导人的地位。平定三秦是关键之战,刘邦没有因为得了韩信,就放松对自己的要求,让萧何守后方,自己和韩信各领一支军队东进。对匈奴问题,刘邦知道这是事关边境安危

---

① 《史记·萧相国世家》。

的大事，于是，刘邦几次御驾亲征，亲自率大军讨伐匈奴，有时甚至亲率军队深入敌人腹地，几次历险。在平定异姓诸侯王的过程中，衣不解甲马不卸鞍，亲自平定各异姓诸侯王。

建立汉王朝后，诸侯王们在定陶一起拥戴刘邦做皇帝。此时上升到统治阶层的刘邦的群臣们彼此争功论赏，有的酒醉后乱吵乱闹，甚至以剑击柱，混乱的情况让刘邦十分厌烦。为此他要求叔孙通等人参照秦仪，采古礼，制订汉朝礼仪。自己率先学起来，并命令群臣也学习这套礼仪。不久，长乐宫落成，行礼于朝："自诸侯王以下莫不震恐肃敬"，"无敢欢哗失礼者"。刘邦带头遵行礼仪，那些经常不顾身份，上朝时逞威风的群臣自然而然地收敛了骄气。刘邦树立起了朝廷上的威严。

汉朝是"以孝治天下的"，作为一个社会道德观念，"孝"对汉人影响很深。汉人认为，能孝者"善继人之志，善述人之事"。而在推行孝行方面帝王的行为更具有表率意义。因为帝王以孝相标榜会使得从孝到忠的转移更加自然。刘邦年轻时不拘小节，不听父母教导是出了名的。但称帝之后，将孝德看得十分珍贵，不仅设立孝悌力田科，而且按照为人之子的礼节，每隔五天就去拜见父亲一次。一次，刘太公家里的一个手下官员对太公说："天无二日，士无二王。今高祖虽子，人主也；太公虽父，人臣也。奈何令人主拜人臣！如此，则威重不行。"① 太公觉得有理，于是当刘邦再来拜见时，刘太公就拿着扫帚出来迎接。一边倒退着扫地，一边请刘邦走干净的路。刘邦连忙下车，把太公手里的扫帚抢了过来，扶着太公，责备地说："父亲今天是怎么了，这像什么样子？"

刘太公说："帝，人主也，奈何以我乱天下法！"刘邦一听，才觉得有点不妥，自己的大臣都分封了，唯独把父亲漏了。于是下诏，尊父亲为太上皇，规定了皇帝在家里朝见太上皇的仪式。

刘邦以自己的实际行动劝告天下人要孝顺父母。他的这种行为不但表率天下，而且对自惠帝以下的汉朝皇帝都有极大影响，他们认为"常为孝者，以常有天下"，死后皆以"孝"为谥，儒家的《孝经》一书在汉代受到特别的器重，认为是"三才之经纬，五行之纲纪"。东汉时更"使天下诵《孝经》"。孝治天下，刘邦率先垂范、功不可没。

历经 8 年战乱，经济受到很大破坏。面对汉初财政吃紧的状况，刘邦提出了"约法有禁"的政策，以此来节约开支。另外在解决百姓负担方面，不玩花架子，而是身体力行，以节俭表率群臣。刘邦听了娄敬的劝说，决定将都城定

---

① 《史记·高祖本纪》。

在关中。由于关中城池都残破不堪,派萧何督建宫殿。汉高祖七年2月,刘邦从洛阳来到关中,想了解一下工程进度,不料他意外地看到未央宫非常精美壮阔,建有东阙、北阙、前殿、武库、太仓,认为萧何耗费了太多的人力物力,非常生气,责怪萧何说:"天下匈匈苦战数岁,成败未可知,是何治宫室过度也?"萧何回答道:"天下方未定,故可因遂就宫室。且夫天子四海为家,非壮丽无以重威,且无令后世有以加也。"① 刘邦这才转怒为喜。刘邦要从自己做起,感召天下,所谓"其身正,不令亦行,其身不正,虽令不行"。

孔子说:"上敬老则下益孝,上尊齿则下益悌,上乐施则下益宽,上亲贤则下择友,上好德则下不隐,上恶贪则下耻争,上廉让则下耻节,此之谓七教。七教者,治民之本也。政教定,则本正也。凡上者,民之表也,表正则何物不正?是故,人君先立仁于己,然后大夫忠而士信,民敦俗璞,男悫而女贞。六者,教之致也,布诸天下四方而不怨,纳诸寻常之室而不塞。等之以礼,立之以义,行之以顺,则民之弃恶如汤之灌雪焉。"② 领导的表率作用实在是太大了。领导行在先,则天下之人会同声应和。刘邦的行动就是想用自己的表率带动天下人,带领整个社会走向善治。

2. 计功行赏烧香还愿

马基雅维里说:"君王要想确保他的大臣对他效忠,就应该替他的大臣设想,要尊重他,要让他富有,要予以仁慈的关怀,赐给他荣誉,授给他重任。"领导对部下不能只开空头支票,要计功行赏;不能小家子气,而应该该出手时就出手。只有不吝啬地厚赏部下,才能获得有力的支持。让手下与自己共享胜利的桃子,"一人升天,仙及鸡犬",这是对部下最大的奖励。同时为自己创佳绩奠定基础。

刘邦在对待有功之臣时,总是出手大方,公正严肃,而不像项羽那样"有功当封爵者,……忍不能予",只要部下立了功,皆计功行赏,当场兑现,从不拖拖拉拉。

萧何,镇国家,抚百姓,给军饷……功在第一,被封为赞侯,食邑8000户,其父子兄弟十余人都享受封号和食邑。

韩信,连百万之军、攻城略地、战功卓著,曾被封为齐王、楚王,后因被怀疑谋反而降为淮阴侯。

曹参,出生入死,攻下2国、122县,得王2人,相3人,将军6人。受伤七十余处,功列第二,被封为平阳侯,食邑10630户。

---

① 《史记·高祖本纪》。
② 《孔子家语·王言解》。

张良，运筹帷幄，决胜千里。为刘邦出了很多计谋，是刘邦创业成功的最大功臣之一。刘邦让他在齐国选取三万户作为食邑。张良辞掉，最后选择留县为食邑。

陈平，多出奇计，"救纷纠之难，振国家之患"，被封为户牖侯、曲逆侯，食邑5000户。

周勃，忠心耿耿，可属大事。被封为绛侯，食邑8180户。

郦食其，以口舌之功，被封广野君。因说齐有功，又为齐王所害，刘邦为示嘉奖，封他的二子郦疥为高梁侯。

……

赏功是一种非常复杂而又敏感的事情，刘邦十分明白，慎之又慎，在分封了二十多位后就停住了。

对这些有功之人，自不可少了封赐。就是那些推荐者、献言献策者无不给予重奖。魏无知引见陈平有功受刘邦重赏，鄂千秋在评定萧何功劳之时有荐贤之功，加封为安平侯。娄敬因献言建都关中被采纳被封为郎中，赐姓刘氏；后因和亲匈奴，封为关内侯，食邑2000户。

从以上的分封赏功实例，我们可以看出刘邦是根据功劳大小来定的，待遇也各有不同，有为王者、也有为侯者，为侯者其食邑又有不同层次——万户侯、千户侯……公正、明确、严肃。否则就会惹出乱子。随何策反英布有功，刘邦事后没有赏赐，随何曾几次向刘邦讨封，最后跪请刘邦赏赐，直到随了心愿，方才罢手。

刘邦十分清楚，答应了的事情就要兑现，空头支票只会给自己带来麻烦。该付出的代价一定舍得付出。

为彻底打败项羽，刘邦决定以韩信、彭越、英布等大军合而击之。但到了约定时间，韩信、彭越二人都没有如期赶来，几个人都是有地盘、有财富、有兵力的一方诸侯，权力欲非常强，也是刘邦打败项羽所必须依赖的力量。但他们的失约，让刘邦十分焦虑，便问张良："韩、彭二人不如约会战，为之奈何？"

张良说："楚兵且破，信、越未有分地，其不至固宜。君王能与共分天下，今可立致也。即不能，事未可知也。君王能自陈以东傅海，尽与韩信；睢阳以北至谷城，以与彭越：使各自为战，则楚易败也。"刘邦说："善。"于是派使者告诉韩信、彭越："并力击楚。楚破，自陈以东傅海与齐王，睢阳以北至谷城与彭相国。"[①]

[①] 《史记·项羽本纪》。

在强大的物质刺激下，韩信、彭越二人立即派人报告刘邦："我们立即发兵攻打楚军。"触手可及的利益得到了刘邦的承诺，他们将为此积极奋斗。果然，韩信很快从齐地带兵前来，彭越从梁地带兵前来，合围项羽于垓下，一战而灭楚军。

公元前202年正月，刘邦兑现了在消灭项羽前对韩信、彭越二人的诺言，封韩信为楚王、彭越为梁王。在此之前已经分封韩国公子信为韩王，封张耳为赵王，封英布为淮南王。刘邦兑现了诺言，赢得了人心。

3. 杀一儆百，不劝恶行

批评与惩罚是激励的另一种方式。惩罚是对犯错者行为的否定，也是对其他人的鞭策。尤其是属下犯了不能饶恕的过错，决不能姑息养奸，而应快刀斩乱麻，彻底消除某些行为带来的坏影响，起到警示他人的效果。

刘邦用季布、贯高、栾布等人的事例树立了"忠臣"的榜样，也通过惩罚"逆子贰臣"的方式教育臣民要忠于自己，忠于汉王朝。

丁公和季布是同父异母兄弟，也曾在项羽手下为将。刘邦彭城大败时，他奉命率军拦截和追杀刘邦，他在彭城西郊堵住了刘邦。当时刘邦身边只有几十个骑兵，已经兵困马乏，无力再战。刘邦知道凭自己和这几十个骑兵的力量，根本冲不破丁公率领的精锐部队的围追，他看到丁公有点面熟，决定用智取的方法摆脱困境。于是，刘邦扔下手中的长剑，双手抱拳，对丁公深施一礼，说：将军，我知道您是一位了不起的英雄，我也是一个闯荡天下的人物，常言说得好，惺惺相惜，英雄敬英雄，我今天落难，将军若能高抬贵手，放我一马，我将永远记住您的大恩大德。

刘邦的几句"英雄"的称赞，叫得丁公心里美滋滋的，他见刘邦虽然处于恶劣的环境中，满身风尘，但脸上依然不减英武之色，又听他中气十足，不由地打起了小算盘。他想：刘邦虽然在彭城失利，但在关中还有很大势力，今天饶刘邦一命，以后刘邦得了势，自己也是个有功之臣。因此丁公把手一摆，放过了刘邦。

项羽失败后，丁公隐匿在民间，他听说季布被刘邦封了官，心想季布是皇上的仇人，皇上都封他为官，我曾对皇帝有恩，如果前去，自当有更多封赏。于是前往洛阳求见刘邦。

但刘邦这时已是皇帝，心中想的是如何巩固自己的江山社稷，让子孙后代永享天下。听到丁公前来的消息，他心中一动，心想丁公来得正是时候，自己正为诸将争功、无法训诫着急呢，现在正好可以借这个不识时务的人的人头一用。于是不动声色地传丁公进见。

丁公满心欢喜，赶紧进殿。但刘邦不等他说话，就喝令殿前卫士把他捆绑起来。丁公连声呼怨,刘邦根本不理,殿前卫士只好把丁公绑了起来。到这一地步,丁公还不明白自己为什么被绑,他哭喊着问刘邦:陛下难道忘了彭城西郊的旧事了吗?

听丁公提到这事,刘邦拍案大怒,厌恶地指着他对群臣说:"丁公为项王臣不忠,使项王失天下者,乃丁公也。"随后斩了丁公,告诫群臣说:"使后世为人臣者无效丁公!"① 群臣听刘邦如此说,个个噤若寒蝉。他们懂得这是杀鸡给猴看。刘邦的目的是从反面提醒大家要忠心为主尽职,严惩那些不能一心事主,朝秦暮楚的行为。丁公为项氏部将,关键时候却放走了项羽的死对头。他今天能对项羽如此,明天就可能对自己如此。这样的臣子杀了才好,可以警示那些口是心非、对主人不忠者。

钟离昧在项羽失败后,投在了韩信营中。刘邦对他一方面是痛恨,又担心他与韩信勾结,二是厌恶他不能始终如一忠诚其主。一再向韩信施压。韩信为了自保,逼得钟离昧引颈自刎。

4. 以德报怨,激励人心

对于有错误的部下是一棍子打死,全面否定,还是给他以时间反思,甚至委以重任,将会直接影响到人心,而且会冲击领导者的形象。以怨报德者,怨怨相生恨;以德报怨者,领导会重塑金身。

刘邦取得天下以后,开始极力招揽流散在民间的项羽部下。季布是项羽手下著名的大将,在楚地名声很大,曾有"得黄金百斤,不如季布一诺"的谚语,说明季布重诺守信。季布曾在战斗中多次追杀过刘邦,好几次差点要了刘邦的命,刘邦对他非常痛恨,建立汉王朝后曾悬赏千金通缉季布。

季布在项羽失败后即藏在民间。后来化装成奴仆藏到一个仗义疏财的大侠朱家家里。朱家了解季布的情况后,决心帮助他。朱家前往洛阳,晋见刘邦的宠臣夏侯婴。

他问夏侯婴:"季布何大罪,而上求之急也?"

夏侯婴说:"布数为项羽窘上,上怨之,故必欲得之。"

朱家问:"君视季布何如人也?"

夏侯婴回答:"贤者也。"

朱家曰:"臣各为其主用,季布为项籍用,职耳。项氏臣可尽诛邪?今上始得天下,独以己之私怨求一人,何示天下之不广也!且以季布之贤而汉求之急如此,此不北走胡即南走越耳。夫忌壮士以资敌国,此伍子胥所以鞭荆平王

---

① 《史记·季布列传》。

之墓也。君何不从容为上言邪？"①

夏侯婴认为朱家说得很对，就去告诉了刘邦。刘邦认为朱家的话很有道理，如果赦免季布，可以使项羽的旧部心安，还可以向天下人显示自己的宽大仁爱之意，一举两得，何乐而不为。当下刘邦就传下谕旨，下令赦免季布，并叫他进朝见驾。

季布一路进京，到洛阳后先见夏侯婴，随后跟夏侯婴进朝见刘邦。刘邦见季布拜伏阶下，磕头有声，口中连喊"死罪"，对他的怨恨消解了大半，不再对季布深究，还授季布为郎中，让季布尽忠汉王朝。季布叩头谢罪，从此在朝中为官，对刘邦感恩戴德，对汉王朝忠心耿耿，到文帝时做到了河东太守，政绩很多。

刘邦赦免季布取得了很好的效果，从此项羽的旧部安于现状，有的入朝做官，有的在家耕织或做生意，有助于汉王朝早期的稳定，同时刘邦也借季布之事为自己的臣子树立了一个"忠心为主"的榜样，培养了臣子对汉王朝的忠心。

刘邦以德报怨的举动从三个方面激励了天下人心：一是汉朝廷是用人之际，民间隐藏的原楚军将领皆可来投，不计前嫌。二是宣传了自己不计私怨甚至积怨，有容人之量，乃一代明君的形象。三是通过对他的免罪任官，来奖励忠臣，提倡尽职尽责。季布为其主数次将刘邦置于困境，是忠心为主的表现。如今刘邦做了皇帝，臣下应向季布学习。树立一个榜样来垂范自己的臣下，用心可谓良苦。

当年，韩信受刘邦之命，带兵破魏、下代、克赵、降燕，又平定齐地，做了齐王。当时韩信手握重兵，其谋士蒯彻千方百计地劝他据齐地反刘，争夺天下，均被韩信拒绝。他见自己的意见未被采纳，害怕以后会祸及自身，便佯狂为巫。

汉朝建立后，韩信被吕后用萧何设计逮捕，斩于长乐宫钟室。临死前，他叹道："吾悔不用蒯通之计，乃为儿（通尔）女子所诈，岂非天哉！"刘邦听说此事后，马上派人拘捕了蒯彻，问他是否劝过韩信反叛，蒯彻供认不讳。刘邦大怒，要烹杀蒯彻，蒯彻大声辩解道："秦之纲绝而维弛，山东大扰，异姓并起，英俊乌集。秦失其鹿，天下共逐之，于是高材疾足者先得焉。跖之狗吠尧，尧非不仁，狗因吠非其主。当是时，臣唯独知韩信，非知陛下也。且天下锐精持锋欲为陛下所为者甚众，顾力不能耳。又可尽亨之邪？"② 刘邦认为他说得

---

① 《史记·季布列传》。
② 《史记·淮阴侯列传》。

对，就免除了他的罪责。

蒯彻以跖犬吠尧之典说明了自己为主效劳的合理性，刘邦当即放了他。以此鼓励忠于主人者。这是刘邦政策调整的结果，治天下求的是长治久安，为此目的，他当然要提倡对主人的绝对忠诚，不能有丝毫的背叛行为。忠于主人者无论在什么时候，在什么情况下，都会有好的结果，否则就会像丁公、钟离昧一样，只有死路一条。

5. 赏罚臧否，小惩大诫

惩罚的目的不只是惩罚，而是要达到惩戒的效果。当属下犯了错误，领导要敢于打一巴掌，要打得稳准狠，而不能姑息养奸。稳在于要多考虑其他因素，慎重行事；准则是要直指其弱点，一针见血，要找到其最典型的错误，痛下杀手，切不可小题大做，无中生有；狠是要认准时机，下定决心，坚决果断，毫不留情。这样才能让人引以为戒，不去重蹈别人的覆辙。

刘邦对下属的关心总的来说是出于政治上的考虑。随着韩信在军事上的不断胜利，其实力一天天壮大起来。刘邦对他警觉起来。韩信、张耳在赵地驻扎时，刘邦假称汉王使者，直奔军营，趁二人尚未起床，收缴了他们的兵符、印信，夺了他们的军权。其实这是对他们的一种警告。

韩信灭齐后讨封齐王，让刘邦十分恼怒。从此刘邦对他有了防范。先是将其大部分军队收归自己统领，接着将韩信由齐王徙封为楚王。齐地幅员辽阔，东临大海，有渔盐之利，而楚地狭小贫瘠，无险可守。这种明升暗降的小惩，意在告诉韩信应检点自己的行为。

韩信没有意识到这一点。项羽部将钟离昧投到他处，刘邦让他逮捕钟离昧押到京城，韩信没有执行。又在自己的封地上"行县邑，陈兵出入"，行为十分放肆，有人上书说韩信谋反。刘邦对此十分担心，韩信强大的军事能力让人既忌且惧。时机尚不成熟，只能戒急用忍，慎重从事。后来刘邦用陈平之计，假称出游云梦，召诸侯到陈地开会，欲借机逮捕他。韩信心里也很矛盾，自度无罪，想拜见刘邦，又恐被擒。最终还是逼钟离昧自杀，他提着钟离昧的人头来见刘邦。刘邦果断下手，派武士抓捕了他。刘邦的目的不是将韩信杀掉，毕竟韩信是一代将才，只希望通过惩罚削弱他的势力，告诫他不要自以为是。于是把他押到都城后，赦免了他，贬为淮阴侯，调到长安任职。韩信失掉了封地和军队，已构不成威胁了。

韩信若能趁机收敛心性，也许可以全身避祸，但他对这种惩罚很不服气，采取消极对抗的方法，常常推托有病，既不参加朝廷的觐见之礼，刘邦外出也不跟随。刘邦明白他的想法，为了消消他的火，时不时与他闲聊一阵。通过闲聊，刘邦再次摸准了韩信的心理。韩信也由消极对抗发展到了密谋制造动乱。

不得已，刘邦才痛下决心，予以严惩，由吕后策划，萧何设计，杀掉了一代"兵仙"韩信。刘邦原是希望韩信能回心转意的，总是在小惩中等待他的幡然醒悟。但效果不好，只好采用重典了。对于韩信的下场，司马迁曾经评论道：假令韩信学道谦让，"不伐己功，不矜其能，则庶几哉，于汉家勋可以比周、召、太公之徒，后世血食矣。不务出此，而天下已集，乃谋畔逆，夷灭宗族，不亦宜乎！"历史是不能假设的，韩信并不是张良，其长在军事，不在政治，能在战场击敌，为政治家扫清障碍，但难以自存。

在以后平定异姓诸侯王的斗争中，刘邦总是实行从重从快、打击首恶、广泛争取大多数的策略，惩少戒多，来激励部下的凝聚力。所以刘邦的平叛事业十分顺利。

6. 政令鼓励，无为而治

面对部下的心理需求，领导者应想方设法予以满足，予以鼓励。通过制订一系列的政策措施，明确奖励方式，去调动下属的积极性，创造一个宽松适度的自由环境，感化他们的心灵，增强其归属感。在认同中，自愿规范自己的行为，领导者便可以无为达到大治的目标。

刘邦领导的一个特点是灵活而有原则，适时而变，善纳谏言。天下初定，全国经济残败，民不聊生，物价飞涨。百姓家园被毁，无处栖身，"自天子不能具醇驷，而将相或乘牛车"。面对凄凉残破的社会景象，如何尽快医治战争创伤，使流民安定，恢复生产，重建家园，解决百姓温饱，充实空虚的府库，成为刘邦迫切需要解决的问题。

汉朝建立之前，全国长期处于战乱中，先是秦始皇长达十年的统一战争，接着是秦朝严刑峻法的统治，夹杂着对匈奴和南越的战争，随后是 3 年的秦末战乱和 5 年的楚汉战争，人民已疲惫到了极点，他们太需要休养了。刘邦建立汉王朝后，就让陆贾将秦亡天下的原因总结出来，以备采纳。陆贾不但总结了秦亡天下的原因，而且分析了刘邦取得天下的原因，并结合儒家的德治与道家的自然无为，提出了无为而治的政治主张。

无为而治表现在政策上即对人处世要宽厚，不应斤斤计较；对老百姓的事情不要多加干涉，多给他们一些自由，让他们去干自己愿意干的事情；在选拔官吏时，要选择宽宏大量的人，而不要那些苛刻以求的酷吏。刘邦对此十分赞赏。汉初休养生息的无为而治的方针作为一种政策，全国上下一直推行了七十多年。从萧何到曹参，到陈平，到陆贾，无不信守如一，因循而治。

刘邦以全力医治战争创伤为出发点，实施了多项安民抚民的举措。他在未称帝时就下令释放被项羽掠到楚地的人，让他们回家。称帝后，他颁布了著名的罢兵赐复诏书，规定：军队全部复员，士兵各自回家。原山东六国地区的士兵，愿意复员后留在关中地区的可以享受12年不服徭役的优待，回自己家者减半，可享受6年的优待。在战乱中聚集山泽的人各归本土，恢复故爵田宅。还下令让那些因饥饿自卖为奴的人，一律免为庶人，成为自由之身。这些措施对恢复社会秩序非常有利，不仅为社会提供了大量自由劳动力，还增加了国库收入。

对安抚从军吏卒这个问题，刘邦下诏规定："军吏卒无罪者、无爵者或爵在大夫以下者，一律晋爵为大夫；原在大夫以上者，加爵一级并免除本人及全家的徭役。"这些人大都是一般农民，因军功而得到土地，又有了和平的环境，生产积极性非常高，为国家创造了大量财富，逐渐形成了一个新的地主阶层，成为刘邦政权最为坚定的拥护者。

刑罚是衡量一个政权残酷还是仁慈的标志。刘邦在这方面采取宽容的态度，他经常下诏大赦天下，以示汉律的宽松。高祖五年，刘邦两次赦免死刑以下的罪犯；高祖八年，赦免了官吏中犯罪而没有被发觉的人；九年，赦免死刑以下的罪人；十年，刘邦因父死而赦免洛阳狱中死罪以下的罪犯；英布造反，赦免天下罪犯。这些大赦令的实施，表明了一种宽容，解决了一大社会问题。这些人获释，肯定对新政权怀有感激之心，也会全身心地投入社会生产活动中去。刘邦的行为不但收买了人心，创造出一种宽松的政治氛围，同时也使大量荒芜土地得到开垦，间接增加了财政收入，安定社会秩序。

为了鼓励人口的增长，刘邦下诏，规定老百姓凡生儿育女者，可享受两年不服徭役的优待。为了减轻农民负担，刘邦把税率定为十五取一，缓解了农民负担。针对不法商人的恶行，刘邦诏告天下：商人不许穿丝绸衣服，不得持有武器，不得坐马车，不得骑马，不得做官，人头税比一般人加倍。这一措施有其不利的一面，但也有鼓励小农安心生产以及纠正战国以来弃农经商的社会风气的作用，是不可低估的。

同时，统治者悠闲自在，不干扰百姓的生活。他们以身作则，俭朴持国，轻徭薄役。曹参做了丞相，天天醉卧梦乡，使那些想找他说话的人找不到机会，因此不打扰百姓。一时间，官府里好像没有官吏，村中没有百姓，犬不夜吠，鸟不夜鸣，老人安然，青壮年耕作，妇女纺织，一幅万民和乐、无纷无争的太平景象。

这些不干预和创造条件的政策，大大激发了百姓与官吏的积极性。百姓安则天下定。假如为树刘氏天下的威风，以重典治国，以威苻民，百姓则会心有余悸，自顾尚且不及，哪有心思去发展生产，天下将会是另一番景象了。

7. 磨砻淬砺，鼓励创新

诸葛亮在《察疑第五》中有云："士为知己者死，女为悦己者容，马为策己者驰,神为通己者明。"一个领导面对新的形势,应该敢于挑战传统,接纳新的知识。同时鼓励部下敢于创新,在关键时刻和合适的场合,对创新行为予以大力奖励。由此扶植一批有潜力的人才,带动更多的人投入良性竞争中去。只有适应变革,激发人的创造力,才能研究新情况,化解新矛盾,解决新问题,把工作推向新的境界。尊重了群众的首创精神,也就鼓励了下级的创造性。

刘邦,应该说是一个比较开通,善于吸收各方意见的领导。面对形势能适时而变,不古板。这种优点为其在由马上打天下到下马治天下的转变中提供了极大的帮助。军事斗争,刘邦手下个个能征善战。治国平天下,则有些难处。刘邦注意到了这一点。建立汉朝后,在力量的依靠上,逐步向倚重知识分子佐理国家转变。对"难于进取,可与守成"的儒生的一整套理论产生了浓厚的兴趣。并逐渐把这些思想作为自己解决社会问题的依据,他曾说过:"吾遭乱世,当秦禁学,自喜,谓读书无益。洎践阼以来,时方省书,乃使人知作者之意。追思昔所行,多不是。"①

陆贾在随刘邦征战中,常讲《诗》《书》,对刘邦来说无异于听天书。建立汉朝后,他让陆贾总结秦灭亡的经验教训,每读一篇,连声叫好。刘邦对这位主张"制事者因其则,服药者因其良。书不必起仲尼之门,药不必出扁鹊之方。合之者善,可以为法,因世而行行"②的反对泥古者十分赏识,大加重用。对其提出的"无为而治"的治国理念大加赞赏,成为汉初统治者奉行的治国思想。这一创新让汉初出现了"文景之治"的盛世。

刘邦在未当皇帝前,对秦朝的各种苛法极其痛恨,继而对那些繁文缛节也深为反感。当皇帝后,看到群臣在朝廷上饮酒争功狂呼乱叫,甚至拔剑乱砍,举止粗俗无礼,心里十分不快。正好叔孙通提出制定新的朝仪。刘邦害怕叔孙通泥古不化,制定的朝仪烦琐不堪。叔孙通对他说:"据臣所知,三皇五帝的礼乐都不尽相同,这是因为朝代不同,礼节也应有所创新与改变。我打算只略采古礼,与前朝折中而行,制订出一套合乎大汉朝廷的礼仪。"于是刘邦放心让他去做。结果,叔孙通制定的朝仪很适合汉初的朝堂。刘邦非常满意,立即任命叔孙通为九卿之一的太常。儒家思想以其备受欢迎的实证性登上了统治舞台。叔孙通被后世称为"汉家儒宗"。刘邦对儒学由漫骂转为尊崇,并成为中国历史上第一个到曲阜祭祀孔子的皇帝。他的鼓励,让儒学在汉代及以后的时代发展成为显学。正是由于刘邦的鼓励,新的制度、新的律令,一一登上历史舞台,汉朝的政治局面也为之一新。

---

① 刘邦:《敕太子书》,语出明代梅鼎祚编:《两汉文纪》。
② 陆贾:《新语·术事》。

作为争霸天下者，刘邦是领头羊，但他不能仅仅在头衔上领导他们，而要从实际行动上领导他们，戮力同心，以团队的精神去开创事业的新天地。刘邦恰如其分地掌握着每个下属的心理，或开诚布公，或举杯同饮、共享下属荣誉，或高官厚禄、大方出手，或诡道权术、小惩大诫，或威重令行、杀鸡儆猴，或诚信忠实、烧香还愿，或雪中送炭、雨前送伞……刘邦灵活运用各种激励方式，物质的、精神的，正面的、反面的，赏罚分明，公正诚信，牢牢地驾驭着各式各样的将军、谋士，最大限度地激发他们的潜力，并时时调整，坚持其长久性。激励宛如一条鞭子，只要方法对头，打得适时，被激励者会爽心悦目自奋蹄，不断迈向更高的目标。激励宛如一把利剑，斩掉被激励者的自卑，甚至过错，充分展示自己的才华。激励宛如一枚果实，吸引着每一个趋之若鹜者。于是千军万马为了共同的目标，汇聚成了冲击阻挡历史发展障碍的巨大力量，将刘氏战车推上了历史的时空隧道。激励就是催化剂，是引擎，永远催人上进。

第八篇　思想工作的能力与艺术

　　思想问题指人的思想观念、思想觉悟、思想信念、政治立场、政治方向、价值观念、道德观念以及行为规范、行为准则等。这些因素直接影响到人们在工作中采用什么态度、什么精神状态、什么思想，直接关系到工作效率和质量，也关系到领导工作的成效。因此对人的领导的关键之一，就是面对形势变化中的新情况、新问题，强化认识，联系实际，采用灵活多变的形式，动之以情，晓之以理，达到对人的思想的领导，从而实现领导的目标。对领导的尊重，不仅表现在表面的谦恭，更重要的是心悦诚服，从思想上接纳。思想工作润物细无声的潜移默化，可产生精神动力，最终达到对人的思想的驾驭，领导对此决不可掉以轻心。

一、鼓唇摇舌，善于游说

　　孟子说："域民不以封侯之界，固国不以山溪之险，威天下不以兵革之利。得道者多助，失道者寡助。寡助之至，亲戚畔之；多助之至，天下顺之。以天下之所顺，攻亲戚之所畔；故君子有不战，战必胜矣。"面对千差万别的思想，要获得他们的认同和支持，必须善于自我宣传，通过种种方式，去启发引导，促使工作对象在内因上的根本变化，让自己的主张占据他们的头脑。这块思想阵地的争夺，是思想工作的重中之重，人和则天下安。

　　要得到众人的拥戴，树立自己的威信，最根本的是领导者本人行为及其推行的统治理念足以打动人心。刘邦面对的广大民众，一是一般意义上的广大军民，一是服务于自己的文武大臣。对于后者，帝王可以诱之以官位厚禄，或礼贤下士地敬请他们。但对前者必须慎之又慎。

　　刘邦率先进入关中，灭掉秦朝后，一个棘手的问题出现了。作为胜利之军，面对富庶的关中，从刘邦到士兵的心理都发生了某些倾斜，是做秦王朝财富的享受者，还是为了更远大的目标而克制私欲？关中百姓苦秦已久，盼望义军来解救他们，刘邦军队的表现将直接影响百姓的人心归属——是夹道欢迎，还是嗤之以鼻。这些思想工作是非常难做的。面对金碧辉煌的宫殿，刘邦与军士开始没有抵御住诱惑，后经萧何、张良、樊哙等人的劝说，刘邦才积极地投入安抚百姓，收买人心的工作中去。他要在关中树立正义之师的形象，让百姓接受。

刘邦走出秦宫，看到街上哭声、骂声、争夺声，一声高过一声。便赶紧下令："军士各归本营，不许抢夺；所得财物一律登记上缴。"并派人封闭了秦王朝府库。为了防止万一，他还把军队撤出咸阳，驻扎在灞上，以防扰民。

为消除百姓的疑虑，刘邦将关中各县的父老和地方上有一定影响的人物请来，对他们说："父老苦秦苛法久矣，诽谤者族，偶语者弃市。吾与诸侯约，先入关者王之，吾当王关中。与父老约，法三章耳：杀人者死，伤人及盗抵罪。余悉除去秦法。诸吏人皆案堵如故。"①

大家都屏息静气地听着，一些人脸上仍露出狐疑的神色。刘邦再次重申："凡吾所以来，为父老除害，非有所侵暴，无恐！且吾所以还军霸上，待诸侯至而定约束耳。"

这就是历史上有名的"约法三章"。在约法三章中，刘邦通过与秦王朝暴戾严酷的法律的对比，宣传了自己的政策，消除了百姓的担心。刘邦的做法是对的，关中民众对他们入关是惊恐不安的。如今听了刘邦这番话，方才放下心。

为了进一步做好民众和旧官吏的思想工作，扩大自己的影响，刘邦又派出大批人员作为宣传队，在原秦朝地方官员的带领下，走乡串户，深入细致地去做工作，说明为什么要推翻秦王朝，宣传新制定的三条约法。刘邦因地制宜，进行了和风细雨的宣传教育，没有动辄训人，以势压人，采取简单粗暴的方法，而是采用把自己作为关中王的想法先入为主地灌输给关中百姓，以自己的惠政去影响百姓的思想，赢得了民心，确立了自己在民众心中的地位。果然，关中百姓看到刘邦如此宽宏大量，义军秋毫不犯，与以前的秦军大不一样，一个个欢天喜地，争先恐后地慰劳刘邦的军队。刘邦再次抓住时机，展现其仁德之心，他坚持谢绝百姓的馈赠，说："仓粟多，非乏，不欲费人。"② 这样一说，老百姓更是感动不已，唯恐刘邦不能当关中王并长久留驻关中。刘邦的人气在关中彻底树立起来了。

得人心者得天下。当刘邦从汉中再次攻打三秦之地时，他在此处的影响力给了他很大的帮助。他所到之处，大多数抵抗者都是象征性应付，并不真正抵抗。他们心中盼望刘邦来治理关中。所以刘邦在人和的有利条件下，很快占领了关中。

---

① 《史记·高祖本纪》。
② 《史记·高祖本纪》。

二、以退为进，步步为营

"步步为营"的本意是军队每向前推进一步就设下一道营盘。语出罗贯中《三国演义》第71回："可激劝士卒，拔寨前进，步步为营，诱渊来战而擒之。"多用来形容行动谨慎。作为领导，真正让属下拥护自己，不能以势压人，不能操之过急，潜移默化的思想渗透要比大张旗鼓地索要好，在以退为进的谦让中，获得的是部下心甘情愿的效命。主动地奉送与被动地索要的效果是有着巨大差异的。

垓下之役，刘邦集团取得了决定性的胜利。在刘邦的心里他一直将自己视为天下的主人，但名义上他只不过是汉王。虽然他是汉集团的共主，也带领大家不断从胜利走向胜利，但没有诸侯的明确表态，有其实而无名，名不正则言不顺。如何让诸侯王主动提出，自己又不能露出急不可待的样子呢？刘邦为此煞费心机。

他首先分封了韩信与彭越："楚地已定，义帝亡（通无）后，欲存恤楚众，以定其主。齐王信习楚风俗，更立为楚王，王淮北，都下邳。魏相国建城侯彭越勤劳魏民，卑下士卒，常以少击众，数破楚军，其以魏故地王之，号曰梁王，都定陶。"① 接着下令大赦天下："兵不得休八年，万民与苦甚，今天下事毕，其赦天下殊死以下。"以此安抚人心。这些事是只有皇帝才能做的。无疑是向众位大臣在传递一个信息：我大赦天下，我在宣扬和平，谴责战争，天下百姓莫不受我的恩德，你们应该承认我的皇帝称号。刘邦的暗示其实是在做诸侯王们的思想工作。部下哪里会看不出呢，于是大家联名上书刘邦，主动请求他当皇帝：

"楚王韩信、韩王信、淮南王英布、梁王彭越、故衡山王吴芮、赵王张敖、燕王臧荼昧死再拜言大王陛下：先时，秦为亡（通无）道，天下诛之。大王先得秦王，定关中，于天下功最多。存亡定危，救败继绝，以安万民，功盛德厚。又加惠于诸侯王有功者，使得立社稷。地分已定，而位号比拟，亡（通无）上下之分，大王功德之著，于后世不宣。昧死再拜上皇帝尊号。"②

作为一个政治家，刘邦的皇帝梦早已有之。为了这个目标，他屡经磨难，才有了今天的这种大好形势。此时对他来说，最想做的一件事，便是称帝。看到诸侯王都拥护他做他们政治上的代理人和保护人，他心里十分高兴。自己前

---

① 《汉书·高帝纪（下）》。
② 《汉书·高帝纪（下）》。

期的思想工作已初见成效。为了更大的稳固性，刘邦并没有喜出望外，而是深藏不露，将称沛公时用过的手法——推辞再次运用。他要为自己造成一种更有利的态势，是大家求我来做的，而不是我自己愿意做的。后退几步是为了更大的进步。于是他向诸侯们煞有介事地推辞说：

"寡人闻帝者贤者有也，虚言亡（通无）实之名，非所取也。今诸侯王皆推高寡人，将何以处之哉？"

他越是谦让，诸侯王和群臣劝进越是卖力，众人再次上书劝说："大王起于细微，灭乱秦，威动海内。又以辟陋之地，自汉中行威德，诛不义，立有功，平定海内，功臣皆受地食邑，非私之地。大王德施四海，诸侯王不足以道之，居帝位甚实宜，愿大王以幸天下。"[①] 这样一连推辞了三次，见火候已到，刘邦才同意说："既然大家如此诚心，我再推辞，就却之不恭了。"诸侯见刘邦同意了，纷纷为即位大典张罗去了。

刘邦的筹划是周密的，首先他认定诸侯们会推举他，而且别人不会来抢他的风头。其次诸侯们会反复劝他。只有火候到了，才能出马。在大家的热烈期盼中，他款款而来，走上皇帝的宝座，无疑为其权力增加了更大的威严性。

三、晓之以理，动之以情，导之以行

领导言传身教，言行一致，去触动工作对象的感情，厘清大是大非，以实际行动引导群众，在合情合理的氛围中，统一大家的思想，才能取得巨大的动力。

楚汉战争之初，刘邦巧妙地运用了为义帝发丧一事，把许多诸侯王团结在自己身边，孤立了项羽。义帝名心，是战国时期楚怀王的嫡系子孙。秦末农民起义的领袖陈胜被叛徒杀害后，在范增等人的推动下，项梁、项羽、刘邦等起义军将领共同推举心为楚王，称楚怀王。刘邦和项羽消灭秦朝的军事行动，名义上都是奉楚怀王的命令进行的。秦朝灭亡后，项羽认为楚怀王是自己家拥立的，在灭秦这件事上没有功劳，安定天下的是他项羽和跟随他的将领，就不听楚怀王的，自己主持诸侯王的分封。他尊奉怀王为义帝，以"古代做帝王的统辖千里见方的土地，必须居住在上游"为由，把义帝的都城由彭城迁到长江以南的郴州，而把彭城作为自己的都城。随后项羽又派人袭击，把义帝杀死在长江的渡船上。

刘邦还定关中之后，东出到达洛阳。刚到洛阳，有当地老者董公来见刘邦。

---

① 《汉书·高帝纪（下）》。

刘邦接见了他，问他有什么话要说。董公说道："臣闻'顺德者昌，逆德者亡'，'兵出无名，事故不成'。故曰：'明其为贼，敌乃可服。'项羽为无道，放杀其主，天下之贼也。夫仁不以勇，义不以力，三军之众为之素服，以告之诸侯，为此东伐，四海之内莫不仰德。此三王之举也。"①

刘邦喜出望外，采纳此议，召集随行的文武群臣，脱掉上衣光着脊背，泪流满面地对大家说："义帝被项羽杀害，这是我汉国最大的悲痛。我要为义帝发丧，守丧三日。"三军将士也服孝3天，共同为义帝举哀。随后刘邦又派使者向全国各地发布讨项檄文："天下共立义帝，北面事之。今项羽放杀义帝江南，大逆无道。寡人亲为发丧，兵皆缟素。悉发关中兵，收三河士，南浮江、汉以下，愿从诸侯王击楚之杀义帝者。"② 由此拉开了楚汉战争的序幕。刘邦通过为曾经的反秦共主义帝发丧，在政治上居于了主动地位，在气势上压倒了对方，也收到了很好的效果。没几天，魏王豹、韩王信、殷王司马卬、河南王申阳、赵相国陈余、彭越等都带着人马前来，参加了刘邦东击彭城的行动。各部人马合计56万，刘邦率领这支大军，浩浩荡荡地东进讨伐项羽。

在与项羽对峙时，刘邦仍不忘攻心为上，从舆论上牵制项羽。在成皋一线，刘邦坚守不出，与项羽斗智不斗力。在两人的阵前对话中，刘邦再次抓住机会。他首先从根本上否认自己是在与项羽争权夺利，表明自己是正义之师，并以事实为根据，列举了项羽的十大罪状，阐明了自己的立场，指出项羽正是楚汉之战的罪魁祸首。刘邦列举的十大罪状是：违背怀王先入关中者为王的约定，改封刘邦为汉中王，此为一；矫诏杀死卿子冠军将军宋义，自己当上北上救赵的主帅，此为二；奉命救赵，应当回去报告，而不应该挟诸侯入关，此为三；烧毁秦王朝宫室，挖掘秦始皇坟墓，取其财宝，此为四；秦王子婴已投降仍被杀害，此为五；项羽坑杀秦军20万于新安，却将其3个将领封王，此为六；将好的地盘分封给亲信而将其他诸侯任意摆布，此为七；放逐义帝据彭城为都，霸占韩、梁、楚等地盘，据为己有，此为八；假扮强盗派人暗杀义帝于江南，此为九；待人不公，亏约失信，大逆不道，天地不容，此为十。刘邦列举的10条罪状可谓针针见血，都戳到项羽的痛处，项羽的不仁、不义、不诚、不信的暴虐形象呈现在天下人面前。刘邦的这一举动对项羽的打击力度是可想而知的。俗话说："打人不打脸，骂人不揭短。"刘邦当面历数其罪状，项羽大怒，一箭射中刘邦的胸部，差点从马上摔下来。由于担心受伤的消息传出后，会影响军队的士气，刘邦十分机智地弯下了腰，捂着自己的脚说："敌人把我的脚趾射

---

① 《汉书·高帝纪（上）》。
② 《汉书·高帝纪（上）》。

伤了!"随即退入军营。

刘邦受了重伤,军营里一时议论纷纷。为安定军心和鼓舞士气,刘邦强忍伤痛,坐在车上视察将士。这样一来,将士们的心才稍稍安定下来。刘邦以行动稳定了军心。

项羽自刎而死后,刘邦着手肃清项羽余部。项羽的地盘很快平定,仅剩下鲁城一地。因为鲁城是项羽当初受封为鲁公的城邑,城中军民抵抗非常顽强,不肯投降。刘邦亲率大军讨伐,声称要把鲁城踏平,把百姓杀光。这种宣传无疑更增加了城中人宁死不降的信念。

大军到了城下,却没有看到兵临城下的紧张气氛,而是听到城里弹琴弦和唱歌的声音。张良对刘邦说:"鲁乃礼仪之邦,周公受封于此,孔子诞生此地。这里是天下人都尊敬的地方。大王到此,鲁人仍如此镇静,是情愿为鲁公而死,若用武力强迫他们恐不妥,不如好言相劝,以大局为重。"

刘邦命令部下,将项羽首级拿来,与尸体缝在一起,亲自祭祀。并封赐项家诸人,赐姓刘氏。刘邦的义举感动了鲁城人,让他们改变了誓死一拼的想法,诚心诚意地归顺了刘邦。史载:为其守礼义,为主死节,乃持项王头视鲁,鲁父兄乃降。①

四、解决问题,引导思想

注意分析,解决部下工作、生活的实际问题,如待遇、赏罚和心理上的不安等,是间接解决人们思想问题的重要条件。解决得好,领导可以获得更高的威信,增加部下对自己的信任感,安心本职工作。否则,背着疑虑的人迟早会思变。

天下已定,各位功臣翘首以待,希望自己有个好的结果,可以说是人之常情。但分封是直接涉及每个人的切身利益,是非常棘手的。刘邦在分封了二十几位功臣之后,这项工作就难以为继了。一些没有得到封赏的功臣急于得到实惠而久不能得,便心存不满,总在私下里凑在一起讨论此事,生怕刘邦忘了他们。刘邦并不是不想分封,是想把这件事先放一放再说。

有一天,刘邦正在洛阳南宫处理事情,忽然从阁道上看见三三两两的将领们正在交头接耳地说悄悄话。刘邦十分奇怪,找来张良问道:"此何语?"

张良毫不迟疑地答道:"陛下不知乎?此谋反耳。"

刘邦说:"天下属安定,何故反乎?"

---

① 《史记·项羽本纪》。

张良十分平静地回答:"陛下起布衣,以此属取天下,今陛下为天子,而所封皆萧、曹故人所亲爱,而所诛者皆生平所仇怨。今军吏计功,以天下不足遍封,此属畏陛下不能尽封,恐又见疑平生过失及诛,故即相聚谋反耳。"

刘邦非常忧虑,便问张良:"为之奈何?"因为这是大事,弄不好会引起众怒。如果暗火变成明火,就不好收拾了。

张良沉吟半晌,问刘邦:"上平生所憎,群臣所共知,谁最甚者?"

刘邦不假思索,脱口而出:"雍齿与我故,数尝窘辱我。我欲杀之,为其功多,故不忍。"

张良献策说:"今急先封雍齿以示群臣,群臣见雍齿封,则人人自坚矣。"

刘邦恍然大悟,立即摆酒设宴,当着众武将的面,封雍齿为什邡侯,食邑2500户。同时"急趣丞相、御史定功行封"。雍齿相信自己的耳朵,受宠若惊,对刘邦更加忠诚了。其他将领像是吃了一颗定心丸,非常高兴:"雍齿为刘邦所痛恨,还能被封为列侯,我们还有什么可担心的呢?"——一场危机随即缓和,随着重新启动的分封工作的逐步落实而最终化解了。

创业成功后,论功行赏是应当的,也是好事。但做不到面面俱到和公平公正时,就会产生抱怨情绪,副作用也就显示出来。刘邦及时通过适当的工作方式,做通了将领的思想工作,解开了他们的疑虑,保证了整个队伍的稳定。

五、恩威并行,远交近攻

"恩威并行"的本意是安抚和强制同时施行。语出晋·陈寿《三国志·吴志·周鲂传》:"鲂在郡十三年卒,赏善罚恶,恩威并行。"也指掌权者对部属同时使用给予小恩小惠和施以处罚两种手段。"远交近攻"是战国时期秦国的外交政策。"恩威并行"与"远交近攻"并用,强调的是两种手段并用。面对有着极强独立意识和价值取向的部下或对手,领导者应通过对其思想、行为的肯定,来尊重其选择,在恩威并行中,主要依靠软手段如拉拢、说服等来加以驾驭。

彭越一直是刘邦部下中一支特殊的力量。彭越有自己的想法,不愿汇集到刘邦大军中,一直保持着极强的独立性。刘邦对他是以拉拢为主,尊重其独立性,视其为友军,没有趁机吃掉他。关键时候,刘邦总能通过利益引诱和情感激励让他为自己出力。彭越也知道与刘邦相互支持,是双赢的关系。这种思想上的默契,远比以武力争出来的高低要强之百倍。刘邦的耐心和思想工作的技巧,最终让彭越拜倒在自己脚下。

五岭以南的南越,在汉代算是不毛之地。秦朝时,这里属南海郡,任命郡尉任嚣管辖。后由龙川县令赵佗接管了南海大权，他分派兵将把守边防，阻断北方，撤掉了原来的秦朝官吏，换上自己的亲信，自立为王，南越成了独立王国。刘邦统一天下后，对边疆安全十分重视。但南越路途遥远，难以征讨降伏。刘邦决定采取远交近攻、恩威并施的策略，派使者去做赵佗的思想工作。这天，他把陆贾找来，对他说："爱卿代我出使一趟南越。南越之地，我想收复回来，但武力恐难成功。既然赵佗已称王多年，我想不如索性承认了他，封他为南越王，叫他安守南越，不要成为朝廷的危害就可以了。"这一做法的关键是能否做通赵佗的思想工作，使之心悦诚服地归顺汉王朝。

陆贾历经千山万水，带着汉朝的印绶，到达南越。赵佗见汉使到来，既没抓他，也没热情接待。赵佗穿着当地人的衣服，身不束带，大大咧咧地接见了陆贾。

陆贾见他如此无礼，直接给赵佗来了个下马威："足下中国人，亲戚昆弟坟在真定。今足下反天性，弃冠带，欲以区区之越与天子抗衡为敌国，祸且及身矣。且夫秦失其政，诸侯豪桀并起，唯汉王先入关，据咸阳。项羽倍（通背）约，自立为西楚霸王，诸侯皆属，可谓至强。然汉王起巴蜀，鞭笞天下，劫略诸侯，遂诛项羽灭之。五年之间，海内平定，此非人力，天之所建也。天子闻君王王南越，不助天下诛暴逆，将相欲移兵而诛王，天子怜百姓新劳苦，故且休之，遣臣授君王印，剖符通使。君王宜郊迎，北面称臣，乃欲以新造未集之越，屈强于此。汉诚闻之，掘烧王先人冢，夷灭宗族，使一偏将将十万众临越，则越杀王降汉，如反复手耳。"①

赵佗坐不住了，立即起身谢罪，"居蛮夷中久，殊失礼义"。

于是设宴款待陆贾，宴饮之间，赵佗问陆贾："我孰与萧何、曹参、韩信贤？"

陆贾微微一笑，算作鼓励似地说："王似贤。"

赵佗接着问："我孰与皇帝贤？"

陆贾正色答道："皇帝起丰沛，讨暴秦，诛强楚，为天下兴利除害，继五帝三王之业，统理中国。中国之人以亿计，地方万里，居天下之膏腴，人众车舆，万物殷富，政由一家，自天地剖判未始有也。今王众不过数十万，皆蛮夷，崎岖山海间，譬若汉一郡，王何乃比于汉！"

赵佗大笑："吾不起中国，故王此。使我居中国，何渠不若汉？"于是很喜欢陆贾，留与饮数月。②

---

① 《史记·叔孙通列传》。
② 《史记·叔孙通列传》。

陆贾贯彻刘邦的指导思想，通过聊天，劝赵佗归顺汉朝。以后南越与汉朝仍然很少往来，但自此对汉王朝非常忠心，听从政令，忠诚地守着南方边界。刘邦以大汉朝的威严为背景，主动地给予赏赐，以都是中原人的情绪打动赵佗，并以王位的荣誉激励他，肯定他的做法。刘邦在此已占尽了先机，加之陆贾的不卑不亢、深刻到位的言辞，终于拔下了这颗钉子。思想通，万事通。刘邦已深得其旨。

六、思想沟通，政治攻势

孙子云："百战百胜，非善之善者也。故上兵伐谋，其次伐交，其次伐兵，其下攻城，攻城之法为不得已。"政治攻势是伐谋伐交的必要手段，通过思想沟通，形成强大的思想攻势，在思想判断中，让部下或对手兵不血刃，俯首称臣。部下和对手也会在思想沟通中感受压力、接受现实，从心理上败下阵来。

刘邦要冲出关中，第一个征服对象就是河南王申阳。刘邦没有以武力征讨，而是利用了可以利用的关系——申阳是张耳的老部下。此时张耳已被陈余赶出赵地，投奔到了汉军中。刘邦通过这层关系，说服申阳投降称臣，使关内外的通道兵不血刃地打通了。接下来魏王豹、殷王司马卬等，都在政治攻势和军事打击下一一投降。刘邦不但减少了军事消耗，并且争取了时间。

齐国的田氏是最先起来响应陈胜起义、反对秦朝的六国贵族，在击败秦军后自立为王，也曾派兵追随项羽攻打秦朝，但田氏与项羽的关系不好，因此分封诸侯时，项羽没有分封田氏的当权人物田荣，只是分封了随自己攻打秦朝的几个将领，还把原来的齐王迁为胶东王。因此，项羽回到彭城后，田荣首先造反，攻杀项羽分封在齐地的诸侯王，项羽带兵前去剿灭，刘邦趁机攻入项羽的都城彭城。后来项羽回兵救援彭城，楚兵陆续撤回，田荣的弟弟田横拥立田荣的儿子田广为齐王，再次占领了齐地。

在韩信与刘邦确定的战略计划中，韩信平定赵、代和燕国后，再平定齐国，然后南下，专门对付项羽。但韩信的精兵被刘邦带回荥阳后，韩信要进兵齐国，需要重新招募军队、训练士兵，因此耽搁了一段时间。刘邦短时间内得不到韩信平齐的消息，心里非常着急，准备放弃荥阳、成皋一线，退守巩、洛。郦食其劝他千万不要因此而后退，若后退将前功尽弃。他说："臣闻知天之天者，王事可成；不知天之天者，王事不可成。王者以民人为天，而民人以食为天。夫敖仓，天下转输久矣，臣闻其下乃有藏粟甚多，楚人拔荥阳，不坚守敖仓，乃引而东，令适卒分守成皋，此乃天所以资汉也。方今楚易取而汉反却，自夺其便，臣窃以为过矣。且两雄不俱立，楚汉久相持不决，百姓骚动，海内摇荡，农夫释耒,工女下机,天下之心未有所定也。原(通愿)足下急复进兵,收取荥阳,据敖仓之粟,塞成皋之险,杜大行之道,距飞狐之口,守白马之津,以示诸侯效实形制之势,则天下知所归矣。方今燕、赵已定,唯齐未下。今田广据千里之齐,田间将二十万之众,军于历城,诸田宗强,负海阻河济,南近楚,人多变诈,足下虽遣数十万师,未可以岁月破也。臣请得奉明诏说齐王,使为汉而称东藩。"① 刘邦想不费兵卒,通过口舌之劳把齐地纳入自己的势力范围,就同意了郦食其的请求。

郦食其风尘仆仆,跋涉上千里路,到达齐国都城临淄。这时齐国君臣已经得到了韩信在赵地招募兵卒准备攻齐的消息,正在做着防御的部署,听说有刘邦的使臣前来,赶紧请到朝堂。郦食其开门见山,问齐王田广:"王知天下之所归乎?"

田广回答:"不知也。"

郦食其说:"王知天下之所归,则齐国可得而有也;若不知天下之所归,即齐国未可得保也。"

田广问:"天下何所归?"

郦食其回答:"归汉。"

田广问:"先生何以言之?"

郦食其回答:"汉王与项王戮力西面击秦,约先入咸阳者王之。汉王先入咸阳,项王负约不与而王之汉中。项王迁杀义帝,汉王闻之,起蜀汉之兵击三秦,出关而责义帝之处,收天下之兵,立诸侯之后。降城即以侯其将,得赂即以分其士,与天下同其利,豪英贤才皆乐为之用。诸侯之兵四面而至,蜀汉之粟方船而下。项王有倍(通背)约之,杀义帝之负;于人之功无所记,于人之罪无所忘;战胜而不得其赏,拔城而不得其封;非项氏莫得用事;为人刻印,刓而不能授;攻城得赂,积而不能赏:天下畔之,贤才怨之,而莫为之用。故天下之士归于汉王,可坐而策也。夫汉王发蜀汉,定三秦;涉西河之外,援上党之兵;下井陉,诛成安君;破北魏,举三十二城:此蚩尤之兵也,非人之力也,天之福也。今已据敖仓之粟,塞成皋之险,守白马之津,杜大行之阪,距飞狐之口,天下后服者先亡矣。王疾先下汉王,齐国社稷可得而保也;不下汉王,危亡可立而待也。"②

郦食其的一番话讲得齐王田广头上直冒冷汗,他听郦食其讲完后插嘴,问:如果本王依先生之见归顺了汉王,汉兵是不是就不来了呢?

---

① 《史记·郦食其列传》。
② 《史记·郦食其列传》。

郦食其回答：在下这次前来并非私自来劝降，而是汉王顾惜齐地的百姓，不忍看着生灵涂炭，特意派我前来探听大王您的意向的。如果大王诚心归汉，两军免动干戈，汉王自然高兴，肯定会阻止韩信，不再发兵前来，请大王您放心！

随后郦食其给韩信写了一封信，告诉他已经劝降成功，请韩信不必再进兵。韩信当时同意了。齐国君臣见事情顺利，就答应归顺刘邦，传令城内外解除了战事戒备状态。

刘邦作为一个政治家，十分懂得人心的可贵。人心又是千差万别的，理不讲不透。能结合时代背景，结合不同人的思想和经历，有针对性地运用引导、激励、批评、沟通各种手法，先与部下或敌人交流，了解他们要求和困难，及时解决思想上的扣子，释放他们的不满，防患于未然。刘邦从起事时起，就十分注重思想工作的开展，从早期的造势、宣传，到军功实绩的积累与激励，都是在做着天下人的思想工作，让天下人感觉：我刘邦是最好的。对恶者以德报怨；对贤者礼贤下士；对敌人，巧舌如簧，感化拉拢。通过政治宣传与思想攻势，造成一种上下同欲、都拥护刘氏的态势。以刘氏思维、汉家礼仪抢占天下舆论阵地，真正让天下人心服口服。从他独创的下乡宣传队，可以看出刘邦对思想控制和舆论宣传的重视。所以刘邦才有了那么好的人缘，民心基底。天下人乐为之用。

第九篇　市场经营能力与艺术

刘邦的后半生，也就是他的政治活动生涯，从沛县起义到入关灭秦，从楚汉战争到消灭异姓诸侯王，基本上以军事为主。其间他亲自或授权指挥了上百次战役，实战经验非常丰富。

刘邦青少年时接受的教育不多，起义前读过的兵书战策更是屈指可数。但他善于在实践中学习战争，在战斗中学习指挥艺术；他更善于团结周围的才智之士，向他们学习，总结他们的经验，如富于智谋的张良、陈平；拥有娴熟军事指挥艺术的韩信，善于冲锋陷阵的英布、彭越等，都为刘邦所重用。张良是刘邦手下的第一谋臣，长于谋划，他精研密传的《太公兵法》，非常自负，曾与很多人谈论用兵之法，别人都听不明白，而刘邦不仅能够听懂，每次还都有所感悟，这使张良很佩服。张良、陈平、韩信等人的智慧和战场经验丰富了刘邦的军事指挥艺术，使刘邦成为古代帝王中拥有丰富战争经验和军事指挥艺术的少数人之一。

汉帝国建立后，刘邦的军事指挥艺术已相当成熟。因此，当异姓诸侯王或其他将领叛变时，他都亲自上阵，带兵平叛，均取得了胜利。除韩信等少数人外，多数将领都畏惧刘邦，害怕与他对阵。英布谋反前即对他的将领说："上老矣，厌兵，必不能来。使诸将，诸将独患淮阴、彭越，今已死，余不足畏。"① 英布是汉初有名的悍将，曾随项梁项羽征战，"常冠军"；楚军北上救赵时，英布属项羽，是击败秦军的主要将领，邯郸之战后"诸侯兵皆以服属楚者，以布数以少败众也"；戏下分封，英布"功冠诸侯，用此得王"。就是这样的悍将，也畏惧刘邦，说明刘邦的军事指挥水平是很高的。

一、战略谋划

1. "伐谋""伐交"，不战而屈人之兵

在敌我双方的交往和战争中，中国古代非常重视"谋略"的作用。兵圣孙武所著《孙子》中专门列有《谋攻篇》，指出："上兵伐谋，其次伐交，其次伐

---

① 《史记·英布列传》。

兵，其下攻城"；"凡用兵之法，全国为上，破国次之；全军为上，破军次之；全旅为上，破旅次之；全卒为上，破卒次之；全伍为上，破伍次之。是故百战百胜，非善之善者也；不战而屈人之兵，善之善者也。"通过谋划和外交手段，能够不通过战斗就使敌人屈服，是各种战争手段中最可取的。

接受秦南阳郡守的投诚并封其为侯，让其为自己镇守后方，是刘邦不战而屈人之兵的第一个成功案例。

秦末农民战争初期，无论是义军，还是秦军，攻下敌方坚守的城池后都会采取屠城、烧杀等行为，项羽是屠城、杀戮俘虏和烧杀的典型代表，如坑襄城，坑章邯所率秦降军、坑田荣之降军等。刘邦虽然比较仁慈，是公认的"宽厚长者"，也曾有与项羽屠城阳、独自屠颍阳等事。

南阳之战，刘邦与秦之南阳郡守在犨县东交战，将其击败。秦之南阳郡守退守宛城。刘邦急于西进入关，便越过宛城西进，被张良劝阻。刘邦趁夜从其他道路回兵，偃旗息鼓，天明包围了宛城。秦之南阳郡守见刘邦军队去而复返，将宛城包围了三层，感觉大势已去，准备拔剑自杀，其舍人陈恢劝他投诚，并自告奋勇去联络投诚事宜。陈恢翻越城墙，到达刘邦的军营。陈恢对刘邦说："臣闻足下约，先入咸阳者王之。今足下留守宛。宛，大郡之都也，连城数十，人民众，积蓄多，吏人自以为降必死，故皆坚守乘城。今足下尽日止攻，士死伤者必多；引兵去宛，宛必随足下后：足下前则失咸阳之约，后又有强宛之患。为足下计，莫若约降，封其守，因使止守，引其甲卒与之西。诸城未下者，闻声争开门而待，足下通行无所累。"① 刘邦认为陈恢说得对，接受了他的建议，与困守宛城的秦之南阳郡守约降。秋7月，南阳郡守投降，刘邦封其为殷侯，封陈恢为千户。随后刘邦"引兵西，无不下者"。② 刘邦之所以能以弱势兵力先项羽进入咸阳，灭亡秦朝，宛城做了很好的榜样。

把"伐谋"和"伐兵"结合起来使用，先麻痹敌军，尔后乘虚攻之，是刘邦在进军咸阳的过程中使用的另一成功谋略。

郦食其投奔刘邦后，第一步便劝刘邦攻取陈留。他对刘邦说："足下起纠合之众，收散乱之兵，不满万人，欲以径入强秦，此所谓探虎口者也。"③ "夫足下欲成大功，不如止陈留。陈留者，天下之据旻也，兵之会地也，积粟数千万石，城守甚坚。臣素善其令，原（通愿）为足下说之。不听臣，臣请为足下杀之，而下陈留。足下将陈留之众，据陈留之城，而食其积粟，招天下之从兵；

---

① 《史记·高祖本纪》。
② 《史记·高祖本纪》。
③ 《史记·郦生列传》。

从兵已成，足下横行天下，莫能有害足下者矣。"① 刘邦同意，派郦食其代表自己出使陈留。于是郦食其连夜入城见陈留县令。郦食其对陈留县令说："夫秦为无道而天下畔之，今足下与天下从则可以成大功。今独为亡秦婴城而坚守，臣窃为足下危之。"陈留令回答："秦法至重也，不可以妄言，妄言者无类，吾不可以应。先生所以教臣者，非臣之意也，原（通愿）勿复道。"郦食其见陈留县令不听自己的劝说，就依计留下与陈留县令一起睡觉，夜半时斩陈留令的首级逾城而下报刘邦。刘邦带兵攻城，将陈留县令的首级悬挂在高杆上让城上人看，劝守城士兵投降："趣下，而令头已断矣！今后下者必先斩之！"陈留人见县令已死，"遂相率而下沛公"。② 刘邦驻扎在陈留南城门，收集陈留的库兵，食积粟。在陈留休养3个月，招募兵勇过万，遂西进破秦。

  秦二世三年（公元前207年）8月，刘邦率数万军队攻占武关进入秦地，拒绝赵高分王关中的建议，准备攻占秦军驻扎的峣关。张良指出："秦兵尚强，未可轻。愿先遣人益张旗帜于山上为疑兵，使郦食其、陆贾往说秦将，啖以利。"刘邦派郦食其、陆贾携礼物入关，与秦将交涉，秦将果欲联合。刘邦想答应秦将的要求。张良再次阻止，指出秦将的行为是"此独其将欲叛，恐其士卒不从，不如因其怠懈击之"。于是刘邦听从张良的计策，派周勃、樊哙、郦商等将领立即率部秘密行动，绕过峣关，越过蒉山，攻击秦军，③ 大破守关秦军，又在蓝田南战败秦军，攻入关中腹地，迫降秦王子婴。

  利用义帝被杀事件，树立自己良好的正面形象，而把对方推向舆论的对立面，是刘邦成功的"伐交"之举。

  楚汉战争之初，刘邦巧妙地运用了为义帝发丧一事，把部分诸侯王团结在自己身边，孤立了项羽。义帝名心，是战国时期楚怀王的嫡系子孙。陈胜被叛徒杀害后，被项梁、项羽、刘邦等起义军将领推举为楚怀王，刘邦和项羽灭秦的军事行动都是奉楚怀王心的命令进行的。秦朝灭亡后，项羽以"天下初发难时，假立诸侯后以伐秦。然身被坚执锐首事，暴（通曝）露于野三年，灭秦定天下者，皆将相诸君与籍之力也"为理由，佯封楚怀王心为义帝，甩开义帝自己主持诸侯分封。后又迫迁义帝，"阴令衡山、临江击杀之江中"。④ 义帝虽无攻城略地之战功，但在被项梁等人尊奉为楚怀王后，作为反秦义军名义上的共主，实际上发挥了他应有的作用，且他这种作用是其他义军将领无法替代的。

---

① 《史记·郦生列传》。
② 《史记·郦生列传》。
③ 《资治通鉴》卷八。
④ 《史记·项羽本纪》。

项羽在灭秦后甩开楚怀王自行分封已属不义之举,还派人将他杀害,这样的作为的确令人反感。

汉王二年(公元前205年)3月,刘邦率军出关,到达洛阳,准备东征项羽。接受新城董公的建议,为义帝发丧,袒而大哭,哀临3日,发使告诸侯曰:"天下共立义帝,北面事之。今项羽放杀义帝江南,大逆无道!寡人悉发关中兵,收三河士,南浮江汉以下,愿从诸侯王击楚之杀义帝者!"① 这一举动使刘邦占据了道义的制高点,不仅为其东出关中、与项羽争夺天下的军事行动找到了冠冕堂皇的理由,也为各地不满项羽的诸侯王提供了反叛项羽的理由。因此,檄文传报各诸侯之后,部分诸侯王带兵前来与刘邦会合,一鼓作气攻占了项羽的都城彭城。

以武力做后盾,派人游说诸侯王或敌方将领,让他们背叛秦朝或项羽,或中立,或归附自己,削弱秦朝或项羽的力量。是刘邦军事"伐交"的一个重要表现。

西进伐秦过程中,郦食其等人多次出马,游说秦朝守将,使这些将领举手投降,或放松了警惕,刘邦趁机进攻,以较小的代价取得了较大的成功,使刘邦得以抢在能征惯战的项羽之前进入咸阳。尝到甜头的刘邦从此对游说"伐交"非常重视。

楚汉战争中,刘邦把"伐交"作为对付项羽的重要手段之一,频频使用,或游说项羽手下的将领,使其反楚归己;或游说与项羽有利害关系的诸侯王,使其摆脱中立,投向自己;或联络反对项羽的其他力量,共同对付项羽。如随何说英布、张良说魏王豹,张耳说河南王申阳、说塞王司马欣和翟王董翳,收服彭越等,这些行为基本上都取得了成功,剪除了项羽的同盟或潜在同盟力量,削弱了项羽阵营的力量,间接地壮大了自己的力量。

2. 攻心为上的心理战

"攻心为上"源出《孟子·离娄上》:"得天下有道,得其民,斯得天下矣。得其民有道,得其心,斯得民矣。得其心有道,所欲与之聚之,所恶勿施尔也。"中国古代帝王都懂得人心向背的作用,唐太宗李世民把老百姓比作水,皇帝和官吏比作船,指出水可以负载船,也可以颠覆船。民间素有"得民心者得天下"的俗语。习近平总书记认为"民心是最大的政治"。将民心向背用于军事的系统论述,已知最早的是三国时的马谡。《三国志》裴松之注引《襄阳记》,诸葛亮南征南中出兵时,马谡曾结合南中少数民族的情况,提醒诸葛亮:"夫用兵之道,攻心为上,攻城为下,心战为上,兵战为下,原(通愿)公服

---

① 《史记·高祖本纪》。

其心而已。"诸葛亮采纳了马谡的计策,在后来的战事中七擒孟获均予以赦免,终于收服其心。

刘邦很注意利用民心。一是利用民心的向背,发动民众,不战而屈人之兵。

沛县起义的初衷,原本是沛县县令感到天下人都起来反秦,陈胜吴广的义军就要打到沛县,沛县的老百姓群情激愤,为了保住自己的性命,不想和其他县令一样被义军抓起来杀掉,决定向陈胜的义军投诚。当他请来萧何、曹参商议该事时,萧何和曹参反对他直接向陈胜投降,指出:"君为秦吏,今欲背之,率沛子弟,恐不听。"同时他们向县令出主意:"原(通愿)君召诸亡在外者,可得数百人,因劫众,众不敢不听。"① 沛县县令觉得萧何、曹参的意见很对,萧何和曹参趁机推荐了刘邦。县令就派樊哙去请刘邦回来协助自己。

但沛县县令多疑,他害怕刘邦带兵回来后自己控制不住他,反而为刘邦所制。因此他反悔了,关闭城门,派人防守,并打算杀掉萧何和曹参。萧何和曹参得到消息,提前翻墙跑到城外,去找刘邦。刘邦在沛县城外和萧何、曹参会合,带兵到城下,商量攻城。刘邦让萧何写了一封帛书,他亲自用箭射到城里。帛书号召沛县父老杀掉沛县县令响应刘邦。② 沛县百姓见到刘邦的帛书,冲进了县衙,杀死了县令,然后打开城门,迎接刘邦,并推举他为沛县县令。

充分利用敌军的心理,施以适当引导,涣散敌军的军心,达到消灭敌人的目的。垓下大战后,楚军还有一定的力量,还剩下三万余人马。虽然这些人马都受到了汉军的打击,但他们是项羽的亲信部队,还有一定的战斗力,还会在项羽的带领下困兽犹斗。为了减少自己的伤亡。刘邦采纳了张良的意见,在军营中召集了一批会唱楚地歌谣的人,让他们学会张良编写的歌谣,夜半时分到楚军营帐周围的山头上去唱。

夜半时分,当项羽的败军在帐中栖栖惶惶,为当天的战斗失败叹息时,周围随风传出了一阵如泣如诉的楚歌声。歌中充满了远离家乡的士兵思乡的情怀,白发父母倚门盼子归,妻子独守空房思夫婿、稚子眼泪汪汪盼父亲的心情。后人记录的歌词为:

九月深秋兮四野飞霜,天高水涸兮塞雁悲怆。最苦戍边兮日夜彷徨,披坚执锐兮孤立山冈。离家十年兮父母别,妻子何堪兮独宿孤房。虽有腴田兮孰与之守,邻家酒热兮谁与之尝。白发倚门兮望穿秋水,稚子忆念兮泪断肝肠。胡马嘶风兮尚知恋土,人生客久兮宁忘故乡。一旦交兵兮蹈刃而死,骨肉为泥兮衰草渺茫。魂魄悠悠兮罔知所倚,壮志寥寥兮付之荒唐。当此永夜兮追思退

---

① 《史记·高祖本纪》。
② 《史记·高祖本纪》。

省，急早散楚兮免死殊方。我歌岂诞兮天遣告汝，汝其知命兮勿谓渺茫。汉王有德兮降军不杀，哀告归情兮放汝翱翔。勿守空营兮粮道已绝，指日擒羽兮玉石俱伤。①

在秋风萧瑟的黑夜，这样的歌词和悲调愈发显得无句不哀，无字不惨。楚军士兵被勾起了强烈的怀乡之情，最终按捺不住，纷纷扔下武器，离开了大帐。就连一直跟随项羽的大将钟离眛、季布，项羽的叔父项伯等人，也都换上普通士兵的衣服或逃走或投奔汉营。就连项羽都认为"汉皆已得楚乎？是何楚人多也！"②项羽黯然神伤，英雄气短，演出了霸王别姬的悲剧。虽然项羽凭借个人的勇猛逃出了汉军的包围圈，但他羞见江东父老，最后只得自刎于乌江。

3. 树立自己的良好形象，上下同心

"上下同心"语见《淮南子·兵略训》："主明将良，上下同心，气意俱起，所谓实也。"作为一个领导者，一个统率千军万马的将领，不仅要研究对方的心理，利用其心理弱点，达到自己的目的，还要善于树立自己的良好形象，团结一切可以团结的力量，形成良好的凝聚力，一致对外。"上下同心"的核心是通过领导者的榜样，在组织内部形成统一的意志以共同对外。

刘邦很善于团结自己的部属。在当时望气和谶纬等封建迷信盛行的情况下，刘邦通过各种方式为自己制造了身上经常笼罩着"龙气""紫气""斩白蛇起义"等带有封建迷信的说法，让部属认为自己是真龙天子，紧紧团结在自己周围，为一个共同目标去努力。

刘邦善于运用传统因素树立自己的良好形象。沛县起义后，刘邦为了在父老面前树立自己的形象，就正式地举行仪式，祭祀黄帝和蚩尤，以祈求天地相助，也说明自己的起事是遵从上天的旨意。他声称自己起义的目的是打击秦朝的残暴统治，让老百姓过上轻徭薄赋、安居乐业的好日子。

从巴蜀和汉中北出讨伐章邯、董翳和司马欣3人时，刘邦提出的口号是打回老家去。因为他的部队中多数人都是函谷关以东原东方六国或关中一带的人，巴蜀和汉中的人很少。这些人都想尽快打回关中去。为此，在刘邦到汉中初期的休养备战阶段，许多人为了回家不告而别。刘邦还公开章邯、董翳和司马欣把20万秦军送给项羽最后被全部坑杀的事实，发誓要惩罚这些罪人。刘邦的这些做法使其士兵在作战时有一种正义感。

攻占三秦后，他又巧妙地借用项羽派人刺杀义帝这件事，把自己东向与项羽争夺天下的战争说成是讨伐无道的正义战争。此外，在各种场合，刘邦都把

---

① （明）甄伟：《西汉演义》第82回"张子房悲歌散楚"。
② 《史记·项羽本纪》。

自己打扮成"忠厚长者"的样子,口口声声要讨伐项羽,为天下人除恶。如在广武山对峙时,刘邦曾当面指责项羽的十大罪状,对项羽口诛笔伐。并称"吾以义兵从诸侯诛残贼,使刑余罪人击公,何苦乃与公挑战"以羞辱项羽。①

汉帝国建立后,在平定诸侯王和各地将领的反叛斗争中,刘邦更是抓住"叛乱"的大逆不道的性质做文章,发布檄文,号召自己的将领和天下百姓起来讨伐叛军。刘邦还用对季布和丁公的不同对待来树立群臣对自己的忠诚。

4. 知己知彼,妙用作战技巧

在战前摸清敌人的情况,掌握敌情;同时对己方的情况有深入细致的了解,做到"知己知彼",是带兵打仗的将领能够取得胜利的关键。我国古代的军事家都很重视"知己知彼",武圣孙子曾指出:"故明君贤将,所以动而胜人,成功出于众者,先知也。""知吾卒之可击,而不知敌之不可击,胜之半也;知敌之可以击,而不知吾卒之不可以击,胜之半也;知敌之可击,知吾卒之可以击,而不知地形之不可以战,胜之半也。故知兵者,动而不迷,举而不穷。""知己知彼,百战不殆。"

在长期的战争中,刘邦养成了"知己知彼"的良好习惯,每次战斗前,他都注意了解敌人的动向和详细情况,并召开高级会议,对获得的各种信息进行分析、比较,然后据以制订出最符合双方情况、有针对性的战术部署来。

汉高祖六年(公元前201年),韩王信叛变,投降匈奴,引匈奴人侵犯汉朝的北部边境,刘邦亲自带兵平叛,以众击寡,很快就打败了韩王信。韩王信退守马邑,向匈奴冒顿单于求救。冒顿派左、右贤王率万余名骑兵同汉军交战。在左、右贤王到达前,刘邦已派人四处打听匈奴的情况,从探子和内线的嘴里得知左、右贤王跟随冒顿战无不胜、攻无不克,从来没有打过败仗,非常狂妄,缺乏细心,而且长于侵袭,弱于列阵对战,便采取了相应的措施。战前刘邦事先派人侦察了周围的地形,在自己列阵前的路上和田地中挖了许多陷阱,用灰尘和草皮伪装好,在周围的树林、山沟和山坡上埋伏了大量的士兵。结果,左、右贤王到达后,根据经验把士兵分成数拨,命令第一拨冲锋陷阵,掉进了汉军早已挖好的陷阱,被陷阱中的竹箭插死或插伤。左、右贤王令第二队绕路攻击汉军,结果被早有准备的汉军弓箭手射退。左、右贤王只得命令士兵们个个面前挡着一支挡箭牌,再次冲锋。汉军早已埋下的伏兵利用匈奴兵的眼睛被挡箭牌挡住、无法看清前面道路的缺点,用绊马索绊倒了匈奴骑兵,随后伏兵尽出,将左、右贤王率领的匈奴兵包围起来,一阵砍杀,消灭了三分之二,余者逃回匈奴。

---

① 《汉书·高帝纪(下)》。

刘邦率军乘胜追击，冒顿亲率匈奴大军前来迎战。这时的刘邦仍很谨慎，先后派出十几拨侦察骑兵刺探冒顿的消息。由于冒顿隐蔽了自己的主力部队，只是派出少量老弱病残驻守。派出的侦骑回来报告的都是差不多的内容："匈奴腹地并没有多少兵马，大可一击即溃。"但刘邦仍然不放心，再次派娄敬前往侦察。娄敬率人潜入匈奴腹地，沿途只见一些老弱士卒驻守，可以说没有防守。娄敬对这种情况起了怀疑。回来后劝说刘邦："两国相争，必然向对方夸耀自己的实力。现在匈奴把老弱残兵放在我们的正面，可能是有意向我们表示怯懦，实际上却把精锐力量埋伏起来，伺机攻击我们。"刘邦最终没有听从娄敬的劝说，导致了平城白登山的被围，但他这样广派侦骑，多方了解敌军情况的做法还是正确的。

汉高祖十年（公元前197年），相国陈豨在代地发动叛乱，联合匈奴、汉朝叛将韩王信等人共同对付汉朝。刘邦再次亲自带兵平叛。刘邦到达前线城市邯郸后，就召集当地官员开会，仔细听取当地官员对陈豨及叛军情况的介绍，了解叛军的动向。听完当地官员的情况汇报后，他非常高兴："豨不南据邯郸而阻漳水，吾知其无能为矣。"随后，刘邦派出大量的探子，进一步探听叛军的各种情况。获知陈豨的主要部将出身商人时，便假意派人前去招降陈豨，实则是在与陈豨虚于应付的同时，用金钱分化陈豨的部属，结果陈豨的很多部属被刘邦收买，投向了刘邦。随后刘邦又根据陈豨、韩王信与韩王信的大将王黄、曼邱臣及其拥立的赵王利彼此间联合，但彼此间相互钩心斗角、矛盾很深，且独守孤城的状况，利用自己兵多将广的优势，确定了各个击破的战略。他派将军郭蒙和齐相国曹参率兵攻击侵入聊城一带的陈豨部将张春率领的叛军；派灌婴率军前往围剿驻扎在曲逆的王黄叛军；派樊哙率大军进攻盘踞在襄地的陈豨和曼邱臣部；派将军柴武率兵攻击驻扎在参合的韩王信；自己带领郦商、夏侯婴等人率兵攻击在东垣自称赵王的赵利。结果，各支部队都取得了胜利，韩王信被诛，王黄和曼邱臣被其部下擒捉交给汉军；赵利失踪，陈豨逃亡匈奴，赵代两地完全平定。

5. 利用敌军将领的弱点，有的放矢

在古代，我国军事家非常重视将领的修养，曾经提出"必死""必生""忿速""廉洁""爱民"五种素质缺陷，要求将领们在性格上必须避免这五种缺陷，否则容易给敌军造成可乘之机。利用敌军将领的弱点，采取有针对性的对策和措施，是军事家或将领在战争中经常使用的因敌制胜的手段。

刘邦在战斗中很注意抓住敌军将领的弱点，有的放矢地采取针对性措施。他用"忿速，可侮"的办法，引诱守卫成皋的项羽部将曹咎出城、趁机予以围歼就是成功的例证。

汉王三年（公元前204年），刘邦与项羽在成皋一带相持，彭越的军队在楚军后方积极活动，截断了楚军的粮草补给线，占领了外黄等17座城池，严重威胁着楚军的后背。为了解除后顾之忧，项羽决定带主力回去攻打彭越，派大司马曹咎守卫成皋，防备刘邦趁机进攻。临行前，项羽把大司马曹咎叫来，再三告诫他在自己不在时不要出战，为此还派司马欣等人协助曹咎。

刘邦乘项羽主力东移的机会，举兵进攻成皋。曹咎遵照项羽的告诫，坚守不出。汉军连攻几日未能得手。刘邦了解到曹咎有勇无谋，且自负易怒。于是制订了一个引曹咎出城作战的妙计。他布置樊哙等将领率领各部到汜水附近埋伏，做好曹咎出城后予以包围的准备，然后派一些下级军官带兵到成皋去骂阵。下级军官领命后，带领士兵们在城下对着城头叫骂。在司马欣等人的劝阻下，曹咎牢记项羽的告诫，强忍着不出战。到了第六天，汉军的骂阵更出花样。"使人辱之，五六日"，曹咎再也忍不住了，催动楚军出城追击，被引诱到汜水，楚军渡河追击。结果楚军刚渡过一半，埋伏的汉军就冲了出来，曹咎和司马欣左冲右突，无法冲出汉军的包围圈，先后自杀，楚军被全歼。随后刘邦率军进入成皋，占据敖仓。然后派兵进入广武山，利用有利的天然地形，准备阻击项羽大军。

利用秦军将领爱财的贪婪本性，用和谈迷惑他，使其放松警惕，趁机攻取峣关是刘邦利用敌军将领弱点的另一成功案例。

6. 身先士卒，带病出征

"身先士卒"语出《史记·淮南衡山列传》："当敌勇敢，常为士卒先。""身先士卒"的含义是领导者要善于起到带头模范作用。榜样的力量是无穷的。在一支军队里，将领的勇气和胆略是全军的精神支柱。当然，善于谋划的将领不必亲自冲锋陷阵，但也必须在战场上表现出自己的胆略，否则难以服众。

刘邦很注意自己对士兵的号召作用。秦末农民战争中，基本每次战斗，他都亲冒矢石，带领将士冲锋。如丰邑大战，刘邦亲自与秦军主将对战。

沛县起义后，刘邦派兵攻打了秦军守卫较弱的胡陵、方与两城，然后回兵固守沛县。秦朝的四川郡守率军前来征讨。刘邦了解四川郡守的性格，知道他是个贪生怕死之人，就决定养精蓄锐，再行出战。

于是刘邦率兵回到家乡丰邑，先固守两天，待秦军开始松懈后，带兵出城，在丰邑附近一个地势开阔的旷野里与秦军对阵。战斗一开始，刘邦派樊哙出阵挑战，和秦军的一员偏将对阵。樊哙拿出平日杀狗的凶狠劲，很快就把秦军将领杀死，刘邦趁机率军向秦军阵地冲过去，并与秦军主将、秦朝的四川郡守捉对厮杀。刘邦在战斗中充分表现了自己娴熟的武术和强壮的体能，招招进逼。那秦军主将本就是个贪生怕死之人，武艺不济，与刘邦交手没有几个回合，看形势不好，就丢下士兵独自夺路逃跑。刘邦率军一路追杀，迫使四川郡守带着少数随从逃进薛城。

汉帝国建立后，每次平定叛乱，刘邦都亲自带兵指挥，自然振奋了军心。其中以征伐英布为典型。英布曾追随刘邦东征西讨，了解刘邦的军事才能，他在起兵叛乱时曾趾高气扬地对部下说："上老矣，厌兵，必不能来。使诸将，诸将独患淮阴、彭越，今皆已死，余不足畏也。"[①] 因此他的将领并没有认真备战。

英布叛乱后，刘邦曾经对派谁出征颇费脑筋。他知道朝中的武将中没人能敌得过英布，而自己年过花甲，体力不支，加上连年征战，非常疲乏，经常卧病在床，就想让太子刘盈代替自己出征。吕后却坚决不答应让刘盈出战。刘邦只能亲自出马，召集夏侯婴、薛公等分析形势，果断下令：削去英布的王爵，封儿子刘长为淮南王，同时征调上郡、北地和陇西的车骑部队与巴蜀的地方武装3万多人，充作太子卫队驻扎霸上，维护京城安全，自己率朝中诸将及诸侯国军队征伐英布，又大赦狱中死罪以外的囚犯编成前锋，让他们在作战时戴罪立功。刘邦亲自带兵讨伐出乎英布的意料，不仅鼓舞了汉军的士气，树立了军威，而且给英布以冲击，让他大吃一惊，在调整部署时有点手忙脚乱，在气势上先输了一阵。

刘邦不仅身先士卒，带兵出征，用自己的榜样鼓舞士气，还善于隐藏自己的伤势，稳定军心。

广武山对峙，项羽与刘邦隔涧对话时，提前埋伏下弓箭手。当他听到刘邦痛斥他的十大罪状时，气愤异常。命令埋伏的弓箭手射击。一支箭射中了刘邦的前胸。顿时鲜血涌出，伤口钻心地痛。但为了稳住军心，刘邦伏下身子，摸着脚掌说：虏中吾指。然后从容不迫地回到军营。刘邦受箭的消息传出，军中一片恐慌，项羽率领的楚军也蠢蠢欲动。根据张良的建议，刘邦强忍疼痛挣扎着起来，让军医包扎好伤口，乘着车子，若无其事地巡视军营、慰问士卒。汉军将士见刘邦伤势不重，都放下了心。实际刘邦的伤势很重，"病甚"，便找个借口，下了广武山，回成皋养伤去了。《三辅故事》记载，楚汉对峙期间，刘邦"身被大创十二，矢石通中过者有四"，这是投身战场身先士卒的结果，躲在后方的人是不可能受这么多伤的。

征伐英布时，刘邦再次受伤。刘邦和英布在庸城（今安徽蕲县）遭遇，刘邦在阵前怒斥英布：何苦而反？英布直截了当地回答：欲为帝耳。刘邦怒斥英布，两军大战。刘邦带领诸将冲锋，被英布提前安排的弓箭手射中前胸，好在

[①] 《史记·英布列传》。

有铠甲护身，伤势不重。刘邦一手抚胸，一手举剑，高呼杀贼。众将士见此情景，非常感动，死力向前，冲过箭阵，冲入英布军中，很快将英布的军队冲散。随后几次大战，英布军均以失利告终，英布仅带百十名亲兵逃走，刘邦随后派兵追歼，灭掉英布。但刘邦也"为流矢所中，行道病"。回到长安后病情加剧，吕后请医生入宫救治，刘邦说："吾以布衣提三尺剑取天下，此非天命乎？命乃在天，虽扁鹊何益？"拒绝救治，不久崩于长乐宫，结束了他伟大而壮阔的一生。溯至本源，刘邦的去世与他亲临战阵、身先士卒因而受伤是有密切关系的，可以说刘邦为自己的事业贡献了生命。

二、战术指挥

1. 崇尚野战，围城打援

野战指在旷野交战，区别于在要塞或城市进行的战斗。《管子·重令》："内守不能完，外攻不能服，野战不能制敌，侵伐不能威四邻，而求国之重，不可得也。"相对于要塞战，野战对军队的战斗能力有更高的要求，更能体现军队的战斗素质。"围城打援"的核心是歼灭敌人的有生力量即援军，不是攻城。"打援"多数是野战。在野战中打援体现的是指挥员的勇气与智慧。

刘邦很善于审时度势，当自己的力量不如对手，又无机可乘时，他就利用坚城或天然地势据险防守；当自己的兵力与敌相仿或超出敌军，士气高昂时，他就果断出兵与敌对阵，用野战的方式冲击敌军，消灭敌军的有生力量。

丰邑之战是典型的野战。刘邦采用的是先利用丰邑坚守、挫敌锐气，然后用野战冲击的办法。在丰邑战斗中，刘邦和樊哙带动起来的高昂的士气起了重要的作用。

战杨熊是刘邦围城打援的典型案例。在西进咸阳的过程中，刘邦按照城池的重要性有选择地攻占，而不是逐个攻取，同时注意消灭秦军的有生力量，而不是强调对城市的占领。刘邦到达开封后，就派兵围城，展开攻势。秦军派人出城求援。杨熊率兵往援。当时刘邦正督兵攻城，听到杨熊远来的消息后，就召集众将商议。考虑到开封城墙坚固，难以攻下；而杨熊远道来援，士卒疲乏，决定放弃攻城，撤下部队去截击杨熊。刘邦在白马城附近与行进途中的杨熊所部遭遇，趁杨熊没有防备，率领部队冲锋过去，给予迎头痛击，打败了杨熊。

楚汉战争中，由于自己势弱，刘邦采用的主要战术是据险坚守，利用荥阳、成皋这样的坚城和广武山的山涧，与敌对峙。但也不放弃有利条件下的野战，击杀曹咎收复成皋之战就是典型的野战，只不过利用了汜水之利而已。汉帝国建立后的平叛战斗中，刘邦已占据兵力和道义的优势，基本采取的都是野战。

如平韩王信之战、平英布之战等，基本上都是一战奠定了胜利的基础。

在战场上，形势变化极快，战机可谓转瞬即逝，指挥员的选择并不局限于某种战术，而是根据战场形势的变化随机应变，采取最适合战场情势的战术和打法，或坚壁，或坚城，或借地形地利，或野战，不一而足，并无必须坚守如一的战术，变是必然的，也是必需的。

2. 抢占战略重地与"城有所不攻，地有所不争"

无论是古代，还是现代，军事家都很注意特殊地形和地理位置的作用。尤其是在古代，交通运输条件落后，人们征服自然的能力低下，军事作战的技术也相对低劣，特殊地理位置的作用就更加明显了。兵圣孙武在他撰写的《孙子兵法》中，用《九变》《行军》《地形》《九地》四篇来专门论述地理与军事的关系，几乎占了全书的四分之一。其他军事家也都很重视地理形势的作用。在这些军事家的著作中，有一个重要的思想，那就是先占领重要的战略要地。

在张良等人的帮助下，刘邦在灭秦战争和楚汉战争中都注意到了战略要地的重要性，基本上都抢在敌对方之前占领了必需的军事要地。

陈留是刘邦第一个有目的地占领的要地型的城镇。在向咸阳进军的过程中，刘邦想的只是尽快进入咸阳，并没有攻占陈留的计划。郦食其进见后，对他指出：您的军队源自乌合之众，收集的是散乱之兵，全部算上不过一万人马，用这样的军队直接进入秦地，无疑是羊入虎口。陈留是前往咸阳的要塞，其地形进可攻，退可守，更重要的是城中储存有大量的粮食物资，可以满足军队的需要。刘邦听从了郦食其的意见，在郦食其的帮助下，攻占了陈留。

攻占易守难攻的关中，并建设为自己的后方根据地，是刘邦军事地理思想的最大胜利。关中是刘邦集团最关心的战略要地。在楚怀王的主持下，他与项羽分兵后的任务就是西行略地攻占关中。秦朝灭亡后，刘邦本应按照最初的约定获得关中，但因项羽的因素被分封到巴蜀汉中，没能获得关中。到汉中后他卧薪尝胆，积蓄力量，在韩信的帮助下暗度陈仓，略定三秦，此后关中一直是刘邦的后方根据地。

刘邦的另一成功是走出关中，占据成皋、荥阳一线的战略要地，运用各种方法与项羽周旋。平定三秦后，刘邦继续进军，向东收降了项羽分封的河南王申阳，打败了韩王郑昌和殷王司马卬，占领了黄河以南、函谷关以东、包括洛阳在内的广大地区，把这一地区改为自己直接管辖的河南郡和河内郡，同时派张良说降魏王豹，派随何说降九江王英布，后又派韩信渡河攻占魏、代、赵等地，派兵驻守，保证了该地区侧翼的安全。刘邦把这里作为军事重镇，与项羽在此展开拉锯战，在此一直对峙了3年多。

该地区的荥阳和成皋是关中和关东之间来往的必经之路，军事位置特别重要，它们依山傍水，地势险要，进可攻，退可守。北面有黄河流过，与济水在此汇合，水运便利。西面就是函谷关，背靠关中的千里沃野。秦朝时把这里作为安抚关东各地的中心，在这里设立了关东地区最大的粮仓。刘邦为此与项羽进行了多次惨烈的战斗。

楚汉战争中，刘邦通过各种方法守住了荥阳和成皋一线，挡住了项羽军队西进关中的通道，使关中和汉中成为刘邦稳固的根据地，保证了他与项羽对峙的需要。同时，他充分利用这一地区和关东各地的良好交通条件，先后派遣韩信和张耳渡黄河，出击魏、赵、代、燕、齐，派刘贾、卢绾等人出江淮，围攻楚地；派韩王信攻略韩地；加上彭越、英布和其他如齐王田广等诸侯王在项羽的后方骚扰，破坏项羽的后方，使项羽的力量逐步衰弱。当项羽疲惫不堪时，刘邦又从荥阳和成皋一带出兵，带领群臣和众将向东攻击，最终在垓下消灭了项羽，统一了全国。

汉帝国建立后，刘邦又注意把这些战略要地控制在自己手里，左迁韩王信便是明显的例子。韩王信系原战国七雄韩国王侯的后裔，汉王元年以韩国太尉的身份随刘邦进入汉中，后参与平定三秦和河南之战，刘邦打败项羽分封的韩王郑昌后，便立他为韩王，拨兵马让他攻略韩地。到楚汉战争结束时，他基本据有了原韩国的旧地，建都在颍川（今河南禹县）。刘邦感觉韩王信的封地离自己的临时首都洛阳太近，同时其东面又有富饶的淮阳之地，战略位置非常重要，把韩王信这样的异姓诸侯王放在这样的地方太危险，便于汉王六年的春天，借口防御匈奴，把韩王信改封到了和匈奴交界的今山西一带，定都晋阳，仍称韩王。

刘邦在战斗中以消灭敌军的有生力量为主要目的，不以一城一地为得失，但对特别重要的战略要地却坚忍不拔，一定要夺取。

放弃昌邑是刘邦"城有所不攻、地有所不取"思想的重要体现。刘邦受命西进攻打咸阳后，带领自己的部队先取得了成阳、杠里、夹壁几个小战役的胜利，随即率兵围困了秦军驻守的昌邑。昌邑的秦军守将已经接到了成阳、杠里等地秦军被歼灭的消息，估计刘邦肯定会来攻打昌邑，就提前做好了准备，对手下将士下了一道死命令：一旦刘邦来攻，只许紧闭城门，据高墙自守，绝对不允许出城迎战。昌邑秦军的这一招果然有效，刘邦率军到达后，几次派人进攻，都因城高墙厚，守军在城墙上居高临下，用密集的弓箭射击而没有成功。后来他率兵撤围，在昌邑四周攻城略地，企图引昌邑守军出战，但都没有奏效。于是刘邦联合其他义军再次攻城。在刘邦撤围的时候，昌邑守军认识到刘邦可能还来，不仅没有派兵去救援其他秦军，反而趁机充实兵力，加固了城防。因此，刘邦再次进攻，仍以未得手而告终。在攻城不下，想消灭敌军又引不出来的情况下，刘邦果断地放弃了昌邑，绕城而过，率兵去攻打其他城池。

但像宛城这样的具有重要战略位置的地方则必须夺取。

复夺丰邑显示了刘邦坚忍不拔的性格和他对战略要地的重视。雍齿据丰邑背叛后，刘邦非常痛恨，得到消息后放弃即将开始的军事行动，带兵回去攻打丰邑。但雍齿和新主子周市早做好了守城的准备。因此，刘邦回军后，连攻多日都没有打开缺口，于是他在萧何的劝说下，放弃丰邑，先去秦嘉处借兵，再回攻丰邑。刘邦帮助秦嘉攻占砀郡和下邑后，向秦嘉借了部分兵力转攻丰邑，雍齿继续死守。刘邦连攻五天，仍无法攻破城池，就决定屯兵城下，形成包围，等待良机。后来刘邦听说项梁、项羽叔侄率军到达薛地，就带着一小队骑兵去求见项梁，向他借兵。项梁见刘邦举止大度，谈吐豪爽，就借给了他五千人马和十几员将领，刘邦把借得的兵马和自己的兵马合在一处，并带着新结识的张良，一起到了丰邑，再度攻城，刘邦的军队士气大振。雍齿见形势不妙，借着夜色逃跑了。刘邦几经周折，最终收复了丰邑。

3. 胜不骄败不馁

"胜不骄败不馁"强调的是指挥员的心态，并非专门的战术。"胜不骄败不馁"源出《孙子》，"胜不妄喜，败不惶妥，胸中有激雷而面入平湖者，可拜上将。"语出《商君书·战法》："王者之兵，胜而不骄，败而不馁。"这句话的核心是对胜利和失败保持良好的心态，胜利了不骄傲，失败了不气馁。良好的心态能使指挥员始终平静地对待每件事，作出正确的判断和决策。

经过长期战争的洗礼，刘邦养成了良好的心态，他胜不骄，败不馁，始终保持着高度的警惕，并能抓住敌军的弱点趁机进击。

丰邑之战后，刘邦没有因战胜秦军主力部队而骄傲，而是加强了防备，以防备秦军前来偷袭。待了十几天，秦军没有前来骚扰，而探子回报说薛城的秦军守卫松懈。刘邦就带着军队，借着黄昏的掩护，偃旗息鼓，悄悄地冲进了秦军在薛城的军营，刚刚吃完饭准备入睡的秦军毫无防备，被刘邦杀了个落花流水。刘邦军队一阵冲杀，就把四川郡守身边的随从和士兵杀得差不多了，其他士兵见郡守带领的中军覆亡，都投降了刘邦。

攻占砀郡是在败不馁的情况下采取的一场袭击战。雍齿反叛后，为了攻下雍齿坚守的丰邑，刘邦被迫去向另一支起义军秦嘉借兵。当时秦嘉驻扎在留县。刘邦到时，正好碰上秦军前来攻城，就与秦嘉合兵出击，共御秦军。这时秦军刚刚击败了陈胜吴广大军，士气正盛，且有着丰富的野战经验。刘邦第一次和秦嘉联合作战，双方配合不好。反秦义军与秦军在萧城相遇，反秦义军被秦军击败，退回留县。在留县休整十几天后，刘邦建议双方合兵攻打砀郡，秦嘉同意。砀郡秦军认为刘邦和秦嘉被击败后肯定忙于守城，或做其他的准备，根本没有想到刚刚打了败仗的他们还能前来攻城，没有做任何防备。刘邦和秦嘉抓住机会，一鼓作气，3日攻下砀郡，俘虏6000多人。

刘邦还注意乘胜追击，扩大战果。砀郡之战后，秦嘉主张收军回留县，依靠留县坚守，以防备秦军报复。刘邦认为：作战讲究顺水行舟，眼下我们士气正旺，应该再攻一地，扩大战果，壮大力量。秦嘉听从了刘邦的意见，十几天后，两人出兵北上，很快就拿下了下邑。

4. 兵不厌诈

"兵不厌诈"源出《孙子·军争篇》："故兵以诈立，以利动，以分合为变者也。"语出《韩非子·难一》："臣闻之，繁礼君子，不厌忠信；战阵之间，不厌诈伪，君其诈之而已矣。"核心是在用兵时，可以使用各种各样的计谋，迷惑敌军，造成对自己有利的态势，趁机取胜。明修栈道、暗度陈仓是典型的例子。

初入汉中时，为向项羽表示自己没有东进的意思，也为了防备诸侯军和土匪的袭击，刘邦采纳张良的建议，随走随烧，在自己的后边把蚀中的栈道（子午道）全部烧光了。汉中一带，到处是崇山峻岭，触目皆为悬崖峭壁，行人来往无路可通，由陕西中部到汉中、巴蜀只有沿山崖凌空架起来的栈道可以通行。这些栈道都是在崖壁上凿洞，用就地砍伐的树木搭成，非常狭窄，但这是汉中与外界联系往来的唯一通道。栈道被烧，意味着刘邦堵塞了外部势力进入汉中的道路，也封死了自己回兵关中的路。

项羽分封在关中的雍王章邯，担负着阻挡汉军进入关中的任务。项羽分封诸侯完毕，带兵东去之时，曾密嘱他严密监视刘邦的动静。但章邯认为，刘邦要冲出汉中，必须经过原来的栈道，否则庞大的军队无路可出。刘邦自己烧了栈道，等于给他吃了定心丸。于是他开始安心做他的雍王，除了定期派人去打探栈道的消息外，不做其他防备。

刘邦拜韩信为大将后，依计派出几百名老弱残兵和当地百姓一起去修筑烧掉的栈道。章邯的手下打听到刘邦重修栈道，就去告诉章邯。章邯认为，栈道很长，烧毁它不过一时半刻，但想要修复，就不容易了，区区几百人短时间内不可能将栈道修通，于是放下心来，只等着汉军的栈道修好后，在栈道口截杀汉军。

但就在这几百老弱残兵明修栈道的同时，刘邦和韩信带着精锐汉军，从南郑出发，由当地猎户带路，经由群山中的陈仓小路，绕道西边，突然出现在章邯军驻守的陈仓城下。当章邯确认是刘邦大军前来，急忙带领军队前往陈仓堵截汉军的时候，刘邦已攻占陈仓，向废丘攻来。章邯慌忙率军在野外布阵，企图阻止汉军，但他所统率的是早已对他失去信心的秦军，不是士气高涨、急着打回老家的刘邦军队的对手，连败两阵，退回废丘。刘邦一边派军围困废丘，一边派军四出，攻打关中各地。很快平定关中各地，收降翟王和塞王，以其地为渭南、河上、上郡。继而拔陇西、北地，东出陕县降河南王申阳，灭殷王司马卬、韩王郑昌，收河南、河内和韩地。自汉王元年（公元前206年）8月率军出陈仓，仅仅8个月的时间，不仅收复了关中秦国旧地，而且东出韩魏故地，占领了大片土地，特别是将战略重地洛阳、荥阳、成皋一线收归自己所有。

5. 正合奇胜，守住正面与击敌侧翼并重

"正合奇胜"源出《孙子·势篇》："凡战者，以正合，以奇胜。故善出奇者，无穷如天地，不竭如江河。""形以应形，正也；无形而制形，奇也。奇正无穷，分也。"（《孙膑兵法·奇正》）"正合奇胜"的核心是守住正面，而以奇兵扰乱敌方的侧面，从而收到击败敌人的功效。刘邦自己率兵在正面与项羽对峙，派韩信、彭越、英布、刘贾等人深入项羽的侧翼、后方，剪除项羽的同盟、干扰项羽的后方，是典型的正合奇胜战略。

刘邦还定三秦，是利用章邯等人的麻痹大意，采取突出奇兵，击敌于不备的战略而一战成功的。

刘邦的战略选择经历了一个变化。起初，刘邦认为，凭自己的力量，加上追随的诸侯王，可以凭借兵力的优势直接击败项羽。于是，汉王二年，他和追随的诸侯王一起，率领56万大军从洛阳出发，东向攻击项羽。

当时，项羽正率领精锐部队，在齐地消灭田荣和田横兄弟的叛乱，首都空虚，加上刘邦以为义帝报仇相号召，赢得了许多人的欢迎，刘邦很容易攻占了项羽的都城彭城。但随之而来的是，项羽率领3万精兵从齐地赶回，将刘邦打得大败，杀死汉军十几万人，刘邦仅带少量部队逃回。彭城大败后，刘邦和项羽的矛盾摆到了桌面上，刘邦认识到项羽的部队还有强大的战斗力，项羽本人确实能征惯战。在这样的情况下，自己采取什么样的战略，才能消灭项羽的部队，战而胜之呢？

在正面战场，刘邦决定守住荥阳、成皋一线，利用有利的地形阻住项羽的进攻势头。为此，他带领收容起来的汉军从梁地后退，到荥阳、成皋一线筑垒，防备楚军的进攻，派人调取在关中镇守的韩信前来主持对楚军的作战。韩信到达后，刘邦把自己守住荥阳防线的想法告诉韩信，派灌婴和从秦军中投降过来的李必、骆甲组织骑兵，自己回关中暂时休整。韩信率兵，在荥阳一线与楚军展开了激战，他充分发挥自己的军事组织能力，在京、索之地（今河南京县一带），与楚军连战三次，均取得了胜利，打击了楚军的嚣张气焰，振奋了汉军的士气，灌婴带领的骑兵也多次打败楚军。

回到后方的刘邦和张良、萧何等人对楚汉双方的军事力量和面临的形势进

行了分析，认为汉军最困难的阶段已经过去，汉军已经在关中、巴蜀建立了不可动摇的根据地，有了稳固的后方，而且汉军的主要将领在彭城战役中基本没有损伤，与楚军对抗的本钱还在。而楚军方面，虽然表面很强大，但日子不好过，彭城一役使项羽的老家大受损伤，同时由于仓促回师彭城，三齐之地又恢复了反叛的旧貌，项羽指派的齐王被赶走，楚军被赶出了齐地，威胁着楚军的侧翼，楚军面临着多线作战的局面。萧何表示，自己能在关中组织粮食兵饷，供应战争的需要。经过商讨，刘邦决定回到荥阳前线，派兵主动向楚军出击。

汉军还没有出战，魏王豹叛变了刘邦，投向项羽。刘邦派郦食其劝降不成，便派韩信率曹参、灌婴渡河北击魏国，开辟了侧面战场。韩信很快击败了魏军，俘虏了魏王豹。在向刘邦献俘的同时，韩信提出了自己的战略取向，即先平定赵国，然后由赵入燕，从燕入齐，将项羽的北方邻国扫平，然后再回师专力击楚。刘邦批准了韩信的计划。刘邦的战略决策基本展现。

从此，刘邦在荥阳、成皋一带、宛、叶一带展开攻防战和机动作战。韩信率兵在项羽的东北翼地区赵、代、燕、齐攻城略地。不仅如此，刘邦还派彭越在项羽的腹心地带攻城略地、断楚军的粮道，骚扰楚军的后方，疲惫楚军；派卢绾、刘贾等人到寿春一带的楚地攻略，派随何去游说九江王英布，让他反楚归汉，在南方骚扰楚军；后来又派英布、刘贾等人以武力劝说项羽的大司马周殷归汉，从而使项羽的后方不稳。项羽自己疲于奔命，一会带兵在荥阳、成皋一线与刘邦对峙，一会又回师国内，讨伐彭越、刘贾等人的骚扰，还得派兵去对付韩信和英布等人，不仅自己终日在战场上征战，不得休息，自己的部队也因各地都需要，被迫分散开来，开向数个方向迎敌，最终地盘和回旋余地越来越小。

在这一过程中，刘邦虽然迭遇险情，最终三分天下有其二，扭转了战场上的形势，使楚军逐渐由强而弱，汉军从四面八方对楚军形成了包围之势。如垓下大战前，刘邦亲率大军在荥阳、成皋一线向东追击项羽，彭越带兵在梁地向东，韩信率燕、齐军队从北面和东北面，英布和周殷、卢绾等人率兵从江淮一线向东北，从四面八方对项羽形成了包围的态势。

从当时的情况看，楚强汉弱，且项羽长于战斗，刘邦拙于攻城野战，采取正面防御，同时派兵攻击其侧翼，用侧翼包围敌人，最后聚而歼之的战略选择是可取的，也是唯一的正确选择。正是采取了正合奇胜的战略，使刘邦走出了彭城大败的阴影，变被动为主动，且由劣势转为均势，继而转为优势。有学者曾对荥阳对峙期间刘项之间的形势转变做过精辟分析：刘邦经四次机动作战后，不仅变被动为主动，且由劣势转为均势，再由均势转优势。终于能确保荥阳成皋间之核心防线，而与项羽在广武形成对峙之局。项羽则于刘邦向宛叶间机动进展时，即开始陷于被动。及彭越侵扰睢水下邳时，又开始陷于疲于奔命。后当刘邦自宛叶再向成皋机动进击时，项羽更再度陷于疲于奔命。及至刘邦第三次机动移转于小修武，而彭越等再大举侵入楚军后方时，项羽则三度陷于奔命。最后刘邦自小修武渡河破楚大司马曹咎时，项羽则四度陷于奔命矣。至此遂被逼与刘邦在广武对峙。且此时，由于后方数被侵扰破坏，粮食颇缺乏；加以韩信破齐，后方堪虞；项羽遂更陷于劣势。及至广武对峙后，（项羽）则再无采取攻势之余力矣。①

6. 避实击虚

"避实击虚"语出《孙子·虚实篇》："夫兵形象水，水之形，避高而趣下，兵之形，避实而击虚。水因地而制流，兵因敌而制胜。""避实击虚"的核心是了解敌情变化，避开敌人的优势部分，选择敌人的薄弱环节予以攻击。

秦末农民战争和楚汉战争中，与敌对方相比，刘邦多数时间处于劣势，但刘邦很注意根据敌军的变化而采取不同的战略战术，避开强大的敌军，在局部地区形成自己的相对优势。

攻占河南郡、河内郡和彭城是刘邦采用避实击虚方法的最成功的战例。

项羽分封诸侯不久，就因为分封不均发生了叛乱。首先是在反秦战争中功劳卓著，但与项羽有过节而没有得到任何封赏的田荣起兵，赶走了项羽分封的齐王田都，击杀济北王田安和胶东王田市，自立为齐王，占据了三齐之地。接着田荣封反秦战争中战功显赫但没有得到任何封赏的彭越为将军，让他带兵去攻打魏地，用武力自立；派人联络仅得到三县封地的陈余，双方达成协议，联合派兵攻击项羽分封的常山王张耳，打败张耳后迎回原来的赵王歇，陈余自己代替赵歇做代王。刘邦也在这时率兵出汉中，回击三秦。

项羽见各地诸侯纷纷叛乱，心急火燎，在拿不准先攻田荣还是先攻刘邦时，张良写信告诉他，刘邦的目的只不过是收复三秦之地，按照楚怀王的约定拥有其认为理所当然拥有的土地，平定三秦后不会有大的动作。而齐地的田荣、梁地的彭越和赵地的陈余，忙着攻城略地，想着灭亡楚国，是真正的心腹大患。项羽于是决定先扫平齐、梁、赵、代等地，稳固自己的左翼和后方，然后再进兵消灭刘邦。

项羽统率主力进击齐地，一战就打败了田荣，田荣被杀。但项羽觉得不过瘾，就带领楚军从城阳向东，一路横扫齐军，经谷城、历城、临淄，一直打到今天昌乐附近的北海。楚军所到之处，焚烧房屋，奸淫妇女，坑杀俘虏，激起

---

① "台湾三军大学"主编：《中国历代战争史》（第3册），中信出版社2012年版，第54—55页。

了齐地百姓的愤怒和反抗。田荣的弟弟田横趁机收容残兵败卒，加上前来投军的青壮百姓，组织起了一支大军，夺回了城阳。项羽带兵追击田横，但迟迟不能取胜，双方成胶着状态。看到项羽在齐地手忙脚乱，刘邦非常高兴，他趁机率军东出函谷关，收降河南王申阳，打败韩王郑昌、殷王司马卬，将其地改为河南郡和河内郡。其中郑昌兵败投降，司马卬被俘。项羽分封的西魏王魏豹在汉军面前不战而降。

随后刘邦又和跟随自己的诸侯王军队一起，打着为义帝报仇的旗帜，乘虚东进，一举攻下了项羽的都城彭城。这时项羽还在齐地和田横苦苦相持。

避开项羽的兵锋，率军撤出成皋，同时派军向项羽的腹地进攻，是刘邦采用避实击虚战术的另一成功例子。

公元前204年秋，项羽再次带兵向西，找转移到成皋的刘邦决战。在路上先攻占了周苛守卫的荥阳。刘邦得知项羽带兵前来的消息后，决定先避开楚军的锋芒。他和夏侯婴渡过黄河前去找在赵地的韩信和张耳，其他将领也离开成皋，分散到各地去。项羽怀着决战的满腔热血，到达成皋，汉军已没有一兵一卒，他得到的是一座空城。

刘邦到达韩信营地后，将韩信指挥的汉军收归自己指挥。随后派卢绾和刘贾率两万军队潜入楚地，和彭越配合，在夜间一把火烧掉了项羽设在燕西坞的粮草辎重，并抢走了剩余的部分。彭越还在楚地一气攻下了外黄等17座城池，动摇了楚军的后方，迫使项羽带兵回援。

7. 巧使反间计

反间计是"三十六计"之一，系古今中外战史常用的计谋。《孙子》有专门的"用间篇"，指出"故三军之事，莫亲于间，赏莫厚于间，事莫密于间"；"用间有五：有因间，有反间，有死间，有生间。五间俱起，莫知其道，是谓神纪，人君之宝也"。反间计的核心是利用一定的方法离间敌对方将领之间的关系，引导敌军内部相互猜疑、疏远，削弱敌军的力量。刘邦利用陈平离间项羽与其主要谋士范增、主要将领钟离昧的关系，是历史上用间的杰出案例。

范增是项羽的主要谋士，"好奇计"，项羽尊称为"亚父"。在鸿门宴上，范增曾力主杀死刘邦，并安排项庄入内舞剑以达成目标。封刘邦到巴蜀也是范增的计策。汉王三年（公元前204年）年年底，刘邦与项羽在荥阳一带相持一年有余。项羽听从范增的建议，派钟离昧带兵截击汉军粮道，刘邦派周勃护粮，被钟离昧击败，荥阳军粮缺乏。项羽趁机派大军围攻荥阳。刘邦为此非常忧愁恐惧，派使者去往楚营求和，"割荥阳以西为汉"。项羽想答应刘邦的要求，范增劝止，说"汉易与耳，今释弗取，后必悔之"①。项羽拒绝了刘邦的请和，与范增一起"急围"荥阳，拼命攻打。

刘邦问计陈平，"天下纷纷，何时定乎"？陈平指出："项王为人，恭敬爱人，士之廉节好礼者多归之。至于行功爵邑，重之，士亦以此不附。今大王慢而少礼，士廉节者不来；然大王能饶人以爵邑，士之顽钝嗜利无耻者亦多归汉。诚各去其两短，袭其两长，天下指麾则定矣。顾楚有可乱者，彼项王骨鲠之臣亚父、钟离眛、龙且、周殷之属，不过数人耳。大王诚能出捐数万斤金，行反间，间其君臣，以疑其心，项王为人意忌信谗，必内相诛。汉因举兵而攻之，破楚必矣。"②

刘邦采纳了陈平的建议，从府库中取出四万斤黄金，交给陈平，任凭陈平使用，自己不再过问。陈平把这些黄金分给几个心腹士兵，让他们化装成楚军，带着黄金到楚军中去散布谣言。很快，楚军中就流传起了关于钟离眛、龙且、周殷等人的流言。他们说钟离眛、龙且、周殷等人自认为功高赏少，没有得到任何分封（终不得裂地而王），已经对项羽心怀不满，"欲与汉为一，以灭项氏而分王其地"。这些谣言很快传进了项羽的耳朵。他一点也不怀疑这些谣言的真实性，对钟离眛、龙且、周殷等人恨得咬牙切齿，不再委以重任，"果意不信钟离眛等"。

项羽怀疑钟离眛等人后，派使者入荥阳，企图探听城中虚实。陈平借机再使反间计。项羽的使者入城后，汉军准备了丰盛的酒宴，"为太牢具，举进"。但见到楚军使者，双方寒暄，听说使者是项羽的人后，佯装吃惊："吾以为亚父使，乃项王使。"叫人把已经摆上的丰盛酒宴撤掉，"更以恶草具，进楚使"。③

楚使回楚营后把自己的所见所闻一五一十地告诉了项羽（具以报项王），项羽信以为真，"果大疑亚父"。蒙在鼓里的范增还在为项羽着想，"欲急攻下荥阳城"，于是极力催促项羽加强进攻。殊不知这时项羽对他起了疑心，无论他怎么说，项羽就是"不信，不肯听"；④ 且"稍夺之权"。⑤ 后来范增听说项羽怀疑自己，大怒，对项羽说："天下事大定矣，君王自为之，原（通愿）请骸骨归！"忠心耿耿的范增因此离开了楚营。伤心的范增忧愤成疾，没有回到彭城，在路上发背疮而死。刘邦借用陈平和楚使之手除掉了项羽最得力的谋士，

---

① 《史记·项羽本纪》。
② 《史记·陈丞相世家》。
③ 《史记·陈丞相世家》。
④ 《史记·陈丞相世家》。
⑤ 《史记·项羽本纪》。

清除了灭楚道路上的最大障碍。

8. 金蝉脱壳

"金蝉脱壳"是"三十六计"之一，本是一种生物现象，蝉类昆虫在其生命进程中发生的蜕变。佛家道家用于形容得道者之死是蝉之脱壳。后用以指某种军事计谋，是指通过伪装摆脱敌人，撤退或转移，以实现战略目标。刘邦困守荥阳时就使用了金蝉脱壳之计，用纪信诈降，自己和主要将领安全脱险。

范增死后，项羽意识到自己可能错怪了范增和钟离昧，就将钟离昧调回，抚慰有加，让他继续带领军队围攻荥阳，并加强了进攻的强度。荥阳城内早已断粮，伤亡严重，败象显露。为了挽救刘邦和自己，陈平想出了金蝉脱壳计。

他和将军纪信找到刘邦。纪信是丰沛子弟，一直跟随刘邦，曾随刘邦赴鸿门宴，是刘邦离开鸿门赶回军营时携带的4名贴身卫士之一（另外3人是樊哙、夏侯婴、靳强），平素和刘邦关系很好。纪信对刘邦说：目前的形势，敌人势力强盛，城内兵少粮空，肯定不能长久坚守。如果大王您能突出重围转战其他地方，或许能够保全。但敌军四面包围荥阳，没有可以利用的空隙，在这样的情况下硬闯是难以成功的，只能使用诓骗之计。纪信提出由自己代替刘邦出城，说是出城投降，在出城过程中故意耽搁时间；刘邦则趁敌军没有防备，在另外的地方冲出重围（"事已急矣，请为王诳楚为王，王可以间出。"①）。

刘邦明白这是一条最好的金蝉脱壳计，但他为纪信的安危担心，不愿当即答应。纪信指出：如果刘邦不用他的计策，城破之后，肯定是玉石俱焚，到那时他纪信也难逃一死。如果现在用自己的一条命换取刘邦的性命，多数将士也能保全性命，继续跟随刘邦征战天下，以一条命换取千万条命，是非常值得的。

在陈平和纪信的劝说下，刘邦答应了纪信的请求。于是刘邦派使者出城，请项羽准予他当夜出城投降。因为有前面的求和，项羽认为刘邦的投降是真的，便答应汉使，让刘邦当晚在荥阳的东门出门投降。汉使走后，项羽布置将领，准备等刘邦一出门就将其杀掉。

夜半时分，荥阳东门大开，汉军先让2000多名女子着甲胄出城，引诱楚军四面围攻。又派纪信装扮成刘邦的样子，坐着刘邦的车子假装到楚营投降。楚军非常高兴，高呼万岁，跑到城东去围观投降的汉军。刘邦趁机带着张良、陈平、樊哙、夏侯婴等人和几十名精锐骑兵溜出西门，逃回关中，保住了自己的核心力量。其后，刘邦率军出武关，造成借道南阳偷袭彭城的态势，再次调动项羽来回奔波。

---

① 《史记·高祖本纪》。

9. 故布疑阵，调虎离山

"调虎离山"是"三十六计"之一，典出《管子·形势解》："虎豹，兽之猛者也，居深林广泽之中则人畏其威而载之。人主，天下之有势者也，深居则人畏其势。故虎豹去其幽而近于人，则人得之而易其威。人主去其门而迫于民，则民轻之而傲其势。故曰：'虎豹托幽而威可载也。'""调虎离山"的核心是"调"，想法子引诱对手离开原来的地方，变对手的优势为劣势，从而提升自己优势。"调虎离山"属于"谋"的范畴。"调虎离山"之计不仅用于军事，而且用于政治、商场和社会生活中，成功案例很多。

刘邦在荥阳金蝉脱壳之后，回到关中召集兵马，准备去救助荥阳守军，打退项羽。这时辕生为刘邦献计，建议刘邦率兵向东南，出武关，指向宛叶地区，给项羽造成一种要迂回偷袭其都城彭城的错觉。从而调动项羽，使其疲惫。辕生指出："汉与楚相距荥阳数岁，汉常困。原（通愿）君王出武关，项羽必引兵南走，王深壁，令荥阳成皋间且得休。使韩信等辑河北赵地，连燕齐，君王乃复走荥阳，未晚也。如此，则楚所备者多，力分，汉得休，复与之战，破楚必矣。"①

刘邦听从了辕生的建议，率领军队出武关，向宛城进发。到达宛城后，刘邦命部队深挖壕沟，高筑壁垒，严阵以待。果然，刘邦东出武关的消息传到楚营后，项羽大怒，下令撤掉了对荥阳的围困，率领军队快速奔向宛、叶地区拦截刘邦。

项羽赶到宛城时，发现汉军已做好了长期坚守的准备，在营帐外设立了三道障碍：最外面是一道两丈宽两丈深的壕沟，沟中灌满了水，人马很难跳过去；第二道是用树木做成的栅栏，帮扎牢固，密密匝匝；第三道是高墙，易守难攻。如此高墙深沟，难以攻打。

项羽命属下向汉营骂阵，但无论怎样骂，汉营中没有人搭理。他派兵用木板搭在壕沟上向汉营冲锋，被早有准备的汉军用弓箭射回。项羽无计可施，与汉军又陷入了无可奈何的对峙中。后来因彭越在其腹地活动频繁，项羽率兵退回。

此次，刘邦采纳辕生的计策，声东击西，不仅解了荥阳之围，还调动楚军在数千里的土地上来回奔波，消耗了敌军的有生力量。这一做法与孙膑的"围魏救赵"有异曲同工之妙。

10. 以众击寡

通过谋划，在局部地区形成优势，以优势力量攻击弱势之敌，向来为兵家

---

① 《史记·高祖本纪》。

称道。孙子所谓"故形人而我无形，则我专而敌分。我专为一，敌分为十，是以十攻其一也，则我众而敌寡；能以众击寡者，则吾之所与战者，约矣"。历代的战术大师都擅长以众击寡。毛泽东在解放战争中专门写《集中优势兵力各个歼灭敌人》的文章，指导中国人民解放军如何战胜国民党军队。毛泽东指出，实行集中优势兵力各个歼灭敌人的战法，必须在作战指导方面注意和强调：在战役和战斗的部署方面集中绝对优势的兵力，即集中六倍、五倍、四倍，至少也要三倍于敌的兵力，反对平分兵力；在敌处进攻我处防御地位时，选择敌前进中较弱的一路，首先进行分割包围各个歼击，得手后依情况，再逐次歼击他路之敌；在敌处防御我处进攻地位时，依情况可同时攻击或逐个攻击。以众击寡的战术目的以歼灭敌人有生力量为主，不以保守或夺取地方为主。

刘邦很注意使用兵力，在局部形成优势。

垓下之战，项羽的部队大约有十万人，刘邦自己率领的汉军就有十几万，比项羽率领的军队还多，他又征调韩信、彭越、英布、周殷等人率领的军队三十余万，总数加起来，比项羽的楚军多好几倍。

张良楚歌离散项羽的残兵败将后，追随项羽逃走的不过八百人左右，刘邦仍然派灌婴率领五千精锐骑兵追赶。

平定臧荼叛乱，刘邦也采用了以众击寡战术。臧荼原是秦末农民战争中燕国的将领，曾带兵追随项羽灭秦。分封诸侯时，项羽封他为燕王。汉王三年，韩信灭赵后，曾派人劝降臧荼。慑于汉军的威势，臧荼不得已降汉，并于垓下之战前派骑兵参与围攻项羽。但臧荼忘不掉项羽对他的恩德，觉得自己背弃项羽不应该，后来他听说刘邦时常赏赐那些跟他比较亲近的诸侯王，认为刘邦对臣子区别对待，便决定起兵反叛，成为汉帝国建立后第一个反叛的诸侯王。刘邦听说臧荼反叛后，非常气愤，亲自带着数万骑兵和樊哙、周勃、灌婴等名将前往征伐，并发文给周围的代王、赵王和齐王，让他们发兵参与围攻，调集兵力二三十万，且多是精兵强将，远远超过了臧荼所能征集调动的兵力。刘邦带领自己的精兵强将在易下大败燕军后，置其他的燕军于不顾，直扑臧荼的老巢蓟城。臧荼仅守了3天，就被刘邦指挥军队把城打开，臧荼被俘。随后刘邦分兵，让几个将领率领，四面出击，很快就攻占了原属臧荼的上谷、雁门等地，平定了叛乱。

汉高祖七年，韩王信与匈奴勾结，背叛汉朝。刘邦再次亲自带兵平叛。韩王信本是战国韩襄王的孙子，与刘邦封拜的大元帅韩信同名，曾跟随刘邦到汉中，刘邦东出函谷关时，以韩太尉的名义带一支军队平定了韩地，被刘邦封为韩王。后被刘邦左迁到太原以北与匈奴交界的地方。韩王信不满，到任不久便与匈奴勾结，背叛汉朝。刘邦亲自带陈平、樊哙、夏侯婴等大将，调集中央政府和地方诸侯王的军队共计32万人前往平叛。韩王信的人马不过数万，加上匈奴派来支援他的骑兵也不到10万人，刘邦率领的部队对韩王信形成了绝对优势，因此铜堤一战，汉军很容易就击败了韩王信的军队，斩杀韩军无数，杀死了韩王信手下的大将王喜。韩王信带着少量的残兵败将逃亡匈奴。

平定英布叛乱中，刘邦带领的精兵就达十几万人，远远超过了英布率领的两三万人，加上其他兵力，占据了绝对优势。

11. 反使美人计

"美人计"语出《六韬·文伐》，"养其乱臣以迷之，近美女淫声以惑之。"后被收入《三十六计》。"美人计"通过向对手输送美女，扰乱对方的心志，削弱对方力量，激化对方的内部矛盾，达到战胜对方的条件，一直被用作削弱对方阵营的手段。它利用的是人的私欲爱好，是投其所好，并不局限于美女，所谓"兵强将智，不可以敌，事必事先。事之以土地，以增其势，如六国之事秦，策之最下者也。事之以币帛，以增其富，如宋之事辽金，策之下者也。惟事以美人，以佚其志，以弱其体，以增其下之怨，如勾践以西施重宝取悦夫差，乃可转败为胜"。天下英雄谁不爱美人，谁不宠信美人，但如果把持不住，沉溺于美女带来的刺激享受中，是要坏事的，这是美人计得以实施的基础。

刘邦一生，虽然喜好酒色，留情不少，但很少使用"美人计"。只是到了被匈奴围困白登山、无法突围的情况下才依照陈平的计策使了这一计，还是反使。

韩王信叛变后，刘邦亲自率40万大军讨伐韩王信，很快就打败了韩王信、伪称赵王的赵利和匈奴的左、右贤王，与匈奴单于冒顿带领的40万精兵直接对阵。

冒顿使用欺诈手法，把精兵隐藏起来，让老弱残兵防守城池。刘邦连续派出十多起探子前往侦察，均未发现匈奴精兵。刘邦不听娄敬等人的劝说，亲自带领轻骑兵向平城进发，结果被冒顿率领的匈奴精兵包围在平城城东的白登山上。

刘邦组织将士几次突围，均被匈奴骑兵挡住，刘邦只好困守待援。但7天过去了，援军仍不见踪影，汉军带的粮食即将用完，将士们饥寒交迫，疲惫不堪。

陈平在军营中望见冒顿单于在他心爱的阏氏陪伴下，在各营巡回指挥，计上心来。刘邦认为陈平的计策可行，就派使者带了大量金银珠宝和一幅美女图混到匈奴营中。

汉使找到阏氏，献上金银珠宝，阏氏很高兴，但对汉使手里的美人图疑惑不解，问使者带图来的目的。汉使回答说："中原皇帝愿意和贵国罢兵言和。

所以，让我携带金银珠宝送给阏氏；这幅图画的是中原一位美女的画像，中原皇帝想把她送给单于为妾，不知单于中意不中意。"阏氏最怕别的女人来和她争宠，特别是漂亮的汉族女孩，何况画中的女孩比她美，于是就对汉使说："让单于退军的事，包在我身上；给单于送美女的事，以后不要再提了。"阏氏马上赶到冒顿的营帐，对冒顿说：汉朝是个大国，我们不要跟他们把冤仇结得太深。就是得到了汉朝的土地，气候和我们北地不一样，生活习惯也不一样，不服水土，我们很难在那里长期住下去。而且我听说汉朝皇帝是天帝的儿子，有上天保佑，我们围困他们这么长时间了，也不见他们有丝毫慌乱，这肯定是上天在帮助他们啊。不如放他们回去，让他们以后多送些金银珠宝来。冒顿听了阏氏的话，想到自己早已和韩王信手下的叛将王黄、曼丘臣等人商量，让他们带兵来平城围歼汉军，约定的时间早过了，而他们的军队不见踪影；汉军的援军却在几天内源源不断地来到。他怀疑王黄等人又和汉军联合在一起，对他不利。阏氏在这个时候提到这件事，引起冒顿的怀疑，便答应放汉军撤离。《史记·陈丞相世家》记载："高帝用陈平奇计，使单于阏氏，围以得开。高帝既出，其计秘，世莫得闻。"前述的关于使用反间计的内容是史记集解引用的桓谭新论的言论。

刘邦绝处逢生，得以撤离，得益于此计。

12. 确保粮草供应

俗话说"兵马未动，粮草先行"。无论是古代的冷兵器时代，还是现代的热武器时代，战争不仅是政治的延续，更是经济的竞争。没有强有力的经济实力做后盾，任何一支军队，都不可能取得战争的胜利，正如孙子所言："百里而争利，则擒三将军。劲者先，疲者后，其法十一而至；五十而争利，则蹶上将军，其法半至；三十里而争利，则三分之二至。是故军无辎重则亡，无粮食则亡，无委积则亡。"现代战争更是如此，隆美尔称"战争在第一枪打响后就是军需官决定的"。美国前海军部长莱曼认为外行谈战略、内行谈后勤。其理相同。商场亦然，与战场相比，改变的是粮草的内涵。

刘邦在多年征战中认识到了粮草供应的重要性。秦末农民战争中，他和其他义军一样，粮草供给来源于秦军的积存和所到之地筹集，没有固定的粮饷来源。楚汉战争中，刘邦占领的巴蜀和关中是著名的产粮地，有"天府之国"的美称。他转战的河洛一带也是产粮地区。于是他一面把当地改为河内郡和河南郡，设官置守，就地筹措粮食，一面通过萧何不断把关中、巴蜀的粮食草料输送到前线来。

为了确保粮草的供应，刘邦曾指示韩信修复了秦王朝在关东的最大粮草囤积地——敖仓。关中的粮草可以顺黄河而下，直接到达敖仓。刘邦先后派周勃等大将守卫敖仓,并在敖仓和荥阳、成皋之间修筑了复道,专门用于从敖仓向成皋、荥阳两个军事要地输送粮草。楚汉战争中,关中和巴蜀一带的粮草源源不断地通过黄河运到敖仓,再由敖仓转运到成皋、荥阳一线或韩信等人的军中,确保了前线的粮草供应。彭越攻占昌邑附近,获得谷十余万斛,直接送给刘邦使用。

刘邦还使用截断敌方粮草供应的方式疲惫敌军,使敌军不战而退。楚汉战争中,刘邦指派彭越、刘贾、卢绾等人进入项羽的后方,截断项羽的粮草供应线,截获楚军的粮草,或烧毁楚军的仓库,使楚军疲于应付,经常因军中粮草供应不及时而不得不放弃既定战斗计划。击杀曹咎的成皋之战,就是因为彭越骚扰项羽的后方,截断项羽的粮道并占领项羽的军事要地,迫使正在前线与刘邦对峙的项羽临时返回腹地以恢复粮道和后方,刘邦抓住机会实现的。

汉帝国建立后,刘邦和韩信曾有一番对话。刘邦觉得朝中诸将都不尽如人意,就问韩信自己能统率、指挥多少兵马。韩信回答:陛下能够统领指挥的军队,最多不过十万人。但陛下虽不善统兵,却善于驾驭将领。这正是我被陛下您擒获的原因,况且您的才具是上天授予的,不是人力所能赶得上的。(陛下不能将兵,而善将将,此乃信之所以为陛下擒也。且陛下所谓天授,非人力也。)刘邦和韩信的对话虽然有所偏颇,但在一定程度上反映了刘邦的军事指挥才能。从沛县起义、进军咸阳、东出关中与项羽对峙,到固陵之战,刘邦都没有在对敌上形成绝对优势,有很多时候甚至处于劣势;但刘邦最终能够弱中求存,以弱胜强,打败了强大的项羽,建立了中国历史上第一个强大而稳固的封建王朝。关键在于刘邦在张良、韩信、萧何等人的帮助下,审时度势,正确地了解和分析天下的形势,随时而起,顺势而动,抓住了"庙算"和"谋略"这些在战争中起到决定作用的因素,制定了正确的攻防战略,抢占战略要地,派出奇兵,分化敌军阵营,争取盟友,最大限度地削弱敌方,加强自己的力量,从而很快地扭转了双方的优劣对比,形成了自己的优势。

其次,在于选将有道,刘邦彭城大败后,张良给他给主意,让他重用韩信、英布和彭越3员大将,只要这3员大将全为自己所用,就肯定能打败项羽。刘邦用各种方法将这3员既能运筹帷幄、又能冲锋陷阵的将领笼络到自己帐下,放心授权,让他们各自带领兵马按照自己确定的战略到项羽的侧翼和后方去切断项羽的左右和骚扰后方。这3人确如张良所言,都是带兵的良将,独立带兵在项羽的后方和侧后活动,剪除项羽的羽翼,动摇其后方,与刘邦的正面对峙相互呼应,使项羽疲于奔命,最终兵败垓下,乌江自刎。刘邦手下的良将众多与项羽的独自一人带兵征战形成明显的对照。

最后,刘邦本人有良好的为将素质和丰富的指挥经验。刘邦一生亲自指挥的战斗不少，可以说身经百战，其中有成皋之战这样的经典战例。在战斗中，刘邦不仅身先士卒、带伤冲锋，用自己的榜样激发将士，还注意用道义教育将士，激发将士的正义感，使部队上下同心，共同对敌。在对付敌军时，他崇尚武力，但并不一味好勇斗狠；他关心自己的士卒，但不是婆婆妈妈的小恩小惠，而是注重大局。在他指挥的战役中，表现其个人能力的多是智慧和计谋，是利用对手的弱点采取针对性的策略和战术，而非亲自带兵冲锋陷阵。他善于审时度势，根据形势作出最有利于自己的选择，不利时他可以向敌军俯首认罪，如鸿门宴；有利时他就果断下决心，宜将剩勇追穷寇，决不给敌人以喘息之机。在他的决策中，一切以战胜敌人的总目标为准，为此他可以放弃暂时的利益。在他身上，孙子等古代兵家指出的良将的五种素质缺陷，一种也没有明显表现出来，相反，在他身上表现出的是他在这些方面的良好素质，如项羽把他的父亲放在油锅前，叫嚣要烹了刘太公，这对其他人来说是很难接受的奇耻大辱，但刘邦还能忍得住，与曹咎和项羽的经不起挑逗形成鲜明的对比。正是因为他有良好的心态，有为将的良好素质，加上战斗中形成的丰富的战斗经验，他才能在长达4年的时间内与项羽相持在荥阳、成皋一线，吸引住了项羽的主力，为韩信的侧后攻击解除了最大的威胁，而最终积小胜为大胜，灭掉了项羽，获得了最终的胜利。

有人曾经评价刘邦的用兵，说他诡计多端，用智长于用力。综观刘邦的军事生涯，这是非常正确的。

结　　语

　　领导者的工作就是组建团队、制定目标、协调队伍以最终达成既定目标。只有当目标一致，上下齐心，才能奏出最为和谐、最为雄壮的乐曲。而这些的关键则在于领导者的领导能力和领导艺术：是有章有法，指挥若定，还是杂乱无章，惊慌失措？在于领导者高效能地解决或协调领导活动中复杂事物的能力和手段、技巧、谋略，甚至权术。

　　刘邦以一介平民，在秦末起义群雄中脱颖而出，战胜了强大的对手项羽，夺得天下，开创了几百年的王朝基业，这是中国夏、商、周以来历史上的第一人。毛泽东主席曾有感于刘邦等人的经历和业绩，得出一个结论：自古以来，能干的皇帝大多是老粗出身，而汉朝的刘邦是封建帝王中最厉害的一个。他曾对比分析了刘邦胜利和项羽失败的原因，指出刘邦能取得天下的原因有三：一是他寒微的出身使他比较熟悉社会生活，了解人民的心理，同情人民的疾苦。一旦成为农民的领袖人物，便会在一定阶段内代表广大人民的利益和意志，从而得到人民的真心拥护。二是刘邦豁达大度、从善如流的性格使他能听取别人不同的意见，从不固执武断。三是他知人善任，采人所长，使自己决策对头。刘邦在领导工作中最关键的两个环节——出主意和用人上都远远超过项羽，所以他取得了胜利。有学者对楚汉战争的结果进行了如下总结：战争之成败，首先须以政治为主。而政治之主张，又需顺应社会发展之趋势；顺应者成，违逆者败。其次，则在人才之延用；得人才者胜，失人才者败。再次，则为战争优劣形势之争取；居优者胜，处劣者败。此三者之运用，又须相互联系而结为一体，始能发挥宏伟之巨效。细一检讨刘邦在楚汉战争中，其诸所运用，颇合于这一原则，故终能成功，而统一天下。① 虽然两者的立场不同，强调的重点不一样，都点明了刘邦成功的原因。刘邦是那种粗中有细、粗中有智的老粗。在老粗的外表下，他遵循着领导运行的原则，通过充分发挥自己的主观能动性，通权达变，创造性灵活性地运用一切可以利用的条件去解决问题，从决策、协调、识人用人、授权、思想工作等领域，充分发挥了他的领导能力，尽情挥洒着领导艺术的芬芳，并一步步品尝到了成功的甘甜。

---

① "台湾三军大学"主编：《中国历代战争史》（第3册），中信出版社2012年版，第90页。

纵览刘邦的领导活动过程，无论是戎马生涯，还是建立汉朝初的殚精竭虑，我们都可以看到处处闪现的智慧，品味到"运用之妙，存乎一心"的境界，提炼出刘邦领导力的内涵和领导艺术的特点。

第一，统筹全局的能力。刘邦从一个疲于奔命的小卒，到割据一方的诸侯，再到统一天下的皇帝，若没有全局和战略观念，是很难不断前进的，最多不过是偏于一隅的诸侯王，或像项羽那样为历史的洪流所吞没。他能笑到最后，与他善于从全局和整体出发来操纵领导工作的主动权有密切关系。他在处理问题时，从不只顾眼前利益，而是胸怀长远和大局，为了心中的"大丈夫当如是"的目标，牺牲小我和局部利益。他可以戒急用忍，求得项羽的宽恕，可以忍气吞声，去汉中镇守，更可以为避免前功尽弃，置父亲妻子的生死于不顾，为了大业，可以牺牲纪信、郦食其的卿卿性命。当然他也不会忽视局部的作用。同时他更能在全局中抓住关键环节，去带动全局，驾驭和统帅全局。正是这种大局观和善于统筹全局的能力，使得刘邦取得的胜利不是一隅，而是整个天下。而统筹全局的背后，体现的不仅是长远的眼光，更是对自己情绪的控制，是顽强的自控力和深邃的前瞻力。

第二，从善如流、正确决策的能力。决策是领导活动的基本内容，是所有事业的关键。决策的正确与否将直接决定事业总的发展趋势。决策对头，即使具体的细节出现了问题，或遭到暂时的挫折，最终也会取得全面的胜利。相反，决策错误带来的失败是彻底的。刘邦在决策中表现出了技高一筹的功力。从夺取天下的战略决策到建立汉朝后的治国策略的拟订，从每个关键时刻的决策到每个事件的具体策划，刘邦都能虚心请教，广纳善言，尽量制订出科学、正确的方案。在决策时很少刚愎自用，自以为是。历史进程证明，每当他以民主的姿态与部下互相探究时，就能取得胜利，几次大的失误如入关后派兵驻守函谷关，讨伐匈奴被困等都是他自作聪明、偏听偏信所致。但就整体而言，刘邦的决策力远远超过了项羽。这既与他个人的决策能力有关，更是他从善如流、善于纳谏的结果。

第三，知人善任的能力。这是刘邦领导力中最为亮丽的一点。刘邦天生资质，当属平常，能建立一番霸业，就在于善借别人的智慧为己所用，并在与天下高士为伍中，耳濡目染，不断提高自己的能力。"无他，善用人尔"几个字，包含了刘邦对自己取得胜利的体悟。人才是财富。刘邦先做伯乐，不限资品，广纳人才，建立自己的人才库。之后以满腔的热情为每一个有一技之长的人创造条件，充分授权，发挥人才的作用；他坚持疑人不用、用人不疑，人尽其才、大度容人、爱护人才的原则，吸引着天下有志者来归；他不怕他们冒尖，超过自己。在"将将"中，在人才的争夺中他获得了成功。正是因为他的知人善任,在他的身边,汇聚了大量的人才,尤其是反秦战争和楚汉之争中,不仅有寒微时好友卢绾、萧何、曹参、樊哙、周勃、夏侯婴、任敖等,有不断汇入的张良、周昌周苛兄弟、彭越、郦食其郦商兄弟、王陵、灌婴、张苍、陆贾、傅宽、靳歙、韩王信等人,有来自项羽阵营的韩信、陈平、叔孙通等人,还有诸侯王张耳、英布,他们在刘邦麾下都受到重用,发挥了自己的才能,或为名将,或为能臣,或为谋士,成为刘邦团队的支柱。

第四,良好的组织协调能力。领导者为了实现领导目标,通过采取对策和措施,协调处理好各种关系,以取得领导的最佳效能。刘邦采用戒急用忍、适当放权、各种激励方式,去协调与上级、与平级、与下属的关系,创造出一个良好的团队环境,消除组织内部各种不协调的因素,调整好人的利益关系,处理好由此而引发的各种矛盾冲突,因势利导,变不利为有利,变被动为主动,调动一切可以利用的积极性,确保自己的部下处于高度统一的状态,能真正群策群力,万众一心。刘邦明白,自毁长城的隐患处处存在。他以高超的领导能力和领导艺术,化解了一次次政治危机、军事灾难,始终让大多数人保持良好的精神状态,为自己的目标去奋斗。内部的稳定与和谐保证了力量的集中,保证了目标在因应环境变化的过程中一步步变成现实。

第五,随机应变的能力。天下大乱,风云变幻,社会环境是复杂多变的,在不断将事业推向深入时,常常出现一些意想不到的事件,如何处理这些突发事件就至关重要。刘邦总能随机应变,而又不违背大的原则。能不断研究新情况、新问题,及时调整思路和对策,做到处乱不惊,沉着应付。或主动退让,保存实力;或乘势而上,求得先机,而不为表象所迷惑。

第六,创新创业的能力。刘邦手下奇人能士颇多,他们的举止言谈、想法建议可能异于常人。要发挥他们的作用,首先应有冒险精神,去采纳他们的奇思妙想。这是一个有陈腐观念的人做不到的。求稳而不敢创新的领导只能徘徊于事业的原地,难以长足发展。刘邦对张良、陈平、韩信等人的建议能悉心听从,总能从当时的情形出发,不拘常规,对新想法敢于去试去用,常常收到奇效。领导本质上就是一种创造性的工作。刘邦走过了由天下大乱到天下大治的转型,适应了马上得天下、马下治天下的转变,如果没有执着的探索精神,没有开拓意识和创新精神,小小沛公难以成长为中国历史上第一位布衣皇帝。

第七,造势与感召力。要想获得一定的社会地位,吸引天下之士来归,必须首先让人知道自己。最重要的途径就是善于造势,善于做思想宣传工作。刘邦当属笼络人心的高手。早期,他利用出身的神秘现象来笼络部下、吸引追随者。以实际行动和有力措施区别于暴秦,深得群众拥护,出现了夹道欢迎、牵羊送酒的感人场面。可见其宣传手段的高超。为了树立自己是正义之师的形象,他充分利用一切条件：为义帝报仇树立了自己正义的地位，宽待战败后的楚军将领和厚葬项羽显示了自己仁义的风采。刘邦把广大群众动员起来，以自己的人格魅力和实际行动，感化和号召一切力量参加到自己事业中，以成众人拾柴火焰高之势。

第八，无与伦比的政治嗅觉。刘邦的敏感在于他对政治的正确的鉴别。当他身为秦朝官吏时，就以见微知著的洞察力和快速的反应能力，认识到秦朝必然灭亡，采取了叛秦的行动，并以冷静的头脑预测着形势的发展趋势，静候时机，果然等到了陈胜吴广起义。自从走上反秦的道路，就没有再动摇过。坚定的政治立场使他真正实现了心中深藏的政治目标。

刘邦如此高超的领导能力并不是天生的，这与其丰富的阅历、复杂的人生经历和自身的道德素质密不可分。刘邦出身贫寒，曾游荡于市井无赖之中，浪迹于秦朝基层官场，逃匿于草泽之中，后率军投入诸侯纷争的反秦大军之中，抓住时机走上了自我独立发展的道路，与项羽几年的拉锯战后一统天下。在曲折复杂的过程中，刘邦面对过各种各样的人：朋友，敌人，由朋友变成敌人者，也有由敌人变成朋友者；面对过生与死的较量，面对过胜利的喜悦，也饱尝了失败的沮丧；经历过一帆风顺，也经历过绝境逢生；有万人之上的尊贵，也有寄人篱下的尴尬。这一切都是磨炼，都是积累。刘邦在实践中探索，去感悟如何与人相处，如何把握时势，如何决策大局，如何协调关系。历史的舞台既是刘邦学习的场所，又是他进行艺术创造的画板。时势造就了全面的他，造就了他高超的领导能力和纯熟的领导技巧。另外，刘邦的成功与他个人的人格魅力有关。豁达大度、谦让容人是他性格中的一大优势。这种美德和气度使之能集众所长，忍他人所不能忍，容他人所不能容，在复杂的情况面前，以战略眼光来把握事物的发展规律。他与人为善，不计个人恩怨，团结和自己意见相左者，形成强大的凝聚力。他以身作则，知错必改的自省精神，使之能正确认识自己、剖析自己、提高自己。

从领导特质论的视角，刘邦正是拥有了上述特质，并在领导行为的表现上超越了和他同时代的项羽，使他领导的创业团队不断发展壮大，团队的综合实力完全压倒了对方，并最终将对方击败、将对手的团队消灭。从根本上讲，领导者的领导行为是面向工作团队的，其领导能力、领导效果也是对团队而言的。在竞争的社会环境中，无论是政治竞争、经济运营竞争，还是其他形式的竞争，领导者的领导能力、领导效果不仅体现在团队内部，更主要的是通过团队参与竞争的效果来体现的，这种体现是一种综合实力的体现，是其领导的团队相对于竞争对手的综合优势。而这种综合优势是相对于竞争对手所在团队的，是领导者所领导的团队与竞争对手的团队在特定的社会环境下竞争表现出来的足以战胜、打败对方的综合能力，是团队的而不是领导者的综合能力，是团队长期的综合能力而不是短暂时期的单方面能力。从这个意义上讲，领导者的领导力既是一种综合能力，也是一种组建团队、发展团队，与竞争对手团队展开坚韧不拔的竞争并取得最后胜利的各项素质和能力的综合。

按照现代领导力理论，一个成功的领导者，应该具有组建核心团队的能力，发展团队的能力，以及根据竞争的环境，准确地判断未来发展大势并坚韧不拔地贯彻竞争战略、合理有效地落实竞争策略的素质和能力。这其中，每一个领域都需要多方面的素质和能力，都是综合能力，如组建核心团队需要前瞻力、决策力以及筹集资源的能力等，能准确认清社会发展的大势，能准确地预测未来，提出切合实际且能鼓励核心团队的愿景，并将这些愿景以合适的语言变为核心团队成员的行动目标，能够影响核心团队成员，不断学习，满足竞争的需要。当然这里的学习是各方面的能支撑领导力提升的各个层次各个领域的学习，既是知识的学习，更是技能的学习，能力的养成。维持团队需要社交力、创新力、信任力、协调力、集体意识等；指导团队需要前瞻力、决策力、协调力、坚韧精神等；带领团队需要决策力、协调力、自信心、前瞻力等。每一个成功的创业团队，都是在适应环境、战胜竞争对手的过程中发展起来的；成功的经验不一定相同，为成功付出的努力也不完全相同，领导者的素质和能力也不完全相同，但每一个成功团队都有一个成功的领导者是肯定的，领导者及其领导团队对团队的领导、对竞争环境的把握都超越了对手是肯定的。

刘邦的创业在今天看来可能有些简单，主要是政治创业。但从后人的解读人言人殊来看，只有当事人才能真正明白，在创业的过程中付出了多少努力。在他的努力中，哪些是主要的，哪些是次要的，哪些是后来胜利的基础。这些付出，只有在尘埃落定的时候，才能做局部的解读，而无论是后人的解读还是当事者的解读，能够看清的也只是他的行为，甚至他的行为也不能完全看清。至于竞争对手的行为，只能从其现实的结果或现象去推测。在这些解读中，哪些是真实反映当时情况的，哪些是加上了解读者自己的意思，是难以分清的。

作为后人，在刘邦的创业过程中，我们看到的只是表象，对于他在创业过程中表现出来的领导力和领导艺术，我们也只能从留存的材料和传说中去解读。无疑，我们的解读带有现时代的痕迹，带有我们个人的痕迹，带有专业的痕迹。

作为历史上最具典型的平民创业英雄，刘邦和朱元璋一样，在当时的历史环境下，敏锐地抓住了历史的机遇，趁势而起，组建团队，指导团队、发展团队，与众多的对手竞争，并击败了众多的对手，笑到最后。即使在那样的年代里，他们在创业过程中表现出的各种各样的领导力也是非常强的，他们在领导过程中展现的领导艺术也是非常丰富的，这些，都是值得我们学习的。

参考文献

一、古籍

[1]（西周）姜尚《六韬》.
[2]（春秋）管仲《管子》.
[3]（春秋）孙武《孙子兵法》.
[4]（春秋）老子《道德经》.
[5]（春秋）孔丘《论语》.
[6]（春秋）孔丘及孔门弟子《孔子家语》.
[7]（春秋）左丘明《春秋左传》.
[8]（战国）庄周《庄子》.
[9]（战国）商鞅《商君书》.
[10]（战国）孟轲《孟子》.
[11]（战国）荀况《荀子》.
[12]（战国）孙膑《孙膑兵法》.
[13]（战国）韩非《韩非子》.
[14]（战国）晏婴《晏子春秋》.
[15]（战国）吕不韦《吕氏春秋》.
[16]（汉）陆贾《新语》.
[17]（汉）贾谊《贾谊新书》.
[18]（汉）司马迁《史记》（汉三家注《史记》）.
[19]（汉）刘向辑《战国策》.
[20]（汉）董仲舒《春秋繁露》.
[21]（汉）刘安《淮南子》.
[22]（汉）班固《汉书》.
[23]（晋）陈寿《三国志》.
[24]（晋）孙盛《魏氏春秋》.
[25]（北朝齐）魏收《魏书》.

［26］（南朝宋）范晔《后汉书》.
［27］（唐）张守节《史记正义》.
［28］（宋）司马光《资治通鉴》.
［29］（宋）曾公亮《武经总要》.
［30］（元）睢景臣《般涉调·哨遍·高祖还乡》.
［31］（明）甄伟《西汉演义》.
［32］（清）董诰等编纂《全唐文》.
［33］（清）王夫之《读通鉴论》.
［34］（清）严可均辑《全汉文》.

以上均以国学网"www.guoxue.com"收录版本为准。

二、专著

［1］白小龙. 刘邦：从草根到大汉天子［M］. 重庆：重庆出版社，2013.

［2］蔡瑶. 汉高祖刘邦传［M］. 石家庄：河北人民出版社，2018.

［3］陈宏. 心理学与生活［M］. 大连：东北师范大学出版社，2015.

［4］陈文德. 刘邦大传：以弱胜强［M］. 上海：华东师范大学出版社，2016.

［5］［法］马俪. 朱元璋的政权及统治哲学：专制与合法性［M］. 莫旭强，译，长春：吉林出版集团股份有限公司，2018.

［6］樊登. 可复制的领导力［M］. 北京：中信出版社，2017.

［7］方炜. 刘邦：半文盲的金领之路［M］. 西安：三秦出版社，2012.

［8］傅剑波，等. 大学生领导力［M］. 北京：中国人民大学出版社，2018.

［9］韩兆琦. 布衣天子刘邦的用人智慧［M］. 北京：北京高教音像出版社，2009.

［10］衡虹，等. 平衡人生：职业人精细化管理［M］. 北京：中国言实出版社，2015.

［11］洪亮亮. 刘邦：汉文化的伟大开创者［M］. 北京：中国言实出版社，2014.

［12］胡礼祥. 大学生领导力拓展与训练［M］. 杭州：浙江大学出版社，2011.

［13］黄团元. 刘邦用人［M］. 武汉：湖北人民出版社，2015.

［14］姜正成. 刘邦：英枭双雄［M］. 北京：中国言实出版社，2012.

［15］李飞．刘邦：草根到帝王的裂变［M］．天津：天津人民出版社，2019．
［16］李根．从无赖到帝王：刘邦［M］．哈尔滨：哈尔滨出版社，2013．
［17］李莉．中国著名帝王：刘邦传［M］．北京：煤炭工业出版社，2018．
［18］李维刚，等．管理学原理［M］．北京：清华大学出版社，2007．
［19］林若初．刘邦全传［M］．武汉：华中科技大学出版社，2018．
［20］刘飞燕，史丽华．管理学原理［M］．广州：华南理工大学出版社，2014．
［21］刘乐土．布衣天子：刘邦［M］．北京：中国铁道出版社，2017．
［22］刘守英．70位领导学家谈如何成为世界级领导［M］．北京：中国发展出版社，2002．
［23］柳三眠．刘邦创业记［M］．郑州：河南文艺出版社，2014．
［24］路卫兵．当项羽遇到刘邦［M］．重庆：重庆大学出版社，2013．
［25］罗杰．刘邦的帝王路［M］．西安：陕西人民出版社，2013．
［26］罗倩文．组织行为学［M］．北京：科学出版社，2016．
［27］马贝娟，苏建海．刘邦：由虫而龙［M］．北京：中国铁道出版社，2018．
［28］毛泽东．毛泽东选集（第2卷）［M］．北京：人民出版社，1991．
［29］［美］戴安娜·布赫．领导力的36个关键［M］．美同，译．北京：北京联合出版有限公司，2018．
［30］［美］海森贝恩·柯恩．领导者的对话［M］．北京：中国科学技术大学出版社，2002．
［31］［美］考米维斯，等．大学生领导力［M］．马龙海，等，译．北京：中国人民大学出版社，2014．
［32］［美］肯·谢尔顿．领导是什么——美国各界精英对21世纪领导的卓见［M］．王伯言，译．上海：上海人民出版社，2000．
［33］［美］库米维斯．学生领导力发展手册［M］．张智强，等，译．北京：北京大学出版社，2015．
［34］［美］拉姆查兰·斯蒂芬．领导梯队：全面打造领导力驱动团队［M］．北京：机械工业出版社，2016．
［35］［美］理查德·哈格斯，等．领导学［M］．朱舟，译．北京：清华大学出版社，2004．
［36］［美］罗伯特·J.阿特等．政治的细节［M］．陈积敏，等，译．北京：世界图书出版公司北京公司，2014．

［37］［美］克里斯蒂娜·考夫曼．团队核能：行动版［M］．范海滨，译．北京：北京斯坦威图书有限责任公司，2016．

［38］［美］克莱顿·克里斯坦森，等．你要如何衡量你的人生［M］．丁晓辉，译．长春：吉林出版集团有限公司，2013．

［39］［美］迈克尔·罗斯金．国家的常识：政权·地理·文化［M］．夏维勇，译．北京：世界图书出版公司北京分公司，2013．

［40］［美］史蒂芬·柯维．高效能人士的七个习惯［M］．北京：中国青年出版社，2018．

［41］［美］史蒂芬·柯维．高效能人士的八个习惯［M］．北京：中国青年出版社，2019．

［42］［美］斯蒂芬·罗宾斯，玛丽·库尔特．管理学［M］．刘刚，等，译．北京：中国人民大学出版社，2019．

［43］［美］威廉·安肯三世．别让猴子跳回背上［M］．陈美岑，译．北京：中国人民大学出版社，2009．

［44］［美］约翰·惠特默．高绩效教练［M］．林菲，等，译．北京：机械工业出版社，2018．

［45］［美］约翰·科特．科特论变革［M］．胡林林，译．北京：中国人民大学出版社，2005．

［46］［美］约翰·科特等．领导就是让人追随［M］．龙瑾，译．北京：北京联合出版公司2018．

［47］［美］约翰·麦克斯威尔．领导力21法则［M］．路卫军，译．北京：中国青年出版社，2012．

［48］［美］约翰·麦克斯威尔．中层领导力［M］．南京：江苏文艺出版社，2015．

［49］［美］詹姆斯·库泽斯，巴里·波斯纳．领导力：如何在组织中成就卓越［M］．李丽林，等，译．北京：电子工业出版社，2018．

［50］钱宗范，朱文涛．流民皇帝：从刘邦到朱元璋［M］．济南：济南出版社，2008．

［51］曲延春主编．管理学［M］．济南：山东人民出版社，2011．

［52］［日］斋藤孝．如何打造你的独特观点［M］．巩露霞，译．北京：后浪北京联合出版公司，2017．

［53］史杰鹏．游侠天子刘邦［M］．北京：中华书局，2015．

［54］史杰鹏．从侠道到王道：刘邦［M］．长春：吉林文史出版社，2018．

［55］孙健．管理哲学读本［M］．北京：金城出版社，2014．

[56]"台湾区三军大学". 中国历代战争史(第3册)[M]. 北京：中信出版社，2012.

[57] 王惠敏. 刘邦全传[M]. 武汉：华中科技大学出版社，2012.

[58] 王立群. 大风起兮云飞扬：汉高祖刘邦[M]. 郑州：大象出版社，2019.

[59] 武斌. 领导力[M]. 武汉：武汉大学出版社，2014.

[60] 辛向阳. 大国诸侯：中国中央与地方关系之结[M]. 北京：中国社会出版社，2008.

[61] 严正. 四维领导力[M]. 北京：机械工业出版社，2007.

[62] 杨思卓. 六维领导力[M]. 北京：北京大学出版社，2008.

[63] 叶元. 刘邦：最厚黑的草根企业家[M]. 北京：企业管理出版社，2011.

[64] 于保政. 领导的艺术[M]. 北京：中国物资出版社，2005.

[65] 张国庆. 公共行政学[M]. 北京：北京大学出版社，2018.

[66] 张金鉴. 行政学新论[M]. 台北：三民书局股份有限公司，1984.

[67] 曾国平. 追求卓越领导力[M]. 重庆：重庆大学出版社，2013.

[68] 曾仕强，杨智雄. 领导统御智慧：中国式管理实践篇[M]. 北京：广东经济出版社，2014.

[69] 曾仕强. 领导的方与圆：洞察人性管理的奥秘[M]. 广州：广东经济出版社，2010.

[70] 汝信. 社会科学新辞典[M]. 重庆：重庆出版社，1988.

[71] 周三多. 管理学原理[M]. 北京：高等教育出版社，2014.

[72] 周振鹤. 中国行政区划通史（秦汉卷上、下）[M]. 上海：复旦大学出版社，2017.

[73] 朱耀辉. 人心至上：刘邦[M]. 北京：台海出版社，2019.

[74] 朱永嘉. 刘邦与项羽[M]. 北京：中国长安出版社，2013.

[75] 朱永嘉. 明代政治制度的源流与得失[M]. 北京：中国长安出版社，2015.

三、学术论文

[1] 贺善侃. 无形领导力：对领导力的一种新认可[J]. 上海师范大学学报，2008（4）.

［2］苗建明，霍国庆. 领导力五力模型研究［J］. 领导科学，2006（9）.

［3］任国华，孔克勤. 高校及教育系统领导干部构念人格特质与岗位胜任性关系［J］. 心理科学，2008（1）.

［4］赵国祥. 185 名处级领导干部的个性特质的研究［J］. 心理科学，2002（2）.

后　记

笔者自幼喜读史书，高中毕业后选报的专业全是历史或历史教育，也有幸进入了历史专业的大门，先后获得历史学学士和硕士。因个人的原因，硕士毕业后进入社会，从事企业管理，在企业的磕磕碰碰中开始学习管理。随后进入山东英才学院，主要从事行政管理，兼代管理学的课程，对管理学和领导学开始深入学习。

本书肇始于中共山东省党史办公室（山东省地方史志办公室）的蒋庆立编审，他和笔者是曲阜师范大学的同班同学。2002年夏天他问我有没有兴趣合作编一本关于刘邦的领导艺术的著作。当时我刚好事情不多，便和他拟订了写作提纲，尝试着写起来。写完后便放在了一边，没有出版。2009年我进入北京师范大学政治经济学流动站做脱产博士后，得知邻居有套中华书局出版的《汉书》，我借来阅读，开始对刘邦及其创业团队的事迹有更深的了解，决定用刘邦的原始资料为依据修订原来的书稿，大约用了一年的时间基本修订完毕，将书稿中原来使用的由现代语言表达的材料全部改用原始史料，对内容进行了较大修改。其后出站回到泉城，没有时间顾及书稿。2016年在探讨政治学与行政学专业的发展时，从学校的定位出发，决定开设能代表专业特色的公共选修课，组织申报了《大学生领导力开发》《政府治理与公共政策》《基层政府治理》等选修课，对领导力问题进行深入研究。2017年鹿林书记以政治学与行政学专业为基础倡导设立"青年领导力学位班"，将"青年领导力学位班"作为青年政治人才培养的主要路径。适应人才培养的需要，我再次对原来的书稿进行了修订，以《领导力》的名称出版，既是表明个人对中国传统领导思想和领导力问题的探索，也是企图开拓一条探索基于中国传统的领导力开发培育之路。

本书的最初框架由蒋庆立和笔者确定，初稿也由两人提供，他提供了第2、3、8篇、结语四个部分的初稿，我撰写了第4、5、6、7、9篇五个部分的初稿。书稿中的部分内容曾由笔者以论文的形式刊登在山东英才学院的内部刊物《英才高职论坛》上。2010年的修改和本次的大改，均由笔者个人承担。这两次修改，针对的不仅是书中各部分的具体内容，而且包括框架结构。具体内容方面，除将原有的引用性资料由现代性语言转为《史记》《汉书》《资治通鉴》中的原文外，对书中的语言、格式和框架均进行了修改或重新撰写，部分篇章增加了内容，如用人部分的团队建设、每个部分的结束语等。在全书的框架方面，将原来的上行协调、平等协调和下行协调合并为一部分，增加了第一部分和前面的序言，重写了后面的结束语，编制了参考文献。全书的写作重点也由原来的以领导艺术为主调整为以领导力分析为主。本次呈现给读者的书稿在一定意义上可以说是重新创作。对于书稿中的内容，按照现代标准对相关引用做了注释，对相关古文，尽可能地用现代语言进行了阐释。一些共识性比较强的内容，则使用了影响较大的教科书的叙述，并尽可能进行了标注。感谢山东青年政治学院科研处对本书的支持，感谢笔者所在的办公室（发展规划处）、政治与公共管理学院对笔者的支持，感谢刘庆顺、陈建坡、张恩韶、臧文杰、杨伟伟、卢鹏程等教师对笔者的帮助。由于笔者的水平所限，书中肯定还有不完善的地方，敬请各位读者批评指正。

贾东荣

中华人民共和国 70 周年华诞记于蜗居